COLLECTION PHILOLOGIQUE

RECUEIL
DE TRAVAUX ORIGINAUX OU TRADUITS
RELATIFS A LA
PHILOLOGIE & A L'HISTOIRE LITTÉRAIRE

NOUVELLE SÉRIE

DOUZIÈME FASCICULE

HYMNE A AMMON-RA DES PAPYRUS ÉGYPTIENS DU MUSÉE DE BOULAQ TRADUIT ET COMMENTÉ PAR EUGÈNE GRÉBAUT, ÉLÈVE DE L'ÉCOLE DES HAUTES ÉTUDES, AVOCAT A LA COUR D'APPEL DE PARIS.

PARIS

LIBRAIRIE A. FRANCK

F. VIEWEG, PROPRIÉTAIRE

RUE RICHELIEU, 67

1875

HYMNE
À
AMMON-RA

HYMNE
A
AMMON-RA

DES PAPYRUS ÉGYPTIENS DU MUSÉE DE BOULAQ

TRADUIT ET COMMENTÉ

PAR

EUGÈNE GRÉBAUT

ÉLÈVE DE L'ÉCOLE DES HAUTES ÉTUDES, AVOCAT A LA COUR D'APPEL
DE PARIS.

PARIS
LIBRAIRIE A. FRANCK
F. VIEWEG, PROPRIÉTAIRE
67, RUE RICHELIEU
1874

A MONSIEUR MARIETTE-BEY

TÉMOIGNAGE DE GRATITUDE

EUGÈNE GRÉBAUT.

I

L'objet de cet essai est l'étude d'un hymne du second volume des papyrus égyptiens du musée de Boulaq publiés par M.ʳ Mariette. En en donnant la traduction dans la Revue archéologique de juin 1873, j'annonçais la prochaine publication d'un commentaire. Mon manuscrit avait été envoyé à l'impression dès le mois de Septembre de l'année 1872, car j'étais déjà redevable à M.ʳ Mariette, qui a bien voulu encore que mon travail parût sous le patronage de son nom, d'avoir eu à ma disposition le second volume des papyrus avant sa mise en vente. Ayant plus d'une année attendu vainement une première épreuve, j'ai dû prendre le parti d'autographier les pages que je soumets aujourd'hui au public savant.

L'ouvrage complet comprendra deux volumes qui paraîtront chacun en deux livraisons de 300 pages environ.

Le manuscrit est tracé en caractères hiératiques qui dénotent une main exercée. J'examinerai les questions paléographiques, celles de l'âge de la composition, etc., après avoir terminé le commentaire analytique. À la fin du commentaire de chacune des quatre parties de l'hymne, suivant les divisions du manuscrit, j'ai reproduit le texte hiératique correspondant, d'après le fac-similé, en écartant suffisamment les lignes pour insérer une transcription hiéroglyphique qui reproduit la disposition des signes hiératiques. J'espère par ce secours faciliter l'étude de l'écriture cursive. Les débutants me sauront gré d'avoir indiqué partout la prononciation en lettres latines; pendant mes premières études j'ai souvent regretté de ne pouvoir lire les ouvrages où il n'y a pas de transcriptions. D'ailleurs les signes hiéroglyphiques sont trop nombreux pour qu'on puisse les apprendre autrement que par l'usage, c'est-à-dire dans des ouvrages qui les ont transcrits. J'ai conservé le système de transcription dont E. de Rougé se servait au Collège de France; il diffère peu de celui de M.

III

Brugsch : c'est le plus usité, partant le meilleur.

Ammon, le dieu de l'hymne, et Ptah, que l'hymne reconnaît pour une forme antérieure, sont deux désignations du dieu unique, ou « âme mystérieuse » que les Égyptiens adoraient seule, et qui, disaient-ils, « n'a pas de nom. » Ils le concevaient par ses actes, dans ses fonctions, dont chacune, comme manifestant l'âme divine, recevait un nom, formait un dieu, une preuve saisie de l'être insaisissable. Les dieux sont les personnes ou rôles où se révèle, en agissant diversement, le Dieu unique, invisible, innommé. Ptah et Ammon résument les deux principaux rôles.

Gouvernant et sauvegardant le Monde, l'Être divin était appelé dans toute l'Égypte Rā, 🌞, Soleil. On le disait caché dans l'astre qui quotidiennement vient ranimer la nature. A Thèbes on l'appelait 𓇋𓏠𓈖, âmen, « le mystérieux », qualification donnée à Rā, dans ses hymnes ; on joignait aussi au nom local celui de Rā, manière d'indiquer par une appellation composée, 𓇋𓏠𓈖 𓇳, âmen-rā, « Ammon (qui est) Rā », que le nom d'Ammon désigne le dieu que l'Égypte entière appelle Rā, Soleil. Comme Rā, Ammon est le dieu providence manifesté par le Soleil ; il se lève, se couche, chaque jour ; il vivifie le Monde par ses rayons.

IV

Éternel, antérieur à tout ce qui existe et a commencé, à sa propre manifestation par le Soleil sauvegardant l'Univers après la création, le Dieu égyptien recevait encore différents noms : celui de Ptah dans la capitale de la basse-Égypte, Memphis. Le titre caractéristique de Ptah est « Père des commencements » ; étymologiquement son nom veut dire « celui qui ouvre » et « celui qui crée ».

Comme sous les noms d'Éternel et de Providence nous entendons le même être, l'Égyptien, sous ceux de Ptah et de Ra ou Ammon-Ra, adore un seul dieu. Sans s'arrêter à la forme divine que le nom rappelle, à travers la manifestation il cherche et entrevoit la Divinité. Il y a dans la plupart des hymnes, deux sortes de titres. Les uns caractérisent la forme divine qui a frappé les regards ou l'imagination de l'adorateur, la dépeignent, font connaître son rôle mythologique, précisent sa part dans les actes divins, la disent engendrée d'un autre dieu ou engendrant d'autres dieux, lui assignant ainsi son rang dans l'ordre des manifestations successives de l'âme divine. À côté de ces titres qui définissent la forme particulière, d'autres s'élèvent jusqu'à l'être mystérieux qui la pénètre sans être renfermé par elle ; par exemple dans le Soleil qui se lève chaque matin reconnaissent le père des dieux. Ceux-là affirment la « solitude » divine, l'unité du « Un, qui

V

réside dans les dieux », et nous apprennent que sous la forme déterminée, dans la manifestation particulière, l'adorateur sait saisir le même dieu qui anime et engendre toutes les formes divines, par lequel sont remplis tous les rôles divins. Chaque forme mythologique, au rôle limité, se rapporte à l'Unique auquel seul appartiennent toutes les fonctions divines. En elle l'hymne reconnaît donc l'Éternel, le Créateur, la Providence, en même temps que le Dieu unique : en Ptah, le nourricier des êtres ; en Ammon, « l'auteur de l'éternité ». C'est ainsi, je crois, que les prêtres de l'époque où fut rédigé notre hymne, aux temps des grandes conquêtes des 18ᵉ-19ᵉ dynasties, arrivaient à réduire à un seul Dieu les grandes figures du Panthéon égyptien.

Je commence par analyser le texte, ce qui m'entraîne incidemment à des recherches fort délicates sur la poésie des Égyptiens. Ensuite je groupe les données religieuses qu'il fournit ; je les complète et les éclaircis par des textes de la même époque, de façon à bien comprendre le personnage d'Ammon, tel que le rédacteur de l'hymne a dû se le représenter. Je crois devoir dire ici dans quelles vues, suivant quelle méthode j'ai procédé à ce travail.

Parmi les débris de la littérature de l'Égypte

antique, il n'est pas de textes plus difficiles à interpréter que les compositions religieuses. Le philologue rencontre une langue nouvelle. De plus, il est certain que souvent la traduction littérale la plus fidèle serait à peu près incompréhensible. Sans commentaire que comprendre à ceci : « Le maître du trône des deux terres, résidant dans Thèbes; le taureau de sa mère, résidant dans son champ; celui qui écarte les jambes, résidant dans Ϛa-ḳemā (1) » ?

Là, en effet, la pensée se cache ordinairement sous des formules étranges, allusions à des faits mythologiques inconnus, à des symboles qui n'expliquant rien ont besoin d'être expliqués. Non-seulement de telles formules, consacrées par un long usage, s'imposaient à l'auteur d'une composition religieuse: les scribes devaient être disposés à y recourir; par elle-même la religion égyptienne, pleine de simplicité comme de grandeur, fournissait peu de matière aux développements, peu de variété aux compositions. Admettant, je crois, l'éternité de la matière par elle-même inerte, cette religion concluait de son organisation, à l'existence d'un être caché soutien de l'ordre universel, éternel principe du Vrai que cet ordre réalise; intelligent, bon, tout-puissant, on l'adorait dans le Soleil, l'instru-

---

1. — V. infrà, 1/2; p. 57, 2, et p. 290, 0.

VII

ment apparent dont il se sert pour créer et maintenir la vie, donner ainsi la Vérité, malgré les mauvais principes ou puissances typhoniennes. Cela prêtait à peu de développements, mais la mythologie et la symbolique, qui avaient fait de la course du Soleil un sujet inépuisable, aidaient le scribe en quête de phrases.

Le retour de l'astre montre le mieux la bonté de Dieu : il avait surtout exercé les imaginations. Le lever du Soleil devient la lutte d'un dieu contre les ténèbres, personnifiées par les Seba (puissances typhoniennes), les ennemis qu'il renverse. La lumière jaillit de ses yeux ; elle est le «dard» qui atteint le serpent typhonien. L'œil personnifié décoche ses flèches au serpent et le contraint à vomir ce qu'il avait avait avalé : c'est-à-dire le jour succède à la nuit. D'autres fois, c'est un chat qui détruit les reptiles ! Cette guerre mythologique, la conception, l'enfance, l'adolescence du Soleil, qui la précédaient, sa royauté, sa course quotidienne, comprenaient une foule d'événements. Des localités mythiques déterminées, dont les sanctuaires et les villes d'Egypte prenaient les noms, en étaient le théâtre. Dans chacune de ses positions le Soleil recevant un nom particulier devenait un nouveau dieu. Des symboles nombreux rappelaient sa souveraineté sur les deux régions du Midi et du Nord

VIII

fécondées pendant sa course. Tout cela, sans ajouter à la pensée, fournissait à l'expression ; les scribes puisaient dans cette mythologie et cette symbolique, qui paraissent s'être compliquées d'âge en âge, de quoi varier leurs hymnes. En outre il ne faut point perdre de vue que le scribe ne fait pas œuvre philosophique, au moins dans les écrits qui nous sont parvenus. Il compose un hymne propre à être chanté dans les cérémonies d'un culte qui couvre l'Egypte des temples de ses dieux. Partout des images divines, chargées d'ornements symboliques, s'offrent aux regards du peuple. Deux grandes fêtes religieuses on les porte en procession hors des temples. Les villes nourrissent des animaux sacrés. D'un bout à l'autre de l'Egypte on se raconte le mythe d'Osiris, les combats d'Horus, la course nocturne du Soleil dans les mystérieux espaces situés sous la terre. Le scribe a à tenir compte de ces réalités, et nous devons admirer avec quelle habileté, ne pouvant les rejeter, il les explique, en fait de simples figures sous lesquelles il montre le Dieu unique, immatériel.

Mais rien n'est si bizarre, au premier abord, que des compositions où l'auteur affirme sa foi en un Dieu unique et parle des dieux ; où adorant «une « âme mystérieuse, — qui n'a pas de forme, — dont le nom est inconnu », il lui donne des noms, lui prête un corps, des figures multiples dont il décrit les coiffures et les ornements. A chaque instant au langage ordinaire se mêlent les formules d'une mythologie et d'une symbolique obscures: « l'auteur de l'éternité » est « ferme des deux cornes »; le « Dieu unique » est le « beau taureau des dieux. » Rien de plus difficile à suivre que la progression d'une pensée qui s'exprime de la sorte. Les bibliothèques des temples possédaient sans doute les livres qui exposaient l'ensemble des légendes mythologiques et éclaircissaient les symboles du culte solaire; par exemple ce que Plutarque rapporte d'Isis et d'Osiris devait y être mentionné: ils ne nous sont pas parvenus. Dans les hymnes qui nous restent seulement (pour ne pas parler de l'obscur recueil du livre des morts), le scribe se sert de formules concises dont les allusions échappaient d'autant moins qu'en général il ne paraît pas inventer ses expressions: nombre de formules toutes faites se retrouvent à toutes les époques. Elles étaient suffisamment claires pour des Egyptiens. A nous de découvrir que l'œil qui fait vomir au serpent ce qu'il avait avalé est le Soleil levant; que le taureau dans On est le Soleil nocturne ayant la faculté de se transformer en Soleil diurne. Au milieu de formules aussi peu compréhensibles, et comme étouffées par elles, d'autres cependant apparaissent, qui, n'empruntant pas le langage mythologique, conçues en termes ordinaires, ont été jugées plus claires et ont paru consacrées à l'expression des attributs divins, l'éternité, l'unité, la toute-puissance, etc.

De là s'est introduite la coutume de rendre les textes religieux littéralement, en se résignant à n'attacher de signification qu'à ces dernières formules, et, pour les premières comme pour l'ensemble d'une composition, sans trop se préoccuper d'un sens qui semble se cacher; il est fréquent que des traductions ainsi faites les phrases ne se suivent pas, mais on renonce à chercher l'enchaînement des pensées. Tout en remettant à plus tard le commentaire des parties embarrassantes et de l'ensemble, on extrait les titres que l'on croit comprendre dès qu'ils ne se rapportent plus à des mythes ou à des symboles, et avec eux on prétend reconstruire le système des croyances religieuses proprement dites. On dit ainsi que le Dieu égyptien est 〰, neb pe, seigneur du ciel; 〰, neb mā-t, seigneur de la justice; 𓆣 〰, xeper t'esef, engendré de lui-même; qu'il a une mère, mais pas de père; etc. Plus tard, on verra à comprendre les symboles et les mythes, quand les textes publiés seront plus nombreux et les connaissances philologiques plus étendues.

XI

Je viens soutenir une thèse qui ne paraîtra hardie que par sa nouveauté. C'est que, par cette méthode, non-seulement on n'arrivera jamais à l'intelligence des formules qu'on renonce à expliquer pour le moment, se contentant de les avoir traduites littéralement, croit-on, mais encore que la valeur des titres dont l'interprétation est considérée unanimement par les égyptologues comme certaine, sera douteuse tant qu'on n'aura pas saisi l'enchaînement des idées des textes où ils figurent. Loin d'isoler de son contexte un titre rencontré dans une composition et qu'il s'agit d'expliquer, je regarde comme impossible d'interpréter sûrement les titres caractéristiques, disposés en liste, qui accompagnent le nom d'un dieu, par exemple dans les courtes légendes des bas-reliefs, et tels que ▱, ▽, 𓉐𓂝, ⋯ , etc., tant que leur interprétation n'aura pas été tirée de textes où un scribe développant sa pensée a été amené à les employer.

    Je ne veux pas seulement parler de l'incertitude qui reste parfois sur la valeur d'un titre traduit à la lettre. Ainsi Ammon est ▱, « maître du ciel ». Est-ce à dire qu'il a créé le ciel ? ou bien qu'il habite le ciel ? ou encore, en supposant qu'il ne soit autre que le Soleil,

XII

serait-il roi du ciel parce que pendant le jour il le traverse dans son disque? Cependant les textes seuls nous apprendront à résoudre ces questions, si intéressantes pour la solution du problème que soulève l'explication du personnage d'Ammon. Mais, même au point de vue de la traduction littérale, dès à présent, m'appuyant sur des textes, je dis une chose dont la possibilité se pressent, du reste, a priori : il y a des titres, très-clairs en apparence, que le philologue n'hésite pas à interpréter, et qu'il est impuissant à traduire parce que, sans qu'il s'en doute, ils puisent leur signification dans des idées purement religieuses ou purement symboliques, qui lui sont inconnues, et dont ses traductions préconçues l'empêcheront toujours de soupçonner l'existence. J'ajoute que rien dans ce cas n'éveille son attention ; il peut avoir affaire à des expressions qui lui sont familières, comme ⸺, ⸺, etc., mais dont les textes historiques ou privés ne lui révélaient pas le sens intime, quoi qu'il ait pu croire. La conception sur laquelle elles reposent peut être une des plus importantes, la plus importante même de la religion, ou le point de départ, le fondement de la symbolique, sans avoir été soupçonnée. Si je prouve ce que j'avance ici, ne sera-t-il pas démontré que les traductions purement philologiques ont créé en partie l'obscurité qui pour nous voile encore les croyances re-

— XIII —

ligieuses ? Pour exemples de ces titres incompris je citerai [hiéroglyphes], [hiéroglyphes] et ses variantes, [hiéroglyphes], [hiéroglyphes], etc., qu'on a traduits par « Roi de la Haute et de la Basse-Egypte; Seigneur de la justice; Seigneur du trône du Monde; Engendré de lui-même », et qui expriment, les deux premiers surtout, des idées tout à fait différentes.

D'où m'est venue cette persuasion ? C'est que les passages contenant les titres soumis à ces interprétations ressemblent tous dans les traductions à des compilations, à des listes de qualifications diverses, sans lien, non à des phrases développant une suite d'idées. Il en est ainsi alors même que des formules non-mythologiques, fort intelligibles, encadrent les titres en question; le défaut d'enchaînement n'est donc pas dû à l'obscurité propre aux textes religieux ou, comme on dit, « mythologiques ». D'ailleurs j'admets l'obscurité, non l'insignifiance des textes. Qu'une traduction philologique me parle de l'œil qui fait vomir au serpent ce qu'il avait avalé, de « sourcils » qui sont « les bras de la balance dans la nuit où se fait le compte d'Aouaï [1] », de l'épervier qui met en fête le Buste et du beau de visage qui met en fête la Mamelle [2], je ne suis nullement surpris de ne pas comprendre. Au contraire, si je lis qu'Ammon-Râ

---

1. — Rituel, Ch. XVII, v. 24, p. 58 de la traduction de E. de Rougé. — 2. — infrà 1/5.

est roi de la Haute et de la Basse-Égypte, créé de lui-même, dieu de l'horizon, j'hésite à croire que cela rende bien l'original : ici, il n'y a pas sens caché, il y a manifestement défaut absolu de signification. Que si enfin, sur tous les passages où je rencontre l'un de ces titres, je n'en trouve aucun qui ne présente pareille incohérence en y appliquant l'interprétation consacrée, j'en conclus que cette interprétation est entachée d'erreur. Je le reconnais : de courtes inscriptions sculptées dans l'unique but de fabriquer une stèle couverte d'hiéroglyphes plus ou moins beaux, un article de commerce, mesurées à la surface de la pierre donnée au graveur, peuvent ne pas présenter un ordre d'idées parfait ; on trouve dans ce cas des compilations que la logique n'a pas inspirées. Mais que, de tous les exemples d'un titre, aucun ne fasse partie d'une phrase raisonnable, cela est insoutenable : autant dire qu'il est de l'essence des compositions religieuses de ne renfermer aucune phrase développée, aucune combinaison de titres, ce que tant de passages où les idées se succèdent et s'enchaînent de la façon la plus nette ne permet pas de croire un seul instant. Si donc ⊴, par exemple, traduit « Seigneur de la justice », malgré les nombreux exemples de toute sorte que j'en connais, ne se lie pas une fois par le sens soit à ce qui le précède, soit à ce qui le suit, dans ces exemples, j'affirme qu'il ne signifie pas « Seigneur de la justice! » C'est que l'interprétation philologique m'a égaré et m'a empêché d'en connaître la valeur.

Un grand inconvénient des traductions purement philologiques, qui font renoncer, d'abord dans certains cas, à suivre la pensée d'un texte, c'est que l'esprit, qu'elles habituent à se contenter de traductions incomprises, est porté fatalement à accepter bientôt, dans tous les cas, des traductions incompréhensibles. Je ne puis me résoudre à admettre l'incohérence autrement que comme l'exception. Convaincu que les compositions religieuses, surtout les grands et beaux hymnes recueillis sur papyrus ou insérés dans le Rituel, offrent, en général, comme les autres, dans toutes leurs parties, un sens suivi, je rejette l'interprétation n'élucidant aucun passage et cherche l'interprétation unique qui convient à tous les exemples que j'ai pu réunir.

Afin de rendre ceci plus clair, je veux en montrer l'application à un passage du papyrus magique Harris, qui, on le sait, contient plusieurs hymnes intéressants; tiré d'un texte qui a été l'objet de l'admirable travail dû à M. Chabas, travail dont je me suis aidé puissamment pour toutes mes recherches, l'exemple sera plus frappant.

— XVI —

On y lit ces mots (1):

[hieroglyphs]
ba   seta   ari-nef   sefi-f   sutenfsabfamen-rā

[hieroglyphs]
(ānχ ut'a senb) χeperu t'esef χu-ti (hauk) ab-ti ube-

[hieroglyphs]
ni   s-het'   sesep.

que M^r. Chabas, d'après les traductions en usage, rend de la sorte : « âme mystérieuse qui a fait sa terrible puissance ; roi de la Haute et de la Basse-Égypte,(2) Ammon-Râ ; créé de lui-même ; double horizon, Épervier de l'Orient ; brillant, illuminant, éclatant. » Relativement à χeper t'esef, le savant interprète insiste(1ª) sur cette mention de la « génération paternelle » du dieu « qui s'est engendré lui-même. »

Si pris isolément chacun des titres ainsi traduits a un sens, l'ensemble ne dit rien à l'esprit. Je soupçonne que Amen-râ χeper t'esef, précédé et suivi de titres certainement étrangers à l'idée d'existence éternelle et nécessaire, ne désigne pas l'être créé ou engendré de lui-même. Les exemples que je rassemble m'apprennent, en effet, que χeper t'esef expri-

---

1. — 4/3, 5. — Cf. infrà p. 181. J'ai choisi à dessein un exemple que j'explique dans mes notes. — V. la traduction de Mr Chabas p. 61 de sa publication. — 1ª — Ibid. p. 62.

2. — Lire : « la vie saine et forte. ». Ordinairement [hieroglyphs] ne se traduit pas m dans cet emploi. Le sens usuel de [hieroglyphs] est « la subsistance, la santé, la force » ; dit d'un dieu ou d'un Pharaon, qui lui-même est un dieu, [hieroglyphs] « le dieu bon », il prend

XVII

me très-souvent une action du dieu Soleil répétée chaque matin, sur l'horizon : la transformation du Soleil nocturne en Soleil diurne. Du reste, le sens premier de 🪲 est devenir, se former, et, comme substantif, forme, transformation. Je comprends que le Soleil Ammon-Râ se transformant de lui-même, c.-à-d. se levant, soit qualifié de dieu du double horizon, d'épervier oriental (1), enfin de brillant, d'éclairant, de rayonnant. Pourquoi dès lors serait-il Roi de la Haute et de la Basse-Égypte ? Quel rapport y a-t-il entre une âme mystérieuse, un dieu dynaste, et un Soleil levant ? Les Pharaons sont aussi appelés [hiér.], [hiér.], [hiér.], etc. expressions qui ne signifient pas roi d'Égypte : pourquoi [hiér.], plutôt que [hiér.], par exemple, dont il est régulièrement accompagné, aurait-il ce sens ? Consultons les textes. Nous verrons que le Soleil [hiér.] communique sa qualité à son fils, le roi d'Égypte ; que le Soleil levant Shu devient [hiér.] au moment où, succédant à son père, il prend la direction du disque solaire ; que le Soleil exerce sa fonction ([hiér.]) de [hiér.] sur « le cercle des révolutions du disque solaire » ; que, dans les hymnes, le Soleil est ainsi qualifié lorsqu'il traverse le ciel ; que le Soleil [hiér.], en effet, éclaire la double terre ; enfin que cette double terre, en regard de laquelle se place un double ciel du Midi et du Nord, comprend la région du Midi et la région du Nord séparées par l'équateur sur lequel le Soleil exerce sa fonction de [hiér.]. Le Soleil est donc roi du Midi et du Nord, idée fort naturelle puisque sans lui il n'y

---

évidemment la valeur causative. « celui qui fait subsister, celui qui donne la santé, celui qui donne la force. » Pour ϥ subsister (et même nourrir), v. infra p. 475.

1. L'épervier hiéroglyphe d'Horus, le Soleil levant, est le symbole connu du Soleil qui s'envole dans le ciel. V. infra 114.

— XVIII —

avait ni midi ni nord. Je conçois qu'en tout lieu, même dans les enfers, il soit [hieroglyph]; que les Pharaons s'appropriant ce titre ne le séparent pas de leur qualité de [hieroglyph], fils du Soleil. L'auteur du papyrus magique Harris adore l'(âme mystérieuse) du Dieu qui produit sa terreur (il dissipe les Seba, v. infra p. 238), en venant dans le ciel régner en qualité de roi du midi et du nord, après avoir pris la forme de Soleil diurne, qu'il s'est donnée de lui-même, sur l'horizon, d'où son disque s'élance, comme un épervier oriental, tout brillant, etc. (v. la traduction, infra, p. 181). — (1).

— La philologie n'a pas fait connaître le sens de [hieroglyphs], « maître du trône de la double terre (du Midi et du Nord) », titre solaire, équivalent de [hieroglyph], dans lequel E. de Rougé, par exemple, voit une qualification du dieu créateur, « maître du monde ». Ce n'est pas là, du reste, l'unique exemple d'un titre purement solaire, purement mythologique, pris pour l'expression d'un attribut essentiel de la Divinité. Au contraire [hieroglyphs], rendu généralement par « Seigneur de la justice », a été considéré comme assez secondaire pour que ce même savant n'en ait pas parlé dans son étude sur Ammon. Je ne crains aucunement d'affirmer ici que [hieroglyphs] exprime l'idée fondamentale de la religion égyptienne, ne doutant pas que le lecteur ne partage cette opinion quand il aura parcouru les textes que je signale à son attention dans la seconde partie de mon travail. Mâ (la Vérité) fille du Soleil, représente, sous le nom de vrai, le bon principe dont

---

1. — Par opposition aux choses et aux êtres formés par Dieu, les prêtres disent que celui-ci [hieroglyphs] s'est formé de lui-même, ce qui au point de vue des idées égyptiennes sur les rapports de Dieu avec le Monde, est bien différent de « existant », ou « engendré », ou « créé » de lui-même. V. II.ᵉ Partie.

la vie maintenue dans le Monde par le Soleil, en un mot, l'ordre universel, est la réalisation. Il a sa source dans un être caché, mais tout-puissant, qui est le Dieu unique agissant par son Soleil. Cette conception, considérée comme la preuve suprême de l'existence et de l'unité de Dieu, antérieure par conséquent à la notion du monothéisme, plus importante que cette notion, car elle la prouve et l'explique, indépendante des questions de panthéisme, de dualisme, de création proprement dite, sur lesquelles les croyances ont pu varier suivant les époques, est regardée par les textes égyptiens comme le fondement de toute la théodicée et de toute la religion. On la retrouve dans tous les hymnes; elle est mêlée aux protocoles royaux, et donne le sens de plus d'un passage des textes historiques. Elle envahit tout le Rituel funéraire. Les idées sur la destinée de l'homme s'y rattachent: elle réglait sa conduite en cette vie, son sort dans l'autre. Elle est le point de départ d'une étude sérieuse sur la religion égyptienne, et en même temps je crois pouvoir dire sans exagération que, par ses développements, elle la mesure tout entière. Pour la méconnaître il a fallu qu'on se fût habitué à imposer aux textes des interprétations qu'on devrait toujours leur demander. On est allé jusqu'à dire, très-ingénieusement, il est vrai, que Mā est double (Mā-ti, la double Vérité) parce qu'il y a une Justice qui punit les méchants et une Justice qui récompense les bons; d'autres cependant ont enseigné que la double Mā était le Vrai et le Bien, confondus par une pensée des plus philosophiques; d'autres encore y ont reconnu le Bien et la Justice, etc. Les textes montrent que Mā est double comme l'Univers où elle s'incarne, et que le Soleil « tranche » en deux régions : il y a Mā du Midi et Mā du Nord. Il a fallu surtout qu'on en arrivât à ne pas s'étonner des expressions vides de sens, des idées incohérentes qu'on prêtait aux prêtres égyptiens, d'un « Soleil qui enfante la Justice », d'un Soleil salué « véritable seigneur des deux justices », lorsque, sa barque fendant le ciel, il éclaire la double terre.

Pour se convaincre de l'insuffisance des traductions philologiques il suffit de jeter un regard sur l'état actuel des études religieuses. Assurément les textes ont livré quelque chose de leurs secrets, même en faisant la part des erreurs commises. Mais les progrès n'ont pas été à la hauteur des découvertes faites dans les autres branches de l'égyptologie. Aujourd'hui, parmi les grandes figures du Panthéon égyptien, il n'en est pas encore une seule dont le sens soit connu. Qu'on relise et qu'on compare, par exemple, ce que Devéria, E. de Rougé, M.ʳ Mariette, ont dit de Ptah et d'Ammon, on verra que je n'exagère nullement. Sur les descriptions matérielles seulement il y a accord. Ammon était honoré principalement à Thèbes ; ses fêtes se célébraient à certaines époques de l'année ; il était ordinairement identifié avec Rā, souvent avec Chem, ou avec Chnum ; sa coiffure ordinaire est la double plume ; il porte les titres de maître du trône des deux régions, maître du ciel, etc. : voilà des points unanimement reconnus, mais dont l'énumération ne saurait tenir lieu d'une étude sur Ammon. Cependant, dès qu'on en sort, se produisent les hypothèses, les vues personnelles, les contradictions. Il est presque incroyable que deux esprits également distingués aient voulu voir dans le même dieu Ptah, l'un la Sagesse divine, l'autre la forme matérielle d'Osiris.

XXI

Tant qu'on ne demandera aux textes que des faits ou des titres sans leur demander aussi comment ils les entendent, ces divergences seront inévitables. Je ne dis pas qu'un éclaircissement fourni par un texte s'impose: qui le conteste? qui n'est heureux, dans l'occasion, d'appuyer ses vues sur une indication précise? Je dis qu'en dehors des textes nous ne savons rien de certain; qu'il est absolument nécessaire d'y chercher le sens de ce qu'on serait tenté de croire le plus aisé à traduire sans leur secours. Je ne veux point expliquer les textes : je voudrais écouter leur enseignement; quand la tradition est perdue, ils ne peuvent s'expliquer que par eux-mêmes. Une nuance de traduction change toutes les idées : quelle différence entre un dieu existant, un dieu engendré, et un dieu formé de lui-même ! entre un Soleil juste, et un Soleil, instrument d'une âme mystérieuse, réalisant le vrai en donnant la vie ! entre un maître du Monde, et un maître de la double terre ! Prendre une seule interprétation en dehors des textes, ce n'est pas seulement s'exposer à de graves erreurs, c'est souvent préparer les voiles impénétrables qui cacheront ce que le moindre effort eût fait apercevoir. Si je démontre que les traductions toutes faites ont seules empêché de saisir l'idée qui sert de point de départ à toute la symbolique du culte solaire, qui fait comprendre combien est simple et naturel ce dualisme dont les interprètes se contentent de répéter, en constatant qu'il pénètre entièrement la religion égyptienne, qu'il est «mystérieux»; si je démontre que par la même raison une idée à toutes les époques fondamentale au point de vue de la religion et de la morale a été méconnue; si, textes en main, je démontre qu'on a souvent pris pour primordiaux des titres se référant au lever quotidien du Soleil; si je démontre que certains mystères embarrassants, comme ceux qui sont relatifs à la Mère, ne reposent que sur de fausses traductions : n'aurai-je pas justifié ma proposition, que les traductions philologiques ont nui à l'avancement des études en créant des obscurités autrement impénétrables que toutes celles de la mythologie?

J'ai donc regardé comme indispensable de méditer les textes, de les respecter, d'y avoir confiance : de croire que les prêtres égyptiens n'écrivaient pas des choses insensées, qu'ils se comprenaient eux-mêmes, que leur pensée se suit et que tous nos efforts doivent se tourner à en rechercher l'enchaînement. E. de Rougé, qui eut l'honneur d'ouvrir la voie en ce genre d'études, a montré par son commentaire du Chapitre XVII sa conviction qu'un texte religieux peut être suivi dans toutes ses parties et commenté dans son ensemble. Si parfois on était tenté de me reprocher d'avoir cherché, sous des formules obscures un sens raisonnable, je rappellerais l'exemple de cet esprit éminent qui a bien pu errer sur des questions de détail (car comment ne pas se tromper dans une science en création, comme l'Égyptologie?) mais qui pour les vues générales et les questions de méthode a toujours fait preuve d'une critique si sûre et si saine.

Toutefois s'il est possible et nécessaire de pénétrer le sens des textes religieux, il me paraît fort difficile de le faire. J'ai donc cru devoir m'imposer des règles que peut-être on jugera sévères, quoique je ne me dissimule pas que même en m'efforçant de les suivre je n'aie pas su éviter bien des erreurs.

Les traductions incompréhensibles sont infidèles. Cependant il faut reconnaître l'exception; il y a des textes peu soignés, des passages altérés. Attribuer un sens à ce qui n'en a pas est aussi à craindre que de méconnaître une signification réelle.

On ne diminue les chances d'erreur qu'en ne se renfermant pas dans son texte. Les croyances religieuses ne dépendent point de l'imagination du scribe qui s'en fait l'interprète. Il faut s'attendre à voir tous les hymnes reproduire à peu près les mêmes pensées: la variété est dans le choix des expressions, dans l'ordre et la disposition des idées, dans les développements. Se livrer, pour éclaircir une idée, au travail de recherches et de comparaisons appliqué si heureusement à la formation du dictionnaire, est le plus sûr sinon l'unique moyen de découvrir le sens de la plupart des formules. Au lieu de passages renfermant le même mot, on rapproche des phrases rendant de diverses manières une même pensée; au lieu de mots, on compare des idées. A-t-on affaire à des passages répétant mot pour mot la formule qu'on étudie? il est toujours indispensable d'examiner dans chaque cas et ce qui la précède et ce qui la suit. Avec plusieurs textes l'interprétation devient certaine; quand on ne connaît pas de variante, la plus grande sagacité ne préserve pas des erreurs les plus graves.

Il est bon de ne rapprocher qu'avec circonspection des compositions d'époques trop différentes. Les textes ptolémaïques ne doivent pas servir, sauf exception, à interpréter les monuments de la XVIIIe ou de la XIXe dynastie. Il suffit que par hypothèse le dogme ait pu varier pour que je me garde de poser en principe et comme règle d'interprétation qu'il n'a pas changé. Les croyances de chaque époque connues, on saura si oui ou non les doctrines religieuses ont eu la fixité qu'on se plaît à supposer. En ce qui regarde le sens littéral des formules et la pure symbolique, mes études me portant à croire qu'il n'y a pas eu de changement, je serais moins rigoureux.

Je ne puiserai jamais aux sources grecques les éclaircissements dont j'aurai besoin, ou plutôt la raison déterminante de mes interprétations. Comment discerner des croyances vraiment primitives les inventions de basse-époque mêlées à tout ce que les Grecs ont recueilli concernant l'Égypte ? Avec les données grecques Devéria n'a pu comprendre le 𓂺, et l'on a attribué au scarabée, 𓆣, la valeur d'engendrer. L'égyptien s'explique d'abord par l'égyptien. À la vérité l'interprétation des monuments originaux, jetant une vive lumière sur les textes grecs, permet d'en faire une étude critique et de placer en regard les expressions hiéroglyphiques que souvent ils traduisent littéralement. Il est précieux d'y trouver la confirmation de nos découvertes ; il est prudent de ne pas y prendre le point de départ de nos observations.

Je m'interdis la recherche des origines ; mon objet est l'étude de la religion d'une époque. Les textes égyptiens présentent-ils, comme les Védas, le spectacle d'une religion naissante, de telle sorte que les deux questions se confondent ? Évidemment non. Les traces des origines sont si peu apparentes que les uns envisagent la religion égyptienne comme l'altération d'une religion plus pure, tandis que d'autres y reconnaissent un culte à peine dégagé de l'adoration première des éléments, du ciel, de la terre, du Soleil. Cela n'offrirait pas de danger si chacun ne cherchait dans les textes la justification de ses vues; mais lorsque, en dehors des descriptions matérielles auxquelles je faisais allusion tout à l'heure, on veut préciser le caractère d'un dieu, on ramène la question de sa signification à celle de son origine : on oublie presque qu'à l'époque historique les origines étaient sans doute inconnues des prêtres eux-mêmes. Ptah, pour l'un, représente encore la notion pure et première de l'Être suprême maintenue plus longtemps dans une sphère plus élevée ; pour un autre, Ptah laisse entrevoir très-clairement son origine de personnification de la terre : et des vues si personnelles (auxquelles, en ce qui concerne Ptah, il faut joindre les deux interprétations de sagesse divine et de forme matérielle d'Osiris) sont données comme devant satisfaire à ceux qu'intéresse la question de savoir quelle distinction, aux époques historiques, par exemple sous les XVIIIᵉ-XIXᵉ dynasties, le prêtre monothéiste établissait entre Ptah et les autres dieux dont il réunit les noms dans un même hymne, et qui, affirme-t-il, ne sont qu'un seul et même Dieu. La recherche des origines a été, selon moi, la pierre d'achoppement des études religieuses. À l'époque historique l'unité est faite ; les prêtres se préoccupent peu des origines réelles du culte : je ne m'en préoccuperai pas plus qu'eux. Les opinions contradictoires que j'ai rappelées ne s'appuient pas sur l'analyse suivie des textes : elles y suppléent. Pour savoir ce qu'est Ptah je prendrai un hymne à Ptah ; je m'efforcerai de l'interpréter d'une manière suivie depuis la première jusqu'à la dernière ligne ; et je m'entiendrai à son enseignement. Je reviendrai plus tard sur l'inconvenient de confondre deux questions aussi distinctes que celle de l'origine d'un dieu et celle de son interprétation à une époque donnée. La première forme un problème peut-être insoluble; à la seconde les textes pourraient répondre, si on les consultait : malheureusement on substitue la première à la seconde et on ne traite pas les compositions religieuses comme d'autres textes.

J'insisterai plus tard également sur la différence qu'il convient d'établir entre le dogme, le mythe, le symbole. Je ferai remarquer seulement dès à présent que les légendes accompagnant les représentations qui ornent les sarcophages, les boîtes de momie, les Rituels, les bas-reliefs, etc., et les phrases s'y rapportant insérées dans les textes, ne nous apprennent rien de plus que les tableaux qu'elles décrivent. Quant à ceux-ci, loin de nous révéler les doctrines égyptiennes, ils ne peuvent être éclaircis que par leur connaissance. Que Mā devienne une sorte de pilote de la barque solaire, c'est qu'elle est figurée en effet à l'avant de cette barque : cependant les prêtres ne croient pas que le Soleil ait une barque et des nautoniers, ni même qu'il soit Dieu puisqu'ils adorent l'âme qui vient dans son disque, navigue dans sa lumière. Les textes, en m'apprenant que Mā représente la Vérité principe de la vie ramenée par le Soleil, me donneront le sens de la représentation.

Volontiers j'érigerais en règle d'indiquer sur tous les points les motifs de mon interprétation. Il m'est arrivé plus d'une fois en voulant défendre mes vues d'être amené à en reconnaître la fausseté. Ceux-là seulement savent combien délicate, combien difficile et douteuse est souvent l'explication de quelques lignes d'égyptien, qui ont entrepris de justifier leurs propres traductions. Cependant on ne saurait tout dire dans un ouvrage destiné à la publication.

Telles sont les règles qui me semblent nécessaires, dont la stricte observation même ne garantirait pas de toute erreur. Mais, je le répète, malgré toutes les difficultés qu'on y rencontre, il faut commenter les textes religieux. D'ailleurs qui traduit commente. Transformer en roi de la Haute et de la Basse-Égypte le Soleil souverain des deux parties de l'Univers séparées par le cercle équatorial, n'est-ce pas commenter, et singulièrement, son titre de 𓊃𓋴 ? En renonçant à suivre la pensée d'un texte, on fixe néanmoins le sens de ce qu'on ne comprend pas. Il est donc nécessaire de s'efforcer de comprendre; sans doute on ne peut pas tout expliquer à la fois : qu'on signale les passages douteux, les formules dont la signification n'apparaît pas encore.

Cette nécessité seule a pu me déterminer à une entreprise certainement au-dessus de mes forces. Élève de l'École des Hautes Études, obligé de produire un travail pour lequel je ne me sentais pas suffisamment préparé par des études peu suivies et remontant à trop peu d'années, connaissant très-imparfaitement les publications antérieures (les érudits s'en apercevront vite, je le crains, en lisant mes notes), j'ai été amené à prendre pour sujet de ce premier essai un texte religieux, alors inédit, que je devais à l'obligeance de M. Mariette, lorsque je ne m'étais occupé jusque-là que de recherches philologiques. Mon dessein était de donner une traduction littérale avec quelques courtes notes, et, pour l'intelligence des questions religieuses, des formules, des symboles, de renvoyer aux travaux antérieurs. Bientôt je reconnus l'impossibilité générale de traduire littéralement; quelques variantes que je rencontrai me forcèrent à accepter des sens fort éloignés de ceux auxquels j'avais d'abord songé; je compris le parti que je pouvais tirer de la comparaison des textes. D'autre part tout en recueillant dans les publications des savants les plus utiles données, je ne parvenais pas à relier deux lignes de mon texte. Inutilement j'y cherchais ce qu'est un taureau dans On; pourquoi il y a un ciel du midi et un ciel du nord; ce que sont les deux régions 〰️; ce qu'il faut entendre par les 𓉴 du Soleil; ce que sont ses 𓃒; ce que signifie la production des dieux par la Parole; pourquoi cette parole est appelée une substance; ce que sont des dieux qui adorent le dieu; pourquoi Ammon, en tant que 𓊃 𓊃 est père des dieux; pourquoi le Soleil est dit 𓊪 lorsqu'il éclaire la terre; ce que représentent les symboles des deux diadèmes, de la double plume; etc. etc. Plusieurs de ces questions n'avaient même pas été abordées. Sur le personnage d'Ammon je ne voyais que des opinions contradictoires. Je m'habituai à chercher dans les textes et j'acquis la conviction que les savants ne les avaient pas assez interrogés. Le peu d'avancement des études religieuses m'a frappé et j'ai voulu en démêler les causes. Mes recherches personnelles m'ont suggéré les idées que j'ai exprimées dans cette préface, un peu naïvement, peut-être. Je crois qu'on n'a pas assez de confiance dans les textes, pour avoir commencé par ne pas les respecter suffisamment: les interprétations arbitraires (j'appelle ainsi toutes celles qui ne ressortent pas des textes où se rencontre l'expression interprétée, alors même qu'elles reposent sur des renseignements de source grecque ou sur des analyses purement philologiques), les interprétations arbitraires, dis-je, ont produit des traductions qui semblent justifier le défaut de confiance. Mon excuse si j'ai tenté une œuvre au-dessus de mes forces sera donc d'y avoir été contraint en quelque sorte sous peine de ne comprendre presque rien à l'hymne que j'avais à traduire.

Je ne connais pas les textes autant qu'il le faudrait pour suivre le plan que je me suis tracé; je crois que par les variantes on pourrait arriver à tout expliquer avec une certitude absolue; mais le nombre des variantes que j'ai recueillies est insuffisant: je crains d'avoir cédé quelquefois à mon imagination. Avec plus de temps j'aurais laissé moins de questions indécises, redressé quelques-unes de mes erreurs: chaque veille, chaque recherche apporte un progrès. Aussi n'est-ce point une interprétation définitive que je prétends offrir aux personnes qui me feront l'honneur de lire cet essai; si d'autres ne montrent pas les défauts de mon travail, j'entends les corriger moi-même. Il me suffit pour le moment de publier tel quel le résultat de mes premières recherches, en insistant sur les points où elles ont été plus heureuses et sauf à les compléter et surtout à les rectifier plus tard par de nouvelles observations. Malgré leur imperfection j'espère qu'elles n'auront pas toujours été infructueuses: par exemple, que l'explication du dualisme dont la religion égyptienne est si profondément pénétrée; la preuve de la démonstration de Dieu par la Vérité; l'interprétation des nombreuses formules où il est question de la Vérité; la distinction des titres divins en titres essentiels et en titres purement solaires; la démonstration de l'importance et de la signification religieuse des protocoles royaux; l'explication de certains dieux, tels que Ptah, Ammon, Toum, etc.; sont des choses qui resteront.

Je suis heureux de témoigner ici à M.r Maspero ma vive reconnaissance pour les leçons qu'il m'a prodiguées avec ce désintéressement qu'inspire seul l'amour de la science. Ses conseils ne m'ont jamais manqué. Ses notes ont été à ma disposition comme les miennes. Je le remercie encore de n'avoir jamais imposé son opinion à son élève, de lui avoir, au contraire, enseigné à faire des recherches personnelles. Si quelquefois j'ai essayé de retourner contre mon maître et ami (il me permettra de l'appeler de ce nom) les armes qu'il m'a données, je sais que j'ai fait ce qui pouvait lui plaire le plus. Je dois aussi des remerciements à M.r J. Pierret pour ses excellents conseils, sa complaisance infatigable.

J'avais eu l'honneur de soumettre au savant professeur E. de Rougé ma traduction et le plan de mon ouvrage. Il les avait approuvés en m'indiquant quelques corrections que j'ai mises à profit. Il avait soupçonné immédiatement l'altération de divers passages que je m'efforçais vainement d'interpréter; plus tard l'étude du rhythme m'a démontré que toutes ses conjectures étaient fondées. Je signalerai notamment les passages hâtu nutrou etc. 2/3, et ptah uben-k etc. 5/7. Il m'avait engagé à me guider sur le parallélisme; en suivant ce conseil, j'ai été conduit aux observations que j'expose touchant la métrique. Il considérait l'hymne comme très-beau, très-soigné, principalement dans les trois premières parties.

Auditeur assidu de ses cours du Collège de France depuis 1867 jusqu'à sa mort, ce n'est pas sans émotion que je rappelle sa mémoire. En tous les temps il est resté le représentant le plus autorisé des études que son génie seul avait sauvées après la mort de Champollion, mais ceux-là seulement l'ont bien connu, qui ont pu fréquenter ses cours du Collège de France. Jamais professeur ne sut mieux unir la clarté à la science, l'extrême érudition à l'extrême prudence. C'est là qu'on retrouvait toujours l'auteur du mémoire sur Ahmès, et qu'on apprenait la vraie méthode du déchiffrement. On était charmé tout à la fois de la clarté des expositions et de la sûreté de la critique; ses leçons, préparées longtemps à l'avance, présentaient l'enchaînement des ouvrages écrits les mieux médités: peut-être même étaient-elles supérieures à ses dernières publications. Il excellait à faire sentir toutes les difficultés d'un texte, à faire la part du certain, des hypothèses, de l'inconnu. N'affirmant que les choses sûres, il apportait le même soin à faire ressortir son ignorance et à indiquer les raisons de ses doutes qu'à exposer les preuves de ses interprétations; ses efforts tendaient uniquement à faire connaître à ses auditeurs l'état et les conditions du déchiffrement, afin qu'ils pussent résoudre eux-mêmes les problèmes qu'il leur signalait et qu'il laissait sans solution. Avec cette sévérité pour ses opinions, il apportait la plus grande impartialité à l'examen des travaux de ses collègues, auquel il consacrait plusieurs leçons chaque année, à l'ouverture de ses cours ; tout entier à l'avancement des études il s'efforçait de démêler les inévitables erreurs pour mieux faire la part des découvertes, ignorant ce que c'est qu'une critique personnelle. Il n'était pas gêné par le mérite des autres ; il aimait aussi à faire honneur à Champollion de tout ce que la science lui doit : il disait qu'il est profitable d'étudier jusqu'aux causes de ses erreurs. La même justice lui sera-t-elle rendue ?

Venant après lui, notre devoir est d'aller plus loin, mais c'est en lui empruntant sa méthode que nous le pourrons. Je n'ai pas craint de discuter son enseignement quand il m'a semblé que les textes y contredisaient : n'est-ce pas, par là même, profiter de ses leçons ?

Iʳᵉ PARTIE.

La seconde partie de ce travail sera consacrée à l'étude des questions de religion. La première comprend : 1° la transcription hiéroglyphique et la traduction du texte (chap. 1ᵉʳ) ; 2° un commentaire et des notes, y compris un essai sur la poésie égyptienne (chap. II) ; 3°, enfin, en appendice, l'hymne à Ammon-Ra des papyrus de Berlin.

Le copiste égyptien a divisé son manuscrit en quatre parties, au moyen du signe ⌐◦ ; mais pour les subdivisions en § je ne pouvais m'inspirer que de l'enchaînement des idées, tel que je croyais le comprendre. Utiles à plusieurs égards, ces divisions obligent le traducteur à entrer plus avant dans l'esprit de son texte, à rechercher la progression et la liaison des idées, en même temps qu'elles sont pour lui un moyen facile de faire ressortir son interprétation et de la soumettre au lecteur.

Le manuscrit comprend onze petites colonnes,[1] les dix premières de sept lignes chacune, la dernière de cinq lignes seulement. Le commencement des lignes est indiqué par les signes $\overset{1}{|}$, $\overset{2}{|}$ etc., dans la transcription qui reproduit fidèlement jusqu'aux fautes les plus évidentes de l'original; les parties écrites à l'encre rouge ont été soulignées.

---

1. — Planches 11, 12, 13, du tome II des papyrus égyptiens du musée de Boulaq.

Texte,
Traduction et Transcription.

I

Planche I.

§ I. Adoration d'Ammon-Ra, taureau dans On, chef des dieux tous; dieu bon (et) très-aimé, donnant le maintien de toute chaleur (vitale?) à tout bétail bon.

§ II. Hommage à toi, Ammon-Ra ! seigneur

Transcription. — tua amen-rā. ka heri ān heri nuter-u neb-u. nuter nefer meri-ti. rā | ānẖ n serf neb. n menmen-t neb-t nefer-t. Anet' her-k amon-rā neb

Pl. I, l. 6.

du trône des deux régions, résidant dans Thèbes;

taureau de sa mère, résidant dans son champ;

celui qui écarte les jambes, résidant dans To-Kemā; seigneur

du pays des Madjaou (Occident), commandant de l'Arabie (Orient);

roi du ciel, prince de la terre; seigneur des

choses, soutien des choses, soutien des choses toutes.

§ III. — Un dans son rôle, comme avec

les dieux; taureau beau de la Société des personnes di-

vines; chef des dieux tous; maître de la Vérité, (c'est le)

---

nes ta-ui. χenti ap-tu. ka mu-t-f χenti seχet (ᐁ 𓏏𓏥)-f. pet ....
χenti to-Kemā. neb māt'au heḳ punt. ur n pe-t omesu n ta. neb
nti mon χet men χet neb-t. Uā her sep-f mā m mā nuter-u. ka neχ

Pl. II, l. 1.   5

[hieroglyphs]

père   des dieux; auteur des hommes, producteur

[hieroglyphs]

des animaux, seigneur des choses, producteur   des plan-

[hieroglyphs]

tes nutritives;   auteur des pâturages   qui nourrissent

[hieroglyphs]

le bétail.

§ IV. — [hieroglyphs]

Germe divin produit de Ptah, enfant beau de

Planche II.

[hieroglyphs]

l'amour (i.e. aimé), font   à lui les dieux   des adorations.

[hieroglyphs]

Auteur des choses d'en bas et des choses d'en haut; il illumine

---

n paut nuteru. heri | nuter-u neb-u. neb mā-t ātef nuter-u. ăr
ret-u kemam āu-t. neb nti kemam | set-nānχ-u. ăr sim-u
s-ānχ menmen-t. § IV. — (s)χem nefer ăr n ptah. hun nefer n
~~Planche II.~~ mer-ut. tut̄e-n-f nuter-u ăāu. ăr   1.
χer-u hor-u s-hetʼ-f.

1. — Lire: [hieroglyphs] Beau germe divin, produit de, etc.

6   Pl. II, l. 5.

les deux régions; traversant le ciel   en   paix,

roi du Midi (et) roi du Nord, Soleil, véridique, chef

des deux régions. Grand   de la vaillance, maître

de la terreur;   chef   faisant la terre comme

(est) sa forme ⁽³⁾, dispensateur des destinées plus qu'aucun dieu.

§ V. — Sont réjouis   les dieux par sa lu-

mière (m. à m. sa beauté), donnant à lui des adorateurs   dans

Pa-ur, (et) des faisant lever dans Pa-(neser).   Aiment

les dieux son parfum, lorsqu'il   arrive   d'Arabie⁽¹⁾;

prince des rosées   il descend au pays des Madjaiou⁽²⁾;

—1. Orient. — 2. Occident. — 3. Ou, mieux: comme elle est, se comporte.

Pl. II, l. 7.

[hieroglyphs] beau de visage arrivant (dans) le pays de Ta-nuter.

§ VI. — [hieroglyphs] S'élancent les dieux à ses

[hieroglyphs] pieds lorsqu'ils reconnaissent Sa Majesté à l'état de

[hieroglyphs] leur maître; (ils lui disent): « (ô) maître de la crainte, grand

[hieroglyphs] de la terreur; grand des âmes, possesseur des diadèmes;

[hieroglyphs] faisant croître les produits de la terre,[(1)] producteur des provisions;

[hieroglyphs] adoration à toi! père des dieux, (qui)

---

ta-ui t'a ḫur-t m ḥetepu. suten (ḫeb) rā mā ẓeru
ḥeri ta-ui. āa peḥ-ti neb s'efi-t. ḥeri år ta mā ḥater
-f. ten seẓeru r nuter neb. § V. ḫāau nuter-u m nefer-f.
iutu-n-f ḥennu m pa-ur. s-ẓaau m pa-(neser?). mereru nuter-u sti-f. ẓeft ai-f m punt. ur āat-t ḥa-f mā-
t'au. nefer ḥer ai nuter ta. § VI. ẓenẓen nuter-u ret-ti-fi.
ẓeft sa-sen ḥon-f m neb-sen. neb sent āa ner. ur ba-u
ẓem ẓau. uat' ḥetepu år t'efau. ḥennu-nek år nuter-u.

1. — Les vivres [hieroglyphs] sont des végétaux; les [hieroglyphs], peut-être, des viandes.

Pl. III, l. 3.

as suspendu   le ciel, repoussé la terre.

II.

Planche III.

§ VII. — §. Veilleur sain, Chem-

Ammon! maître du temps, auteur de l'éternité; seigneur

des adorations, résidant dans Thèbes;   ferme des 2 cornes,

beau de visages.

§. VIII. —

Seigneur de la couronne *urer*,   porteur de

la double plume; orné de diadème, porteur du diadème blanc.

āş pe-t ter satu. (Pl. III.) res ut'a ʒom-âmen. neb neḥeḥ ir t'eta. neb āau
ʒonti ap-tu ʒmen. kerti neʃ ḥer-u. §. VIII. neb urer-t'ra ʃu-ti neʃu seʃet ka ḥat'.

Pl. III, l. 5.

Le serpent *mehen* et les deux vipères *uat'* (sont) les choses de

sa face; son ornement(?) dans le sanctuaire(?), (c'est)

la double couronne, la coiffure *nemes*, le casque. Beau de visage,

il prend le diadème *ätef* : aimés (sont) le Midi d'elle

et le Nord d'elle; maître de la double couronne, il prend

le sceptre *ames* : maître du sceptre *makes* et

du fouet *nexex*.

§ IX.—   Chef beau, se levant avec le diadème blanc;

---

mehennu uat'-ti na her-f. kemä-ti-f ami.....ā. sex-ä nemes xepres f. nefer her sep-f. atef. meri-u kemäu-s hnā xebu-s. neb sexti sep-f ames u. neb mākes xeri nexxu.

§. IX.— hik nefer xä m het'.

1.— est du genre féminin.

Pl. IV, l. 1.

maître des radiations, produisant la lumière : donnent

à lui les dieux des acclamations! Donnant ses deux mains

à celui qu'il aime; Précipitant son ennemi

par la flamme : c'est son œil (qui) renverse les impies;

il (l'œil) fait son dard à l'état de perçant l'Abyssus,

(et) il fait - vomir

Planche IV.

au serpent *Nak* ce qu'il avait avalé.

---

neb sat-ut àr het't'ut. tutu-n-f nuter-u hekennu. tutu (tot)-ui-fi n meri-f. ha-ti zefti-f n uot. (mer)-t-f pu s-zer sebau. tu-s zemt-s m s-zep nu. tu-s s-sek(et)
Planche IV.— nak ām-nef.
1.— En hiératique, 𓏏 = 𓏏 met(?); cf. 7/2, 𓏏 = 𓏏.

Pl. IV, l. 4.

§ X. — [hieroglyphs]

Hommage à toi, (ô) Soleil maître de la vérité !

[hieroglyphs]

(le) mystérieux de sa chapelle, maître (i.e. père) des dieux, Chepra

[hieroglyphs]

dans sa barque : (lui) émettant la Parole, existent les dieux ;

[hieroglyphs]

Tum père des êtres intelligents, (qui) détermine

[hieroglyphs]

leur manière d'être ; artisan de leurs existences ; (et qui)

[hieroglyphs]

distingue (leurs) couleurs l'une de sa seconde (de l'autre).

§ — XI. [hieroglyphs]

Celui qui exauce la prière   de qui est

[hieroglyphs]

dans l'oppression ; doux de cœur avec le criant vers lui ;

---

§ X — ànet' her-k rā neb mā-t. àmen kerà-f neb nuter-u. ḣeprā heri ut'à-f. utu t'ut' heper nuter-u. tumu àr reḣi-tu. ten ḣatenu-sen àr ānḣ-sen. àpi ànnu uā r sen-nut-f.

§ XI. — sotem nemeḣ n nti m betennu. àm (ḣāti) ḣeft nās-n-f.

12   Pl. IV, l. 7.

délivrant   le timide de ⁽¹⁾ l'audacieux (violent de cœur),

juge   du   puissant   et du

malheureux.

§. XII. — Maître de l'intelligence, Substance (est)

sa Parole;⁽²⁾ est venu le Nil   par sa volonté.

Maître de la palme, grand de l'amour; il est venu

nourrir les êtres intelligents. Donnant le mouvement à

toute chose; lui agissant dans l'Abyssus, ont été produites

---

nohem sent mā. ẖem (ḥâti). api maâr | maâr hnā usu.
    § XII. — neb sa hu ap-ro-f. âi n ḥâpi n
mer-ut-f. neb benrât ā-mer-ut. iu-nef s-ānẖ reẖit-u. tutu
ses n âr-t neb. âr-tā m nu. s-ẖeper n.

1. — ⸗ Mr Brugsch (Gramm. p. 96) a lu ⸗ : « de la main de »;
2. — Les dieux s'en nourrissent. — Le Nil est le nourricier de l'Égypte.

Pl. V, l. 2. 13

[hieroglyphs]
les délices de la lumière ; se réjouissent les dieux

[hieroglyphs]
de la beauté (i.e. lumière)

Planche V.

[hieroglyphs]
de lui : vivent leurs cœurs, (lorsqu') ils voient lui.

III.

§. XIII. — [hieroglyphs]
s. — Soleil invoqué dans

[hieroglyphs]
les àp.. (sanctuaires thébains), grand des diadèmes (ou : levers) dans Ha-benben

[hieroglyphs]
(sanctuaire d'Héliopolis) ; dieu Ani seigneur de la fête de la

---

àm ḫet ʿbut. ḫâāu nuter-u m nefer (Planche V.) — f. ānẖ ḫāti-u. — sen maa-sen su. §XIII. — rā uas m àp-tu. āa ẖāu m ḫa-benben ānì nebpaut.

nouvelle lune, pour lequel sont faits les six (jours) de fête de la

fête du dernier quartier. Prince suprême, maître des dieux

tous, qui se fait voir dans l'horizon, chef

des êtres (habitants) d'Ager : mystérieux (est) son nom

plus que ses naissances : c'est dans son nom d'Ammon.

§ XIV.—
(1) Hommage à toi, habitant dans la quiétude!

maître de la joie, possesseur des diadèmes ; maître de la

couronne urer, porteur de la double plume ; orné de

---

ir-nef (sâs) nt heb tenā-t. àtï [(ā-tiz)(uz'à senb)] neb
nuter-u neb-u. Kemeh-f su heri ᵹu-t. heri pät-u
äuker. àmen ren-f r mèsu-f. m ren-f pu n'àmen.
§ XIV.— ànet'her-k àmi m hetepu. neb-fut
ᵹem ᵹāu, neb urer-t ka ᵹu-ti nefer

1.— Dans les Notes je proposerai une coupure différente.

Pl. V, l. 7.

15.

diadème, porteur du diadème blanc. Aiment les dieux

à voir à toi la double couronne affermie sur ton front.

Tu es aimé, passant à travers les deux régions,

tu es radieux, apparaissant en qualité de 2 yeux beaux.

(1) (Ravit) les êtres pâtir ta lumière (naissante?); fait pâmer

les créatures ta radiation. Est ton amour dans

le ciel du midi,

---

ses'et ka het-t. mereru nuter-u ma nek. sesți men
m ap-t-k. mer-ut-k sesita yet ta-ui. set-ut-k pa-ta
m (mer-)ti nefer pat-u uben-k. betes aut-u peset-k.
au mer-ut-k m pe-t res

Planche VI (p. 16).— tenrat-k m pe-t meh-ti.
au nefer-k her ta hati-u. mer-ut-k her ses'ebet......uit.
kemam-k nefer her s-kenen tut-u. hati-u makuu

1.— Le parallélisme qu'on observe dans toutes ces petites phrases, oblige de rétablir un verbe omis par le copiste égyptien.— V. les Notes.

16   Pl. VI, l. 3.

Planche VI.

[hieroglyphs] ta grâce   dans le ciel du Nord. Est ta beauté

[hieroglyphs] à s'emparer des cœurs, ton amour à faire tomber

[hieroglyphs] les bras. (Sont) tes créations   belles   à

[hieroglyphs] paralyser les mains, les cœurs se fondent(?) en

[hieroglyphs] te voyant,

§ XV. — [hieroglyphs] Forme unique, produisant toute chose,

[hieroglyphs] le Un, qui est seul, produisant les existences. Sont sortis

[hieroglyphs] les hommes de ses yeux, (et) devient les dieux sa parole

---

-n ma-n-k. § XV. — tot uā, àr ntì | neb-t. uā ūāu àr anen-t. pererer retū in (mer)-ti-fi. χeper nuter-u apro-f.

auteur des pâturages qui nourrissent le bétail

(et) des plantes nutritives pour les humains. Celui qui fait que sont nourris les poissons du fleuve (et) les oiseaux de l'air; qui donne le souffle à qui est dans l'œuf. Celui qui nourrit les oiseaux........(dans?)....(et) fait que sont nourris les oiseaux *jennu* (1) en ce lieu; les insectes rampants et ceux qui volent de même sont (nourris). Celui qui fait les provisions des rats (?) dans —   leurs trous;   nourrissant

---

ȧr semu | s-ānẖ menmen-t. ẕe-t n ānẖu n amamu.
ȧr ānẖ-tā remu | āteru. apetu ḳenẕep-t (ou?... n ẕe p-t).
rā nefu n nti m ouh-t. s-ānẖ se?........ ȧr ānẖ-tā
ẕennus ȧm. t'ef-t pui māti ȧru. ȧr ẕer-t pennu
m baba-u - sen. s-ānẖ

1. — Notre manuscrit donne une forme nouvelle:

les oiseaux dans tous les bois.

§ XVI. — Hommage à toi, auteur des formes

en totalité! le Un qui est seul, nombreux de (par) ses 2 bras.

qui s'étend (?)

Planche VII.

vigilant sur tous les humains qui reposent, recherchant

le bien de ses créatures, dieu Ammon qui maintient

toute chose! Tum et Armachis adorent

toi dans leurs paroles toutes (disant): adoration à toi

---

pi-u m je-t neb-t.

§ XII. — ânet' her-k âr nen er fu. uā uāu
asu..... fi. set'er | resher nebu set'eru. her hehi jet n āut-f. âmen men
jet neb-t. tum hor-pu-ti âau nek m t'et-sen r fu. hennu-n-k

Pl. VII. l. 5.

19

[hieroglyphs]
à cause de ton demeurer en nous ! Prosternation devant

[hieroglyphs]
toi parce que tu nous produis !

§ XVII. [hieroglyphs]

Hommage à toi par toutes les créatures !

[hieroglyphs]
acclamation à toi, en toute région ! dans la hauteur du

[hieroglyphs]
ciel, dans l'étendue de la terre, dans la profondeur de la

[hieroglyphs]
mer ! Les dieux, dans l'état de courbés de (i.e. devant) ta

[hieroglyphs]
Majesté, (sont) à exalter les âmes de leur producteur :

[hieroglyphs]
joyeux   de l'arrêt (station) de leur engendreur,   ils disent

---

n uret-|k ăm-na. seni-nek ta n kemam-k-na.

4 §. XVII.— ănet 'her-k n aut neb-t. hennu
n-k n | tes-t neb-t. er kau n pe-t er usex-t n ta. er
ut-ut uat-ur. nuter-u m kesu | nu hen-k. her s-ka.
bi-u kemam-st. hāu m χ sefu nu utet-sen. t'et-
sen nek ài-ui m hetep. ătef ătef-u nuter-u

à toi: Viens en paix! (ō) père des pères des dieux
tous! qui as suspendu le ciel, (et) refoulé la terre; auteur
des choses, producteur des êtres; prince suprême
chef des dieux, nous adorons les âmes

Planche VIII.

de toi, comme tu nous fais; tu as agi par ton enfanter
nous: nous donnons à toi des acclamations pour ton demeurer
en nous!

§. XVIII.
Hommage à toi, auteur de toute chose!

neb-u. aḥ pe-t ter satu. ȧr nti ḳemam unen-t. ati
(anχ ut'a senb) ḥeri nuter-u. tia-na bi-u-k mā ȧr-k

Pl. VIII, l. 5.

maître de la vérité, père des dieux ; auteur des hommes

pourvoyeur des animaux. Seigneur, (dieu) Grain, nourris-

sant les animaux de la terre. Ammon, taureau beau

de visage ; chéri dans les *ap* ; grand

des diadèmes dans Ha-benben ; multiplicateur

de couronnes dans On ; Jugeant les deux adversaires

dans la salle grande.

§ XIX.—

Chef des personnes divines grandes

---

na. ȧri-nek her mes-tu-k-na. tu-na-n-k hekennu
her uret-k ȧm-na. §XVIII. ȧneṭ ḥer-k ȧr nti neb-t.
neb mā-t ȧtef nuter-u. ȧr reṭu ḳema āu-t. neb niprā.
ȧr ānẖ āu-t nt tes-t. ȧmen ka nefer her. meri-ti m
ȧp-tu. āa ẖāu m ḥā-t-benben. uahem seš'etu m ān.
ȧp roh-ui m useẖ-t āa-t. §XIX. ḥeri paut nuter-u āa-

le Un qui est seul, étant sans second de lui

résidant dans les ap. Dieu Ani, résidant dans

la collection des personnes divines de lui, subsistant par la

vérité chaque jour, (dieu) des deux horizons, Horus

de l'Orient. Il a produit (ou : créé ?) la terre, l'argent

l'or, le lapis vrai par sa volonté. Les

grains (?) d'encens se mêlent aux

Planche IX.

(1) parfums d'ānti frais pour les narines.

---

1. — Je crois ce mot interpolé. Cf. ligne suivante.

Pl. IX, l.3.

[hieroglyphs] beau de visage, entrant au pays des Madjaou (Occident),

[hieroglyphs] Ammon-Ra, seigneur du trône des deux régions,

[hieroglyphs] résidant dans les ap; Ani, résidant dans

[hieroglyphs] sa chapelle.

IV.

[hieroglyphs] § XX. — §. — Roi (des dieux), il est un, comme

[hieroglyphs] avec les dieux, nombreux de noms, qui ne connaissent

---

t. uā uāu ảpḥ-ti sen-nu-f. ꭓenti áp-tu. āni | (ꭓ)nti pauit nuter-u-f. ānꭓ m mā rā neb. ꭓu-ti hor ab-ti. ḳemam-nef tes het' neb. ꭓesbet' mā n mer-ut-f. áḥem nuter s'ebennu her mat'au

Planche IX. — ānti uat' n sert-k. nefer her ȧi mat'au. ȧmen-rā | neb nes-t ta-ui. ꭓenti áp-tu. āni

pas la quantité (innombrables); brillant à l'horizon orient-

al, se reposant (?) à l'horizon occidental.

§ XXI. — Renversant ses ennemis, le

matin (?) de la naissance quotidienne; Thoth exalte

ses deux yeux. (Lorsqu')il se repose dans ses splendeurs, (sont)

en joie les dieux à cause de sa beauté (lumière), en exaltation

ceux qui entrent dans sa suite d'adorateurs. Maître de la

---

jenti àp-t-f. — § XX — suten uā | mā m-mā nuter-u. asu
rennu àn ref tennu uben m ju-t àb-tī s-hetep | s-hetep m
ju àmenti.

§ XXI. — seferu fefti-f. tiau n mes-t rā neb.
s-ka theti (mer-)ti-fi. s-hetep-f su m ju-f. hāāu nuter-u m
nefer-f. s-ka | àmi m hetet-ut-f. neb

1. — Les mots « tia n mes-t rā neb », ont été écrits à l'encre rouge, dans
l'interligne, au dessus de la version du texte: « dans le cours de la partie divine de chaque jour » (mā jez-t heru nt rā neb.).

Pl. X, l. 2.   25

[hieroglyphs] barque sek-ti (et) de la barque āt, qui parcourent pour toi

[hieroglyphs] l'espace céleste en paix : les nautoniers (sont) en allé-

[hieroglyphs] gresse, (lorsqu') ils voient qu'est renversé l'impie ;

[hieroglyphs] Perce ses membres le glaive, dévore

Planche X.

[hieroglyphs] lui la flamme ; est écartée son âme de

[hieroglyphs] son corps ; ce serpent Nak enlève ses jambes.

§ XXII.— [hieroglyphs] Les dieux (sont) en allégresse, les nau-

---

sekti āt-t nemāta-sen nek nu m hetep. ¿ket? (ou: ās?)-u-k
m hāa-ut. maa-sen sexeru sebā sexep hā-u-f meṭes. ām
      Planche X.— n su ʒet. sesunnu ba-f er xa-ǧit
-f. nāk pf nehem ....-t-f.
  § XXII —| nuteru m hāa-ut. s- ket (?)

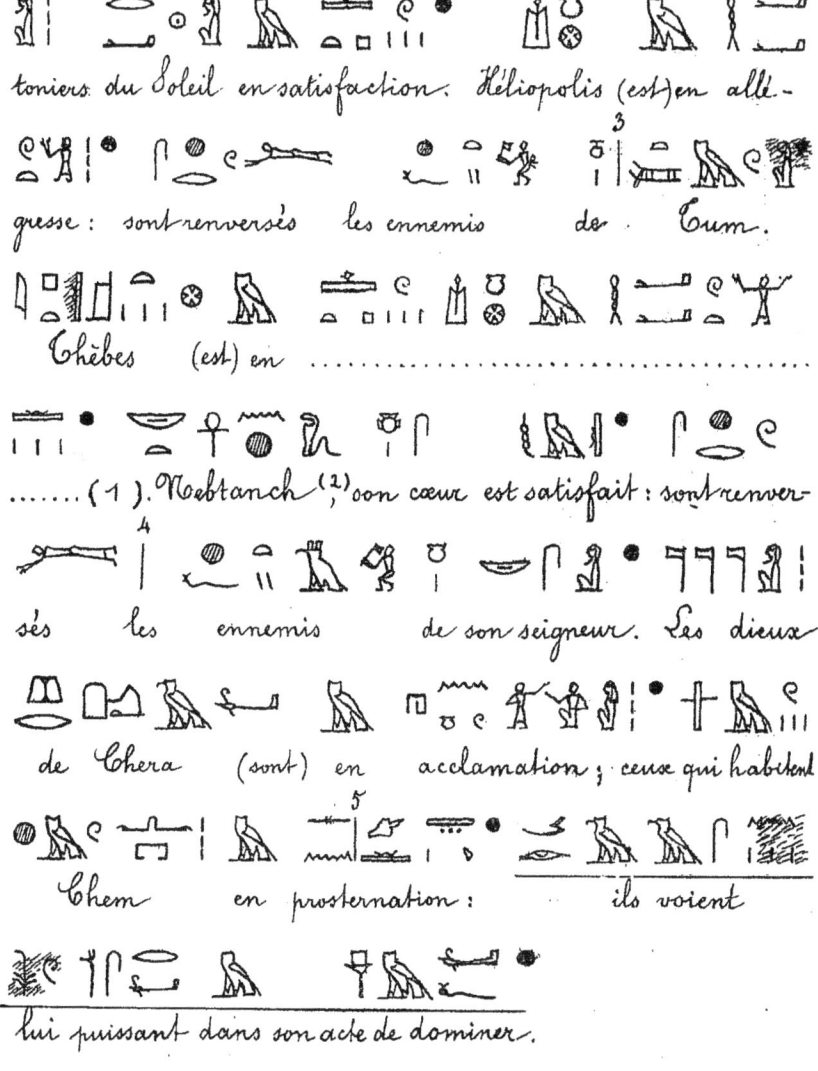

1. — «..... en satisfaction. Héliopolis est en joie......». Le scribe a répété maladroitement ces mots qui appartiennent à la ligne précédente. Les erreurs de ce genre (cf. supra, 9/1, le mot māt'au) prouvent qu'il copiait un manuscrit.

2. — ⲛⲉⲃ-ⲧ ānẖ, nab-t ānẖ, littéralement « la dame de la vie », est un des noms de la déesse uræus. (V. infra, note sur ⲧ «les 2 régions» 2/1).

Pl. X., l. 7.

§. XXIII.
...... germe des dieux, (2) Vérité,

seigneur de Thèbes : c'est dans ton nom d'

auteur de la vérité. Maître des provisions, fécondateur

des produits végétaux : c'est dans ton nom d'Ammon

fécondateur de sa mère. Auteur des humains,

faisant devenir la forme(?) de toute chose ; c'est dans

(Page 26) rā m ḥetepu. ān m ḫāā-ut. s-ḫeru ḫefti
nu | temu. āp-tu m ḥetepu ān m ḫāā-ut. neb-t-anḫ
(ḫāti)-s net'em. s-ḫeru | ḫefti nu neb-s. nuter-u ḫer m
ḥennu. āmu ḫemu m sen-ta. maa-sen-su em user-f.

§ XXIII ..... ḫem nuter-u. mā-ti neb āp-tu. em
ren-k pu n ār mā-t. neb t'efau ka ḥetepu. m ren-
k pu en āmen ka metu-f. ār temu s-ḫeper ār nti
neb em ren-

1. — Une petite lacune m'empêche de lire le premier groupe, qui d'ailleurs ne paraît pas essentiel au sens. (V. le fac-simile, infra, Notes 10/5).

2. — Point à l'encre noire.

3. — Ou : « *formateur qui produit toute chose* » ?

ton nom

Planche XI.

Pl. XI, l. 5.   29

les cœurs des êtres pāt-u: se tournent vers lui les

humains. Mettant en fête les deux régions par ses

apparitions. Hommage à toi, Ammon-Ra, maître

du trône des deux régions! Sa ville (Thèbes) aime son apparition.[1]

C'est arrivé heureusement. Comme le....(2)

---

§ XXIV. — bāk āa s-heb senb-t. nefer her s-heb m ment-t. tat àru ka māh........ baba uat'-ti m hā t-f. zenzen-nef (hāti)-u pāt-u. ān-nef àmem. s-heb ta-ui m per-u-f. ànet'her-k àmen-rā neb nes-t ta-ui. mereru nu-t-f uben-f. iu-f pu m hetep. mā pa u.

1.— ☽ briller, et lumière du Soleil levant.
2.— La formule complète est « semblable au vieux livre ».

CHAPITRE II.

Notes et Commentaire.

      Le rôle des points rouges qu'on observe dans notre manuscrit, et dans tant d'autres papyrus, n'a pas encore été déterminé, quoique généralement cette ponctuation soit prise pour l'indice d'une certaine cadence poétique. Les exemples ne manquent pas de traductions où chaque point a même été considéré comme marquant la fin d'un vers. Un vers entier serait compris entre deux points. Mais, jusqu'ici, les règles de cette prétendue versification n'ont pu être retrouvées.

      Prenons pour exemple le début de notre hymne:
« Adoration d'Ammon-Ra,
« Taureau dans On, chef de tous les dieux;

« Dieu bon et très-aimé,
« Donnant le maintien à toute chaleur
« De tout bétail bon.
« Hommage à toi, etc.

ou tout autre texte divisé d'après cette méthode. De petites phrases se succèdent, sans lien apparent; tantôt il faut en réunir plusieurs pour obtenir un sens; tantôt une seule s'interprète séparément. La longueur en est trop variable, les tournures en sont trop dissemblables, pour qu'on découvre, soit dans leur composition, soit dans leur disposition, l'observation d'une règle quelconque. Bien plus, le parallélisme fréquent des phrases égyptiennes, signalé depuis longtemps déjà, particulièrement dans les textes poétiques, disparaît presque toujours quand on dispose ainsi une à une les parties de texte comprises entre deux points.

Voici les règles que le rédacteur de notre hymne me paraît avoir suivies.

Chaque phrase, développement d'une pensée unique, constitue un verset, divisé en deux parties à peu près égales, se faisant pour ainsi dire contre-poids, et présentant un parallélisme d'idées et d'expressions. Pour l'expression, le parallélisme consiste dans la répétition des mêmes tournures syntaxiques et des mêmes formes grammaticales, ou au moins dans l'emploi de tournures et de formes analogues. Il est aussi mis en relief par le retour des mêmes mots et par des allitérations: mais ces ornements accessoires, fort précieux pour nous, car ils rendent sensible la règle de construction poétique, font souvent défaut. Quant aux points, c'étaient, je crois, de simples accents, marquant le repos de la voix après une suspension de sens, et dont le nombre, variable avec la longueur du verset, reste le même dans chacune de ses deux parties principales. Voici quelques exemples :

{ neb werst , ka su-ti •
{ nefer seset , ka het' • (1)

{ Possesseur de couronne, portant[2] la double plume :
{ Orné de diadème, portant le diadème blanc.

Ici, outre le point final, un autre point sépare les deux parties constitutives du verset, marquant la pause qui suit nécessairement la première. Un verset, quelque court qu'il soit, comporte au moins deux points. Mais s'il est assez long (c'est le cas le plus fréquent), ses deux parties fondamentales se subdivisent elles-mêmes en plusieurs petits membres notés chacun d'un point :

{ Nefer-her, sep-f atef • meri-u kemā-s, ḥnā χeb-s •
{ neb sep-ti, sep-f ames • neb mākes , χeri neχeχu • (3)

___

1. — V. 5/5. — 2 — Littéralement: élevant. — 3 — V. 3/4,5.

« Beau de visage, qui prend la coiffure atef: aimés sont le
« Midi d'elle et le Nord d'elle ; — Maître de la double cou-
« ronne, qui prend le sceptre ames: maître du sceptre mākes
« et du fouet nexep ».

Le parallélisme entre « nefer her » et « neb sefti »; « sep-f atef » et « sep-f ames »; meri-u kemā-s) et « neb mākes »; « ḫnā » et « jeri » — n'a pas besoin de démonstration : ces quatre petits membres forment donc un seul verset.

Dans l'exemple suivant chaque moitié du verset est subdivisée en trois parties :

s-jeru jefti-f • tia n mes ra neb • s-ka thati (mer)-ti-fi •
s-hotep-fou m ḫu-f • ḫāā nuter-u m nefer-f • s-ka àmi m heket-ut-f •

« Lorsqu'il renverse ses ennemis, au matin de chaque jour, (c'est)
« Thot, (qui) exalte ses deux yeux; — lorsqu'il se repose dans
« ses splendeurs, sont en exaltation ceux qui composent sa
« suite d'adorateurs ». (1)

Tout ce verset se rapporte à la course du Soleil. Le lever du dieu est l'objet du premier demi-verset ; son coucher, celui du second : voilà le parallélisme des idées et l'unité du sujet. Le parallélisme des expressions (s-jeru = s-hotep ; jefti-f = ḫu-f ; ska ..... f = ska ..... f), moins accusé qu'au verset précédent, est cependant incontestable.

Le verset est la construction poétique d'une phrase: sa longueur varie comme celle des phrases,

---
1. — V. 9/4, s.-p. 24.

toutefois sans sortir des limites où la cadence, résultat du balancement de ses deux parties peut être perçue aisément par l'oreille. (1)

En pleine lumière dans les versets très-soignés, et principalement dans les versets les plus courts, cette construction devient moins apparente dès que le verset s'allonge, et surtout quand la correspondance de ses membres est moins parfaite. Doit-on conclure de là qu'elle n'était pas essentielle ? La regardera-t-on comme une beauté dont le poëte ornait sa composition, seulement dans les passages où il était échauffé par le sujet ? Sans vouloir préjuger la question pour d'autres textes, je crois que primitivement notre hymne a été composé entièrement de versets réguliers. S'il est vrai, malheureusement, que l'incorrection trop évidente du texte oppose à la reconstitution de ces formes poétiques plus d'obstacles encore que l'inégale longueur,

---

1. — Les pauses qui partagent également chaque demi-verset, et que les points rouges notaient pour la déclamation ou le chant, servaient à rendre cette cadence plus sensible. — On pourrait d'autant mieux comparer les points rouges aux accents bibliques que comme ceux-ci ils tenaient encore lieu de ponctuation. Mais le système égyptien, moins parfait, ne notait pas les pauses faibles (< , ⸲ , etc.), et n'avait qu'un seul signe

la richesse variable des versets, et aussi la nouveauté de ces recherches, pourtant ces difficultés ne sont pas toujours insurmontables. (1)

C'est surtout le sens du texte qui doit être notre guide. Chaque verset développe une pensée : chaque pensée doit être renfermée dans les limites d'un verset. Cependant, même lorsqu'il est le moins riche le parallélisme des expressions peut être consulté utilement. En outre une première étude révèle immédiatement qu'un verset était généralement accompagné d'un ou de plusieurs versets du même mètre. Par exemple, après deux versets consacrés au dieu qui a créé ses propres formes et celles des êtres intelligents, le poète chante le dieu providence :

{ sotem nemeh n nti m betennu ● àm hāti ḫeft nās-n-f ●
{ nohem sent ḫem hāti ● àpi maāu hnā usu ●

{ neb sa , hu àp-ro-f ● ai-n-hāpi n merut-f ●
{ neb benrāt, āa merut ● iu-n-f s-ānḫ reḫi-tu ● (2)

« Celui qui exauce la prière de qui est dans l'oppression : doux de cœur avec le criant vers lui ; — celui

---

pour les pauses principales (, , ∧ , ·. , ·.· , : , ·.·.).

1. — Le manuscrit que nous possédons n'est qu'une copie postérieure de plusieurs siècles, peut-être, à la rédaction de l'hymne, dont le texte a subi les plus regrettables altérations. (V. Notes 11/5).

2. — V. 4/3,2), p. 11, s.

Notes.

« qui délivre le timide de l'audacieux : juge du puissant
« et (ḫnā = avec) du malheureux ».

« Maître de l'intelligence, substance est sa parole :
« est venu le Nil par sa volonté ; — maître de la palme,
« grand de l'amour : il est venu nourrir les êtres intel-
« ligents ».

Le parallélisme est très-sensible dans ces deux versets. Le sens du premier est très-clair ; le second signifie que le dieu père donne leurs aliments aux dieux (qu'il nourrit de sa parole, la Vérité) et aux hommes. — Voici maintenant une série de versets du plus petit mètre, où sont décrits les effets de l'apparition du Soleil (1) :

{ Maître de la couronne (urer), portant la double plume :
{ Orné de diadème,   portant le diadème blanc.

{ Aiment les dieux   voir à toi,
{ Double couronne affermie sur front de toi.

{ Tu es aimé passant   à travers les deux régions :
{ Tu es radieux apparaissant en qualité de deux yeux (beaux).

{ (Ravit) les pâtres ta lumière ;
{ Affaiblit (2) les créatures ta radiation.

{ Est ton amour dans le ciel du midi,
{ Ta grâce   dans le ciel du nord.

{ Est ta beauté à s'emparer des cœurs,
{ Ton amour   à faire tomber les bras. — etc.

---

1. — V. le texte, p. 14, o (5/5 o.) — 2. — fait pâmer.

— Notes. —

Le changement de mètre semble coïncider avec celui de sujet, c'est-à-dire que les versets changent ordinairement de facture quand le texte passe à un nouvel ordre d'idées.

Il est pourtant impossible de soumettre différents passages de notre hymne à la forme poétique du verset. Ce sont surtout les endroits où l'obscurité du texte faisait déjà pressentir des incorrections, lorsque même elles n'étaient pas évidentes à première vue. Mais il faut le reconnaître aussi, quelques phrases, très-peu nombreuses d'ailleurs, forment des versets extrêmement pauvres. Ainsi :

{ Anet' her-k, àr nen er-fu ● uā uā asū (ā)-ui-fi ●
{ Set' er res, her nebu seteru ● her heḥ fu n āut-f ● (1)

« Hommage à toi, auteur des formes en totalité ! le Un
« qui est seul, innombrable par ses deux bras — s'éten-
« dant, vigilant, sur les humains qui reposent, recher-
« chant le bien de ses créatures. »

Ces rares exemples ne suffiraient pas pour infirmer la règle générale, si elle était admise. Nous avons des vers faibles ; pourquoi les Égyptiens n'auraient-ils pas eu des versets irréguliers ?

À la fin de ces notes j'exposerai le résultat des recherches que j'ai entreprises en vue de reconsti-

---

1. — V. 6/7, 7/1, p. 18.

tuer l'hymne entier dans sa forme primitive et poétique. Mais cette exposition était nécessaire pour l'intelligence des passages du commentaire où l'étude du rhythme nous sera d'un grand secours pour la coupure des phrases et la saine interprétation du texte.

§ I.

1/1. — ✱ 𓄿𓀀 tia. « adoration (d'Ammon-Râ) ». — Les principales variantes de tia « acte d'adorer », 𓂋𓄿𓀀 tua (Pap. Prisse), 𓂝𓀀 (Louvre, C. 15), 𓂝𓀀 (l.l.), 𓂝𓄿𓅱𓀀 (Louvre, C. 8), font voir que ce mot est formé du 𓏏 préfixe, (tiré du verbe 𓂝, 𓂧, tu « donner, faire »), et du verbe onomatopéique 𓇋𓄿𓂝𓀀𓏥 iau « acclamer », d'où « adorer ». Tia, que nous rendons par « hymne », veut donc dire « acte d'adorer ». On trouve la forme simple 𓇋𓏤𓀀 dans le même emploi⁽¹⁾ où elle varie avec les exclamations 𓇋𓀀 à, et 𓉔𓀀 ha⁽²⁾. Mais ✱𓄿𓀀 ne doit pas être confondu avec 𓂧𓀀, 𓂧𓀀, var. 𓂝𓏥𓀀, 𓂝𓏥𓀀, qui figure également en tête d'actes d'adoration.

---

1. Ex. Sharpe, pl. 8. — 2 — l.l. pl. 23 ; stèles du Sérapéum, etc.

1/1. — [hieroglyphs] *ka ḥeri ān ḥeri nuter-u neb-u* « taureau dans On, chef de tous les dieux ».

Le groupe [hieroglyphs], dont les principales variantes sont [hieroglyph], et [hieroglyph], [hieroglyph], [hieroglyph], avec ou sans le déterminatif [hieroglyph], est traduit par M. Brugsch et tous les égyptologues « taureau; mari, homme ». Cependant [hieroglyph] n'est pas seulement un nom d'agent; il peut s'employer comme verbe « féconder » et comme substantif « fécondation ». D'un autre côté, les valeurs « mari, homme » ne sont pas suffisamment justifiées. Je crois que ce mot qualifiant des êtres signifie littéralement « fécondateur »; il prenait aussi l'acception spéciale[1] de « taureau », mais le taureau devait recevoir ce nom comme fécondateur, et tel est le sens qu'il faut attacher à l'épithète taureau, si souvent appliquée aux dieux. Ainsi Osiris est appelé :

[hieroglyphs]
ka   *seti*
Taureau qui répand sa semence.

Nous verrons plus loin qu'Ammon était le « taureau des produits végétaux »,[2] c'est-à-dire, évidemment, le fécondateur de ces produits. Une glose de l'hymne publié par M.

---

1. — Le taureau figure dans l'orthographe complète du mot *ka*; soit comme déterminatif de l'idée de fécondation, soit comme syllabique.

2. — Pl. X, l. 6, s.

Rossi, commente en ces termes le titre d'Osiris « taureau dans l'Ouest » :

[hieroglyphs] ka - n - f ȧm - f m ren - f pui n ka àment

« Il fait en lui-même l'acte de la fécondation : c'est dans son nom de taureau de l'Ouest ». — Le chapitre XVII du Rituel dit également que le dieu dans l'Ament accomplit l'action [hieroglyph] en lui-même : [hieroglyphs] nek-f àm-f, ce que E. de Rougé a traduit, par euphémisme, « Celui qui jouit en lui-même » ; mais [hieroglyph], dont la parenté avec [hieroglyph] est très-probable,[2] signifie « féconder » ; il est dit, par exemple, du dieu Soleil qui donne la fécondité aux femmes.

« Ka, exprime la fécondation, opposée à la conception ; au lever du Soleil, le dieu vivificateur, « les fécondations et les conceptions se multiplient, lorsqu'on (le) voit dans le ciel » : [hieroglyphs] (1). — Dans l'exemple suivant, tiré de la stèle du roi Pianchi :

[hieroglyphs] àr - k ka - u m hem - t - u

on pourrait penser que ka signifie « homme » : « D'hommes,

---

1. — ka-u fer-u aou xeft ma-ut m pe-t. — V. P. Pierret, Études égyptologiques, p. 29. — 2 — cf. [hieroglyph] heh, et [hieroglyph] n-heh — etc.

tu fais des femmes »(1). Je crois pourtant que l'expression égyptienne comporte, dans ce passage, quelque nuance d'une grossière énergie. — « Mari » est un euphémisme usité seulement pour rendre le titre de Chem « Ka mu-t-f »(2) le taureau, c'est-à-dire le fécondateur,(3) de sa mère; le même dieu, sous le nom d'Osiris, se féconde lui-même.(4)

C'était surtout par allusion à sa faculté de s'engendrer, en d'autres termes, de se renouveler, que les Égyptiens qualifiaient leur dieu de taureau. Nous venons de voir qu'Osiris dans son nom de taureau

---

1. — Littéralement « tu fais les hommes (être) à l'état de femmes » V. Brugsch, Dict. p. 1435. — Mariette, Monuments divers, pl. 6, l. 158.

2. — [hieroglyphs] V. 1/3.

3. — Horus, dont Chem est une forme, est appelé [hieroglyphs] ka se ka mes n xa-t nuter « fécondateur fils de fécondateur, enfanté du sein divin, (l'Horus issu d'Osiris, enfanté d'Isis) ». (Mariette, Monuments divers, pl. 15, l. 1, s.) — Osiris lui-même est le grand fécondateur, rejeton de Seb, fils de Nut dans le sein d'elle. » : [hieroglyphs] ka ur fuā seb se nu-t ām xa-t-s. (l. 9 de l'hymne à Osiris, publié par M. Rossi.) On pourrait être tenté de donner à ka, dans ce dernier exemple, un sens passif « ô produit grand, rejeton... etc. »; mais on voit par l'exemple précédent que le titre du dieu fils et celui du dieu père ont la même signification.

4. — Peut-être faut-il rapprocher de [hieroglyphs], féconder, en parlant des animaux, d'où aussi « produire », le mot [hieroglyphs], substance, produit, vivres; [hieroglyphs] « personne », a pu encore dériver de ce sens matériel.

de l'Ouest est le dieu qui se féconde lui-même;
un petit texte, publié par M. P. Pierret, nous fait connaître "les paroles d'Ammon-Ra, qui sont pour renouveler son sahu⁽¹⁾ (d'Osiris), qui est dans l'hémisphère inférieur en qualité de taureau de l'Ouest".⁽²⁾ Un papyrus du Louvre, après avoir montré Osiris ressuscitant et
s'élevant au ciel, où il se fond dans le Soleil, Ra, l'invoque
en ces termes :

[hiéroglyphes] à ka renp m pe-t rā neb ⁽³⁾

"ah! taureau rajeuni dans le ciel chaque jour!" — La
même invocation se retrouve, plus développée, dans la phrase
suivante :

[hiéroglyphes] tes-tu ka āa ām nuter-u neb-u .... jem ur ka āmi ānt ur-t ām-t ān "Ressuscite, ô taureau grand parmi les dieux tous! le .... grand, taureau dans la grande demeure (qui est) dans On".⁽⁴⁾

"La grande demeure qui est dans On" était en

---

1. — "sāhu", momie. V. 1/2 note sur [hiér.] (s)sem.
2. — P. Pierret, Études égyptologiques, p. 86.
3. — Pap. 3079 — l.l., p. 29.
4. — l. 11, de l'hymne à Osiris, de M.ʳ Rossi.

effet le mystérieux théâtre de la naissance du Soleil, c'est-à-dire de la résurrection d'Osiris et de son triomphe : 〈hiéroglyphes〉 ân et'hi χ-rā hor-χu-ti s'eta χeperu m ā-t ur « hommage à toi, Ra-Armachis, le mystérieux des transformations dans la Grande demeure ».

Ammon-Rā, taureau dans On, est donc le dieu Soleil qui s'engendre lui-même. Le rédacteur de l'hymne est entraîné, de cette première idée, à celle de « chef de tous les dieux » 〈hiéroglyphes〉 ; les dieux étant les membres, 〈hiéroglyphes〉 hā-u, du dieu qui s'engendre lui-même (Chap. XVII du Rituel).(1)

〈hiéroglyphes〉 ān. — Deux villes portaient le nom de 〈hiéroglyphes〉 On : On du Midi, 〈hiéroglyphes〉 ān remā, qui est

---

1. — L'épithète 〈hiéroglyphes〉 nefer, beau, accompagne souvent la qualification de taureau, prise dans le sens de fécondateur. Ainsi, dans notre hymne, Ammon est un « taureau beau de visage » 8/3 — il est « ferme de cornes, beau de visage » 3/2 — « le beau taureau de la société des dieux » 1/5.

Mais le taureau était aussi le type de la force victorieuse. Ramsès II combattant est comparé à un taureau qui se précipite sur des oies (Pap. Sallier n°III). Roi invincible dans ses frontières d'Égypte, c'est un taureau sur sa limite. Ces idées s'appliquaient parfaitement au Soleil qui se lève en Horus vainqueur de ses ennemis. En ce sens le taureau était qualifié par l'adjectif 〈hiéroglyphes〉 neχt, « fort, victorieux ». — Cf. la légende royale citée, infrà 2/1, sous 〈hiéroglyphes〉.

Hermonthis, et On du Nord, Héliopolis, 𓉺𓈖 ou 𓉺𓈖[3] de l'Écriture sainte. C'est probablement à la première de ces deux villes, qui est la plus proche de Thèbes, et où Ammon avait aussi son trône, que notre texte fait allusion. La princesse Hatasou se vante d'avoir été « élevée par Ammon lui-même sur son trône dans On du midi (Hermonthis) »:

s-χā-t n amen t'esef her nes-t-f m ān ḵemā. (1)

Environné de chars ennemis, Ramsès II invoque le secours de son père Ammon:

au peru-à recu m ān ḵemā-t. (2)

« Ma voix parvenue à Hermonthis, (Ammon vint à mon invocation, etc) ».

Cependant on peut objecter contre cette identification que lorsque les scribes donnent à Ammon le titre solaire[4] « Ka heri ān », ils le confondent avec

---

1. — Denkm. III, 24, l/3,4.
2. — Pap. Sallier III, 3/5. — V. E. de Rougé, Recueil de la Litr. franck, p. 5.
3. — C'est l'orthographe de la Genèse. Plus tard on trouve aussi la forme 𓉺𓈖 (Ég. 30/17), qui paraît plus éloignée de 𓉺 = 𓈖, et 𓉺.
4. — D'après un papyrus du musée britannique le roi Méneptah est « le dieu bon, vaillant comme Month; le prince

Rā, le roi des dieux dans Héliopolis; et qu'en effet le mot Kemā, "du midi", qu'ils ajoutent ordinairement quand il s'agit d'Hermonthis, ne figure pas dans ce titre. Mais le fragment nº III de notre hymne, commençant ainsi « Ô Soleil invoqué dans les âp », place à Thèbes même le culte de Ra. Un roi de la XVIIIᵉ dynastie se dit « l'Horus vainqueur, qui porte les diadèmes (ou: accomplit les levers solaires) dans « On du midi », le roi du Midi et du Nord, premier prophète de Ra-Armachis ».[1] Ainsi, quoique ce point reste douteux, le plus probable est que la ville de notre texte s'identifie avec Hermonthis.

---

suprême, grand des victoires, [hiéroglyphes] *per m rā. mesu ut n Ka ān*: « Le ......, issu de Ra; l'enfant engendré du taureau de On ». — [hiéroglyphe] signifie « forme » et « former »; il désigne tantôt le produit, l'engendré, l'image; tantôt le producteur. Ici [hiéroglyphe] étant en parallélisme avec [hiéroglyphe] *per «iosu de »*

.... *per   m   rā* ..

      mes   tut   n   Ka ān.

le sens doit être « l'enfant engendré, formé, du générateur qui est dans On », plutôt que « l'enfant *image* du taureau de On ». — (*Anastasi II, 2/5, 1.*) — Cf. le texte analogue « Œuf parfait, fils de Chepra, l'enfant engendré du taureau de On ». (Maspero, *Du genre épistolaire*, p. 82). Chepra est une forme de Ra.

1. — [hiéroglyphes] (*Denkm. III, 110, i.*)

1/1. — ⟨hr⟩ "chef", et ⟨hr⟩ "dans" dérivent de la même racine ⟨her⟩, signifiant 1° sur, 2° dans. Au premier sens se rattachent les substantifs ⟨her-t⟩, le ciel ; ⟨⟩, ⟨⟩, le visage ; ⟨her⟩, le chef, supérieur. ⟨⟩ est une variante de ce dernier groupe. La tête détermine bien l'idée de prééminence ; elle servait à écrire un mot signifiant «sur» : ⟨ap(?) ta⟩ «sur terre». Dans le second emploi, ⟨⟩, var. ⟨⟩ veut dire, comme préposition, dans ; comme substantif, milieu. Le cœur était un symbole de milieu et d'équilibre.

1/2. — ⟨hiéroglyphes⟩ « Le dieu bon et très-aimé, qui donne le maintien à toute chaleur vitale(?) de tout bétail bon ».

⟨ti⟩, est un signe de réduplication[1] dont les textes hiéroglyphiques offrent aussi quelques exemples : « aimé, aimé » c'est-à-dire « très-aimé » ; mais je ne sais s'il faut lire « meri-ti : deux fois aimé » ou bien « meri meri : aimé, aimé »[2].

---

1. — La syllabe ⟨ti⟩ aura tiré cette valeur de son emploi bien connu de suffixe du duel. — Le groupe ⟨sep sen⟩ « deux fois » indiquait, comme notre mot bis, une véritable répétition. — 2 — « meri-ti » est la lecture la plus probable. V. la note 1.

— Notes 1/2. —   47

La suite est obscure. Le sens de la phrase entière dépend du mot [hiero] seref, qui se présente avec une signification toute nouvelle : pour la déterminer, fixons d'abord la nuance exacte de l'expression [hiero] rā ānḫ.

Rā ānḫ ne signifie pas « donner l'existence, créer », mais « faire subsister, maintenir »; [hiero], dans son sens premier(1), impliquant non pas la simple notion d'existence, attachée à la racine [hiero] un « être », mais plutôt l'idée de <u>continuer</u> d'être. Ce sens est très-clair dans [hiero] ānḫ t'eta mā rā «subsister éternellement comme le soleil »; [hiero] ānḫ rā mut seba-u « Rā subsiste, les impies (ses ennemis) meurent »; (2) et dans ce vœu : « que les dieux lui accordent [hiero] per-t m ba ānḫi m per-t nt rā neb « de paraître (se manifester) à l'état d'âme qui subsiste (échappe à la seconde mort, châtiment des âmes coupables) dans le cours de chaque jour. Les défunts

---

1. — Quelquefois [hiero] signifie « exister » : mais c'est l'exception. Le dieu a formé les choses [hiero] et les êtres [hiero]. Ceux-ci, après avoir commencé l'existence ([hiero] prendre forme, devenir), continuent de vivre ([hiero] subsistent), et sont nourris ([hiero]) chaque jour par leur créateur.

2. — Denkm. VI, 115/27. — V. infra, Appendices.

48.   — Notes 1/2. —

qui échappent à la seconde mort sont des ☥〰️◊◊|, Osiris, leur dieu, est le dieu des ānḫi-u, et leur sarcophage est la boîte de ceux qui subsistent ".

Pour ceux de ce monde, ☥, c'est passer son temps, degere vitam; Amenisenb⁽¹⁾ appelé chez le nomarque, trouva ce magistrat ☥ qui passait son temps, était dans sa préfecture(?). C'est la prolongation des jours, demandée avec la santé et la force dans la formule ☥⚶⌒ : " que les dieux 〰️ ☥⚶⌒〰️ tā-sen ānḫ ut'a senb net'em ḫāti : (lui) accordent la durée, la santé, la force, la satisfaction du cœur (i.e. des désirs) ".

Chaque jour le Soleil se lève pour faire subsister (👁☥) les êtres qu'il a produits (◊🦉|〰️)⁽²⁾. Les 〰️☥▨ sont des plantes alimentaires (peut-être les arbres fruitiers). ☥ semble même avoir pris le sens de substance, aliment ;

[hiéroglyphes] ⁽³⁾

" accorde tout aliment au Pharaon : mets du pain dans son ventre, de l'eau dans son gosier, du parfum divin

---

1. — Louvre, C. 11. V. infra, note sur [𓀭] ur, 1/4.
2. — V. infra, 1/6, note sur [𓂝𓏏] 𓅓. Cf. 8/2-3, note sur le dieu Nipra.
3. — Denkm. VI, 115 L. 32 (infra, appendices). — Chabas : " ō Ra, accorde la plénitude de la vie au Pharaon. — Accorde la nourriture à ses entrailles, etc.

sur ses cheveux» (1).

Ce sens s'est conservé, en effet, dans le copte ⲟⲛϩ (T) victus. Cf. ϭⲓⲛⲱⲛϩ (T) vita, victus, permansio in vita (2).

Je crois reconnaître un mot très voisin sous la forme ☥ 𓍶, dont Devéria a cité deux exemples; mais son interprétation ne me satisfait pas. Le prêtre Bakenchonsou dit:

[hieroglyphs] (3)

ammā ānχu n χentu-ā ḳebeḥ n χát-ā.

Devéria traduit: «(il dit: Ô prophètes, divins pères et purificateurs de la demeure d'Ammon) donnez des fleurs à mon image et des libations à mon corps». Dans une note, ce savant ajoute: «Cf. les inscriptions de la statuette C. 18 du musée de Turin, après une phrase dont le sens me paraît être: «« Les prophètes et les divins pères suivent (la cérémonie?); ils te disent leur regret.....»» » et

---

1. — Ça-k ānχ neb n per-āa tu-k ta-u m χe-t-f mu m χepi-f āber nuter r s'ennu-f. — Littéralement: «donne..... à son ventre..... pour ses cheveux». Le changement de la préposition est à noter: les parfums répandus sur la chevelure ne sont pas donnés à celle-ci comme le pain aux entrailles.

2. — Peyron, Lexicon, p. 275.

3. — Devéria, Monument biographique de Bakenkhonsou, p. 5, s.

50 — Notes, 1/2. —

après une assez longue lacune on lit : [hiéro] [hiéro] avec 'des fleurs (ā́nχu), des parfums et des libations pour ta personne, etc. ». (1)

Dans ces deux exemples (2) [hiéro] désignant les offrandes autres que les parfums et les libations se rapporte peut-être à des choses qui se mangent, plutôt qu'à des fleurs. C'est apparemment le même mot qui entre dans l'expression [hiéro], dont le sens général « plantes d'aliment » est parfaitement certain. (3)

On pourrait entendre [hiéro] des aliments en général, et [hiéro] des fruits de toute sorte, secs ou charnus, qui entrent dans l'alimentation. Cependant de nouveaux exemples seraient nécessaires pour assurer l'interprétation que j'ai proposée.

Le sens « subsister », qui donne, en français, le dérivé « subsistance, subsistances », expliquerait naturellement cette valeur. Quoi qu'il en soit, le causatif [hiéro] s-ā́nχ « faire subsister » réunit les deux idées : [hiéro] signifie tantôt « maintenir » ; d'où la

---

1. — L. l. note 13, p. 34.
2. — M. Brugsch (Dict. p. 200) en cite quelques autres : aucun n'est décisif.
3. — V. infra 1/7 et 6/4.

formule si fréquente sur les monuments « érigé par [hieroglyphs] se-f s-ānẖ ren-f : son fils qui fait subsister, maintient, son nom »(1). — et tantôt « nourrir », sens dont notre texte fournit de nombreux exemples.

Ainsi donc non seulement le sens « vivre, exister » n'est pas le seul qui appartienne à la racine [hieroglyph], mais la valeur fondamentale de cette racine, celle qui est le plus fréquemment employée, est « subsister ». À la vérité il s'agit d'une simple nuance ; mais il est très-important d'en tenir compte. Par exemple, [hieroglyphs] ānẖ m mā-t, titre divin que

---

1. — Par le monument élevé à la mémoire du défunt. Souvent le monument est dédié par un descendant portant le même nom que son aïeul, ce qui pourrait faire supposer que [hieroglyphs] signifie « faisant revivre (c.-à-d. portant) son nom ». Sur la célèbre inscription d'Ahmes-se-abna, on lit cette mention [hieroglyphs] ār-t suten (tu?) ḥetep n(sya) pa her ān se m se-t-f s-ānẖ ren-f (sya) pa her mā-ẖeru « acte d'oblation d'offrandes au scribe Pahour par le fils de sa fille, faisant subsister son nom, le scribe Pahour, véridique ». Mais le même monument donne la variante : [hieroglyphs] ān se n se-t-f ẖerp ẖatu m asi pen m s-ānẖ ren ātef mut f (sya) ẖat-nu-u n āmen pa-her ma-ẖeru : « Par le fils de sa fille, ayant commandé les travaux en ce tombeau afin de faire subsister le nom du père de sa mère, le scribe des (ẖet-nu-tu ?) d'Ammon

l'on a interprété « vivant en vérité », c'est-à-dire véritablement existant, signifie, ainsi que nous le verrons, « celui qui subsiste par la Vérité, — se nourrit de Vérité », c'est-à-dire que l'Être divin est le Vrai éternel. —
La phrase [hiéroglyphes] àu-k uā-tā àu ḥeḥ en ānẖ ăm-k, que E. de Rougé a interprétée « Tu es un seul, et un million d'êtres vivants proviennent de toi », en la rapportant au dieu créateur,[1] peut l'être autrement : « Tu es un seul, et sont des millions d'êtres nourris par toi ». Ainsi de l'adoption d'un sens ou de l'autre dépend le caractère fondamental de la religion égyptienne, le premier convenant surtout à une religion panthéistique, le second pouvant s'entendre du dieu providence dans tout système religieux. — Il y a, dans les traductions les plus estimées, des passages que le seul mot « vivre », au lieu de « subsister », rend presque inintelligibles. (2)

Ici, nous pouvons affirmer qu'il est question non du dieu créateur, mais du dieu providence, « dieu bon et très-aimé parce qu'il fait subsister les créatures ». Le taureau dans On, Soleil qui se re-

Pahour, véridique. (Denkm III, 12, c, d.).
1. — E. de Rougé, Chrest. II, 112, note 5. (Cf. Denkm. III, 106, b.)
2. — ⸗ a aussi quelquefois le sens de « se tenir, se lever »,

nouvelle lui-même chaque jour, maintient aussi la vie dans l'Univers entier. C'est bien le rôle qui, en effet, caractérise cette forme divine, et que s'attribuaient en conséquence les Pharaons, fils du Soleil : [hiéroglyphes] « vivificateur comme le Soleil, éternellement. [hiéroglyphes] signifie donc « donnant le maintien à .... »

[hiéroglyphes] serf « chaleur », est pris au figuré dans le sens de zèle, ardeur (1). La forme [hiéroglyphes], que donne le tombeau de Ti, est traduite par M. Brugsch « die Wärme des Gemüthes; die warme herzliche Stimmung ». L'orthographe [hiéroglyphes] de notre texte se distingue de ces formes par le déterminatif [hiéroglyphe], qui est celui des idées abstraites et des mots pris dans un sens figuré. Cette chaleur qui ne doit pas être prise dans le sens propre du mot, mais qui appartient à tous les animaux, et dont la conservation est l'œuvre du dieu providence, rappelle immédiatement la chaleur vitale. Du moins ai-je cherché inutilement une explication plus satisfaisante. Le point qui vient après [hiéroglyphes] n'empêche

---

copte ⲟⲛⲕ *assurgere*, qui peut-être le sens primitif de cette racine. De « se tenir » dérivent naturellement « se maintenir, subsister, subsistance, aliments », et même être, vivre (Cf. j'étais = *stabam*; étant = *stantem*; exister). »

1. — E. de Rougé, Collège de France ; Brugsch, Dict.

pas de rattacher à ce mot le membre de phrase suivant; c'est un enjambement dont notre papyrus offre quelques exemples : «Les dieux aiment son parfum lorsqu'il arrive d'Arabie.» — « Aiment les dieux à voir à toi la double couronne affermie sur le front de toi » etc.[1] Au surplus, en traduisant « qui donne le maintien à tout [hiéro.]; et à tout bétail bon », le second membre serait toujours régi par [hiéro.], et la difficulté serait la même.

[hiéro.] est un substantif féminin singulier désignant l'ensemble, la collection des bestiaux. Le pluriel « les troupeaux » s'écrirait : [hiéro.] menmen-u. Les substantifs collectifs sont du genre féminin, ce qu'indique le [hiéro.];[2] ils prennent le déterminatif de l'idée de collection, ⦀, qu'on appelle bien à tort signe du pluriel, puisqu'on le trouve avec l'article singulier.[3] Après les mots au pluriel, il détermine l'idée de collection qu'ils renferment nécessairement, mais il n'implique aucune prononciation : il détermine aussi bien les pronoms suffixes [hiéro.], [hiéro.], [hiéro.], où la

---

1. — 2/4 — 5/5,5.
2. — V. Brugsch, Grammaire. — Dès son mémoire sur Ahmès, E. de Rougé a fait observer que les substantifs abstraits étaient du genre féminin (p. 98).
3. — E. de Rougé a souvent insisté sur ce fait.

désinence du pluriel est 𒑱𒑱 (1) que les substantifs faisant leur pluriel en ℂ . (2)

Le bœuf est un déterminatif des quadrupèdes (3). Aussi 𓏤𓏤 ○ 𓃾 prend-il souvent une signification plus étendue que "gros bétail"(4), et s'applique-t-il à tous les animaux domestiques vivant en troupeaux. Sur la stèle d'Alexandre II, ce mot est déterminé par trois bœufs, un bélier, une chèvre, un porc, un âne(5); et, à la planche VI (l.4) de notre manuscrit, par le bœuf, la chèvre, le bouc, le porc et le bélier.

Il est singulier que seuls des êtres nourris par le puissant Ammon, les bestiaux soient nommés, et cela surtout dans un passage qui sert de titre à toute la composition. Peut-être faut-il se rappeler l'importance des troupeaux dans ces civilisations antiques, et les services qu'ils rendaient à l'homme, dont ils étaient la principale sinon l'unique richesse, avant le perfectionnement des arts mécaniques. Ḥāpi, le

---

1. — V. Maspero, les pronoms personnels, p. 6,5.
2. — V. sur ce sujet un très-intéressant article de M.ʳ LePage Renouf, Zeitschrift für äg. spr., 1873, p. 72.
3. — Brugsch, Gramm. p. 134, n.º 62.
4. — V. infra, 1/6, note sur 𓂝𓃾.
5. — Mariette, Monuments divers, pl. 14 l. 14. — M.ʳ Brugsch a publié et traduit ce texte important, Zeits. n.º de Janvier 1871.

dieu Nil, reçoit les adorations des humains parce que : [hieroglyphs] « il fait ouvrir par les bestiaux la terre entière, et grands et petits se reposent »(1). La paraphrase de notre texte serait donc « Dieu bon et aimé, qui nous donne la nourriture et les richesses ». Une autre hypothèse, à laquelle l'extrême incorrection du premier des quatre fragments dont l'hymne est composé pourrait donner quelque vraisemblance, c'est que le copiste égyptien a passé une ou plusieurs lignes après les mots « chef de tous les dieux » (2).

Les adjectifs [hiero] neb-t, « toute », et [hiero] nefer-t, « bonne », sont au féminin singulier comme le mot menmen-t auquel ils se rapportent. L'adjectif s'accorde en genre et en nombre avec le mot qu'il qualifie. Ex. : nuter-u neb-u « tous les dieux »(l.1) ; nuter neb « tout dieu » (2/3) ; menmen-t neb-t « toute collection de bestiaux »(1/2). Il ne faut donc pas le confondre avec un substantif régi par un autre substantif ; par exemple [hiero] (l.1) signifie littéralement « dieu bon », et non pas « dieu de bonté », puisque le même mot [hiero] prend le [hiero] du féminin, lorsqu'il

---

1. — Traduction de M. Maspero, Hymne au Nil, p. 21.
2. — V. infra, § II, in fine.

qualifie menmen-t. Cet accord prouve que l'égyptien avait de véritables adjectifs, car il n'a pas lieu dans les langues qui ne possèdent pas cette partie du discours.

§ II.

Les phrases précédentes peuvent être considérées comme formant le titre initial de l'hymne, ou au moins de sa première partie.

Depuis [hiéroglyphes] (1) jusqu'à la fin du § II, il est question des lieux soumis à la souveraineté d'Ammon. D'abord sont énumérées des villes d'Égypte, Thèbes, une localité difficile à identifier, et Ta-kema. Franchissant les frontières de l'Égypte, la royauté divine s'étend sur les pays à l'Occident et à l'Orient de la terre des Pharaons. Enfin Ammon est le prince de la terre, le roi du ciel. Les mots qui terminent le § appartenaient à une phrase qui est visiblement altérée dans notre manuscrit.

---

1. — P. 3, j'ai mis, par erreur, à la place du rouleau, le vase ō, qu'on trouve souvent après [hiéroglyphe] net'.

— Notes, §II, 1/3. —

1/2. — ⌒ 𓉐𓉐 ⎕ ▭ • *neb-nes-t ta-ui* : « Maître du trône des régions ». Les deux régions sont la région du Midi et la région du Nord, comme nous le verrons plus loin (2/1 ▭).

1/3. — La localité 𓉐▭𓉐𓉐𓉐𓉐 ⊗ *âp-tu*, siège du dieu ainsi qualifié ne doit pas être confondue avec 𓉐▭ ⊗ *âpu*, Panopolis, où était adoré le dieu Chem. 𓉐▭𓉐𓉐𓉐 ⊗ « *les âp* », variantes : 𓉐, 𓉐▭, 𓉐▭𓉐, 𓉐▭𓉐, 𓉐𓉐, etc., est le nom de la partie de Thèbes située sur la rive droite du Nil ; il s'appliquait à tous les édifices bâtis sur cette rive, plus particulièrement à ceux de Louqsor ; mais il servait aussi à désigner la ville entière (1). Au pluriel surtout, les *âp* sont les sanctuaires thébains, et, par suite, Thèbes elle-même. Le sens probable de 𓉐 *âp*, est « chapelle, reposoir, lieu de retraite — d'où gynécée, et magasin (?) » (2).

1/3, 1/4. — Nous étudierons dans la seconde partie le titre *taureau de sa mère* dont le sens nous est déjà connu. Le champ (𓉐𓉐𓉐 ⎕ ▭ phonétiquement ▭ ⊙ 𓉐𓉐𓉐 ▭, *sexet*) où réside Ammon taureau de sa mère m'est inconnu ; mais, nommé

---

1. — E. de Rougé, Collège de France.
2. — V. la note sur 𓉐▭, ▭ *âp-t*, 9/2.

— Notes §II, 1/4. —

avec les *àp.* et *Ta-kemā* c'est probablement un sanctuaire dédié à Ammon ithyphallique (Chem), dans une ville comme Coptos, ou Chemmis.

[hiéroglyphes] *ta-kemā* (littéralement : le pays du Midi), est mentionnée par la stèle du songe parmi les premières villes que rencontre le monarque éthiopien :

[hiéroglyphes] *get pu ar n ḫen-f r ta-kemā ma-nef amen ren-f r nuter-u* « Ayant descendu le fleuve jusqu'à Ta-Kemā, Sa Majesté vit «Celui dont le nom est plus mystérieux que les dieux » » (1). Ensuite il visite les sanctuaires d'Ammon-Ra, maître du trône des deux régions (2)

Le dieu de Ta-Kemā qualifié « celui dont le nom est mystérieux plus que les dieux » par la stèle du songe, porte, dans notre hymne, un titre différent : [hiéroglyphes] « celui qui écarte les jambes ». Ce titre fait, sans doute, allusion à la course du Soleil. Une stèle de Londres dit que ce dieu [hiéroglyphes] [hiéroglyphes] « sans relâche hâte(3)(sa) course, dilate (ses) jambes (4).

___

1. Mariette, *Mon. div.* pl. 7, l. 9. — 2 — *l. l.*, ligne 12.
3 — [hiéroglyphes] *ḫaḫ*, racine dont les nombreux dérivés signifient tous « courir ; se hâter, etc. » — 4 — J'emprunte cette citation au

1/4. — [hieroglyphs] [hieroglyphs] *neb mat'au ḥik punt* « Maître du pays des Madjaou, commandant de l'Arabie ». — Ici, les deux contrées les plus voisines de l'Égypte désignent, l'une l'Occident où se couche le soleil Ammon-Ra, l'autre l'Orient où il se lève; c'est ce que démontre pleinement un autre passage de notre hymne (1); et, en effet, par rapport à l'Égypte, le Soleil se lève en Arabie et se couche en Lybie.

Le point après le [□] *p* est de trop : le scribe a confondu d'abord le signe [□] avec le déterminatif [≈], le tracé hiératique de ces deux caractères étant exactement le même dans notre papyrus. Les signes [≈] sont à demi effacés; mais cf. 2/4.

1/4. — [hieroglyphs] *ur n pe-t* « roi du ciel ». Bien que la polyphonie du signe idéographique [hieroglyph] en fasse regarder la lecture comme douteuse, on applique pourtant de préférence la valeur [hieroglyph] lorsqu'il s'agit d'un prince. Contrairement à cette tendance, je crois qu'il faut lire [hieroglyph] *ur* dans les sens de « prince, magnat, juge »; et n'employer la valeur [hieroglyph] *ser* que dans le sens de « fonctionnaire, administrateur, chargé de ».

---

dictionnaire de M. Brugsch (mot [hieroglyphs] p.340). — 1. — 4. 2/4, 5.

— Notes, §II, 1/4. —   61

Le titre de Chem [hieroglyphs] *ur aât-tu* « prince des rosées » (1) est écrit phonétiquement [hieroglyphs] *ur ât-tu* par une inscription du moyen-empire (1). L'orthographe complète [hieroglyphs] se rencontre dans des cas où le sens « roi, prince » est évident [hieroglyphs] *ur-u (tes?) neb yer teb-ti-k* « Les princes de toutes les nations sont sous tes sandales » (2).

[hieroglyphs] etc. *rey-t ḥek-u àn-i m ṭemà pen m fuà-ti-u nte..... n tunep ur n ṭemà pen* : « Énumération des prises ramenées de cette ville, et faites sur les sujets de ce misérable de Tunep: le prince de cette ville, [un ; (guerriers?) 329] » (3). [hieroglyphs] *Ur-u neb-u n (tes)u.... t'et-sen* « à tous les rois des nations étrangères.... disent » (4). [hieroglyphs] *ur-u nu kes t'et-sen* « Les princes du pays d'Éthiopie disent.... » (5). Ammon-Ra dit au roi Séti 1ᵉʳ : [hieroglyphs]

---

1. — V. 2/4.
2. — Obélisque de Paris, face Nord, colonne de droite.
3. — Annales de Thotmès III — Traduction de E. de Rougé (l. 2 et 3 des fragments conservés au Louvre).
4. — Discours au roi. Denkm. III, 115. — 5 — l. l. 117.

[hieroglyphs] aï-tā m ḥetep nu-ter nefer neb ta-ui rā mā men tu-ā neḫt-u-k ḥer (tes) neb ...... k m (ḥāti) peṭ-u iu-n-k ur-u-sen mā uā atep ḥer peset-sen : « Viens en paix ! ô dieu bon, maître des deux régions, Mamenra (1) ; je mets (i.e. impose) ta force sur toutes les nations, (et ta terreur) dans le cœur des étrangers (2) : viennent à toi leurs princes comme un seul, chargés (de présents) sur leur dos (3). Au-dessus des rois prisonniers on lit la légende suivante : [hieroglyphs] ur-u (tes)-tu xem-u xem-t ān n ḥen-f m seker ānx : « rois des nations qui ne connaissaient pas l'Égypte, amenés à sa Majesté à l'état de pris vivants. (4). — Les exemples abondent.

En second lieu, au pluriel les [hieroglyphs] sont les magnats, les notables d'une ville. Une inscription commentée par M. Maspero (5), oppose les uru et les āa-u aux « petits » :

---

1. — Prénom royal qui signifie « Vérité qui fait la force du Soleil ». — V., seconde partie, le chapitre consacré à [hieroglyph].
2. — Lire : « des peuples étrangers ». — Dans le sens hostis je lis l'arc [hieroglyph] peṭ ; dans celui de pérégrin, je le lis semer.
3. — Karnak, grand temple ; Denkm. III, 127, b.
4. — L. l.
5. — À son cours. — Louvre, C. 1, l. 9, s.

[hieroglyphs] (1) *ur-u her ḥes-t āa-u m Kesu net'esu iu m ḥefa-t*: « Les premiers (de la ville) furent à donner des louanges ; les grands furent à s'incliner ; les petits vinrent à s'agenouiller (devant moi) ».

M. Brugsch (2) cite une phrase analogue, en observant que la lecture du signe idéographique [hiero] est douteuse : on voit qu'il faut le lire *ur* lorsque les [hiero] sont opposés aux petits (*netes, šerā*) Un texte, malheureusement mutilé, que E. de Rougé a traduit (3), offre un autre exemple : [hieroglyphs] *ur-u-sen m āb šer-u-sen*: « principes eorum (contra ?) parvos eorum.

Diodore de Sicile nous apprend que les Egyptiens choisissaient leurs juges parmi les premiers habitants des trois villes les plus célèbres, Héliopolis, Thèbes et Memphis, dix dans chaque ville. Les trente juges, ainsi nommés pour un temps et entretenus aux frais du roi, élisaient leur président.

---

1. — Ce texte fait partie d'une importante publication de tous les monuments de la XIIe dynastie conservés au musée du Louvre, entreprise par M. Maspero.

2. — *Dict. mot* [hiero]. — 3 — *Mélanges égyp.*, libr. Franck, 1873, p. 22.

Or on trouve assez souvent sur les monuments les « trois dizaines de royaux » [hiéro.], variante [hiéro.], que E. de Rougé et Devéria ont pensé pouvoir être ces trente juges dont parle Diodore (1). Le titre [hiéro.] (3) doit-il être traduit « un magnat parmi les 30 royaux »; ou « le président des 30 royaux ». Dans les deux cas le phonétique *ur* s'expliquerait également bien. En appliquant la règle des indicateurs phonétiques, dont la découverte est due à M. Brugsch, il faudrait, en effet, lire *ur* le groupe [hiéro.], dans le texte suivant, où nous voyons cette dignité de juge convoitée comme la plus haute récompense du travail et de la science, comme la source des richesses et de la puissance, par ceux qui se livraient à l'étude des lettres (2):

---

1. — Devéria, Le papyrus judiciaire de Turin, p. 86, s.

2. — L.l., notes, Devéria dit que le témoignage de Diodore de Sicile « est d'accord avec tous les documents originaux que nous possédons, et dans lesquels on ne voit pas de magistrats proprement dits, mais « seulement des grands personnages investis temporairement de fonctions judiciaires ».

3. — Ce titre existait dès les premières dynasties. V. la tombe de Rā-ḥetep (Mariette, Mon. divers pl. 18); ce personnage, qui vivait sous la IVᵉ, ou peut-être même sous la IIIᵉ dynastie,

(1) Viens à moi, Thot! ō, ibis vénérable, ō le dieu aimé d'Hermopolis, ō le secrétaire (2) des grands dieux dans Hermopolis! Viens à moi! que tu me fasses une destinée; que tu donnes que je sois habile dans ta profession! Belle (est) ta profession plus que profession quelconque. Ceux qui s'y adonnent (?), ayant trouvé

était 🐦 ☥ C'était un fils de roi. — La substitution du signe du midi, 🐦 res, à l'hiéroglyphe ☥ suten n'est pas rare. Ex.: 🐦 ☥ ||| (Louvre, C. 30, verso, l. 2).

1. — Anastasi V, pl. 9, l. 2, s.
2. — Mot à mot « le scribe des écrits ».

Transcription. — māāi-n-ā theti pa-habu šeps pa nuter ābu sesennu pa sfa sā-t pa-t nuter-u āā-t im unnu māāi-n-ā āri-k n-ā seferu fu-k seš'au-ā m āaut-tu-k nefer āaut-tu-k er aaut neb-t

66 —— Notes § II, 1/4. ——

[hieroglyphs]
l'habileté   en   elle   pour être fait

[hieroglyphs]
juge?, sont faits puissants! car(1) tu fais pour eux

[hieroglyphs]
qu'ils soient   dans   l'assemblée des 30 juges, qu'ils

[hieroglyphs]
soient puissants et riches: voilà ce que tu fais! C'est

[hieroglyphs]
toi celui qui fait une destinée à ....

[hieroglyphs]
.............(2) celui qui est pauvre,

[hieroglyphs]
la richesse (?) et l'abondance (?) sont avec toi : viens à

[hieroglyphs]
moi, fais-moi une destinée! (car) je suis un serviteur

---

sesenau su kemi-tu pa sessau | ām-set r àr-t ur ar-
(u?) kennu àu ári-k-n-sen àu-sen m pennu pemt-
it | àu-sen neft-tā usor à àru-k mntek pa à àr-t sepera
n...(2)...pa ànt-ti-nef s'ai-t renen-t mā-k māài-n-à

   1. — Littéralement : « étant que tu fais pour eux ».
   2. — « mntek pa à àr-t sepera n » : répétition vicieuse.

— Notes, §Ⅱ, 1/4. — 67

de ton temple. Tu accordes d'être vanté (¹) par ta

puissance, (et) est ⁽¹⁾ la terre entière, certes, disant : « Les

États des hommes (Planche X, l. 1) qui grandissent

eux, ce sont des choses que fait Thot ! Oui ! ils

viennent avec leurs enfants pour

les enflammer ! Ta profession (est) la profession

belle entre toutes: puissance (et) bonheur, voilà ce

qu'elle engendre !

ȧri-k-n-ȧ seferu ȧnok ḥen n pa-k tu-k s-tět-
t m nai-u-k ken au ta neb-t ka ḥeṭ pa ḥā-u
ret-u āaiu-su na (ȧ ȧr-t theti ka iu-sen pri
naisen feret-u | r ȧbu-u ȧaut-tu-k ȧaut ne-
fer n neb-u neft resut ȧ ȧr-t su.

1. — Ici (et supra, p. 66, l. 2), je considère l'homme 𓀀 comme fautif.

Les fautes qui déparent ce morceau intéressant sont la cause principale des divergences qu'on remarquera entre ma traduction et celles qui ont été données précédemment par M. Chabas et par M. Maspero (1). On sait que le papyrus Anastasi V fut, comme plusieurs autres de la même collection, le cahier d'un écolier plus préoccupé de bien écrire que de copier correctement. Quelques observations sont nécessaires.

Le mot [hieroglyphs] sesenau, mot nouveau qui, au surplus, pourrait bien être fautif, ne permet pas de traduire avec toute certitude la phrase à laquelle il appartient : cependant le sens général me paraît clair. J'ai rendu [hieroglyph] ? (ou [hieroglyph] ?) [hieroglyphs] par « sont faits puissants ». Sans doute dans ce sens *kennu* s'écrirait mieux [hieroglyphs] ; mais les fautes de ce genre sont trop fréquentes dans le même manuscrit pour nous arrêter. L'homme [hieroglyph], si souvent explétif sous la main des scribes, doit être de trop après [hieroglyph] ; si l'on voulait en tenir compte il faudrait, ce qui se

---

1. — V. Chabas, Mél. ég. 1ʳᵉ série p. 119. — Maspero, Du genre épistolaire, p. 25-26 ; Hymne au Nil p. 8-9.
2. — La traduction « ceux qui s'y adonnent » est de M. Chabas.

— Notes, § II, 1/4. — 69

rait beaucoup plus grave, supprimer la préposition ⟨⟩ r, comme l'a fait M. Maspero, afin de donner un verbe à la phrase, et traduire «celui qui s'y adonne, y ayant trouvé l'habileté, devient un juge. Mes œuvres nombreuses, c'est toi qui les fais; elles sont parmi les [hieroglyphs]; elles sont fortes et puissantes» — au lieu de «Ceux qui s'y adonnent, lorsqu'ils ont trouvé (i.e. acquis) l'habileté (nécessaire) pour (⟨⟩) être fait juge (1), deviennent puissants, car tu fais pour eux qu'ils soient parmi les 30 juges, etc.». Il faudrait enfin rapporter aux œuvres ce qui ne convient qu'au scribe, «être au nombre des 30 juges; être puissant et riche». — Pour cette conclusion «voilà ce que tu fais», cf. p. 67 in fine, et papyrus d'Orbiney /.

La répétition de «ementuk pa à ar seyeru n» (p.   in fine) est l'effet de la même distraction à laquelle nous devons l'orthographe [hieroglyphs] ∧ emtetek pour [hieroglyphs] ementek «toi» c'est toi qui». Le passage suivant, que coupe une petite lacune, se rétablit conjecturalement par [hieroglyphs].

---

1. — L'égyptien emploie ici le singulier. Peut-être même la traduction littérale serait-elle «ceux qui s'y adonnent, étant trouvés (reconnus) celui qui est habile en

pa à(n?)-ti-n-f « celui rien à lui », le malheureux.

M. M. Goodwin et Chabas ont enseigné les premiers(1) que Sai et Renen étaient le principe mâle et le principe femelle de la procréation ; cela est possible, quoique le décret de Canope ait rendu  par παρθένος ; mais, dans les textes 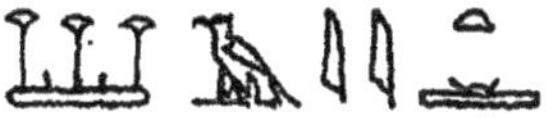 s'ait a la valeur bien connue de « gain, profit » ; et non-seulement  est la déesse des moissons et de la richesse, mais j'ai noté quelques exemples complètement incompréhensibles si  n'y signifiait pas « richesse, fortune ». J'en citerai un seulement, qui ne manque pas d'à-propos. Le personnage du papyrus des métiers (2) termine en ces termes ses instructions à son fils qui se rend à l'école de Silsilis pour y étudier les lettres :

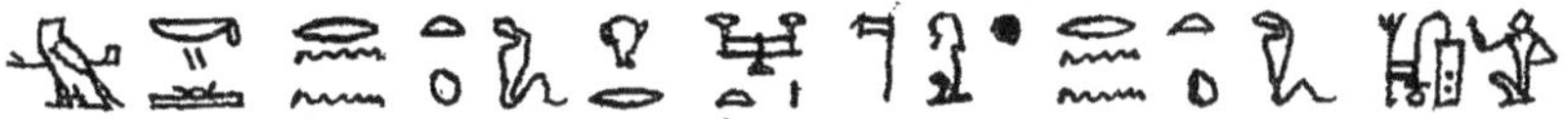

certes la fortune? est dans la voie du dieu (Thot)! La fortune? du soi-

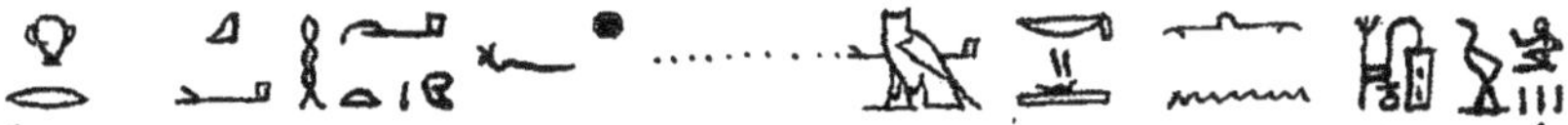

be est dans sa main! ....Certes! il n'y a pas de scribes

privés de manger à savoir des choses du royal

---

elle pour être fait juge, sont faits puissants ».

1. — Chabas, Mél. ég. l. l.

2. — Traduit par Mr. Maspero, Du genre épistolaire, p. 48, s.

—— Notes, §II, 1/4 ——   71

[hieroglyphs] etc. (1)
palais ;   Mesxent fait prospérer le scribe.

La phrase que j'ai traduite (p. 67 l. 1) «Tu accordes d'être vanté (c-à-d. tu donnes la réputation) par ta puissance, et est (en conséquence) la terre entière, certes, disant....» présente de grandes difficultés. Ma traduction s'écarte beaucoup de celles de M. Maspero et de M. Chabas : M. Maspero rétablit le verbe [hiero] après [hiero] ; au contraire, M. Chabas supprime ce dernier groupe [hiero] ce-à : De ces corrections résultent des interprétations bien différentes : «Donne-moi de parler avec ta valeur. Je dis, et la terre entière dit avec moi...» (Maspero) ; «Accorde-moi de parler, avec ta valeur, à la terre entière» (Chabas). Je crois seulement que le signe [hiero] est de trop : c'est la faute que nous avons déjà relevée l. 2 p. 66. — [hiero] a quelquefois la valeur «chanter, célébrer, vanter», le préfixe [hiero] donnant, en effet, dans plusieurs exemples, le sens fréquentatif aux racines auxquelles il s'unit : [hiero] voudra donc dire «dire souvent, répéter, célébrer». Ex. [hiero] ḥā m set'et neft «Commencement de redire, célébrer, les victoires (du seigneur de

---

1. — V. Maspero, l. l. p. 72.
2. — L. l. p. 26, note 3.

seigneur de l'Egypte)» (1). Pentaour met ces paroles dans la bouche de son héros :

[hiéroglyphes]
àr (kes)-tu ptàr -   à s-t'et   ren -   à r   sa-

[hiéroglyphes]
à (kes)-tu ua-u àn rej-tu.

« Ont fait les nations (vaincues) que je voie redire mon nom jusqu'aux contrées dont les routes ne sont pas connues ».

Je comprends donc que Thot donne, par sa puissance,(2) la renommée ; et c'est ce que la terre entière proclame. La fin du morceau est le développement de cette idée. — Les états(3) des hommes sont leurs fortunes ; il s'agit seulement de celles qui les élèvent : elles sont l'œuvre de Thot. Toutes les idées du texte ainsi interprété s'enchaînent parfaitement.

Pour ranimer le zèle de ses élèves, le maî-

---

1. — Titre d'une composition poétique, Anast. II 1/1.

2. — [hiér.] ken, force, combat ; violence ; battre ; frapper ; ceux qui se battent, les guerriers ; etc., emporte l'idée de puissance. Celle de valeur est plutôt attachée à la racine [hiér.] taner, valeur, habileté.

3. — [hiér.] hà, stare et status. — Cette expression prend même quelquefois, comme notre mot état, la valeur inventaire.

— Notes, § II, 1/4. —   73

bre savait mêler à ces tableaux d'un si brillant avenir, dû au travail, la perspective, moins pompeuse, peut-être, des coups qui attendaient l'écolier paresseux :

[hieroglyphs]

(1) ô scribe, ne fais pas de paresse (bis) : on

[hieroglyphs]

châterait toi (1) vertement ! Ne livre pas ton cœur

[hieroglyphs]

aux plaisirs : ou bien tu seras malheureux !

[hieroglyphs]

Écris de ta main, agis de ta bouche, discute

[hieroglyphs]

avec ceux qui sont savants plus que toi. Fais

[hieroglyphs]

pour toi (acquiers) l'emploi de juge (?) ! Certes tu ob-

[hieroglyphs]

tiendras cela (cet emploi) et, ensuite, une vieillesse ho-

[hieroglyphs]

norée, (ô) scribe habile dans toutes ses

---

1. — Anast. V, 8/1, 1. Cf. Anast. III, 3/9, 5.

74 — Notes, § II, 1/4. —

[hieroglyphs]

occupations ! Devenu courageux, ne fais pas

[hieroglyphs]

d'un jour s'écarter ton bras d'elles ! ne

[hieroglyphs]

fais pas la chose d'un jour de paresse ;

[hieroglyphs] etc. (1).

ou bien on battra toi (2).

Quelques remarques pour justifier cette traduction. — « Écris de ta main, etc »; [hieroglyph] est verbe comme le mot [hieroglyphs] qui suit : exerce-toi à écrire et à parler.

Le fragment que nous avons étudié avant celui-ci sera le meilleur com-

---

1. — Transcription. — pa sefā m ȧr u-sefat (sep sen) ȧu-tu r uȧuf-k ruṭ m r-ṭu-t (hȧti)-k na ȧbu m ro-pu ȧu-k uhȧ sfā u m ṭut-k šeṭ m ro-k net'net' mā refi-(u) r-k ȧr-n-k ta ȧaut ur ka kefm-k su m xet-ȧa-ut sebek sfā sesau m aaut-tu-f neb xeperu taner m ȧr m men-t fȧmui (ā)-k r-ro-sen m ȧr ȧr-t heru usefat m ropu ȧu-tu hu-tu-k.

2. — Cf. Maspero, 9eme épist., p.74; Chabas, Mél., I, 117, s.

— Notes, § II, 1/4 —

mentaire de cette phrase : « fais pour toi le rang de juge ». [hiero] ne peut être traduit que de deux manières ; « fais pour toi » ; ou « tu as fait », [hiero] étant la préposition du passé. Nous préférerons la première, parce que tous les verbes de ce passage ont le sens impératif : Ne livre pas ; écris ; agis ; discute ; ne fais pas ; etc.

« Certes tu trouveras cela », c.-à-d. tu obtiendras ce rang. [hiero] se dit des occupations, des travaux d'une profession ; par suite, de la profession, du métier, ou de l'emploi, et même du rang, des dignités.

[hiero] m χe-t, ensuite. Les locutions qui remplacent nos adverbes (l'égyptien n'a pas d'adverbes), sont formées le plus souvent de la préposition [hiero], dans, et d'un substantif. Ex : [hiero] m hetep, en paix, heureusement. L'expression [hiero] m χe-t, signifie littéralement à la suite, dans la suite ; elle n'exige pas, comme les prépositions, un complément, bien qu'elle régisse ordinairement un autre mot : [hiero] « à la suite de jours nombreux. Les locutions analogues [hiero] her sa « au dos » ; [hiero] her nes « en liaison » ; sont employées avec ou sans complément : [hiero] her sa nen « au dos de ces choses », c.-à-d.

après ces choses ; et, absolument, 〈glyph〉 au dos, ensuite.

〈glyphs〉 sebeka est le nom d'un certain arbre et de l'huile précieuse qu'il produit. Cette huile était réservée aux usages sacrés. Au figuré, sebek veut dire vénéré, honoré (E. de Rougé, Collège de France).

« (ô)scribe habile dans toutes ses occupations ». On sait combien facilement le discours égyptien passe d'une personne à l'autre. — Au point de vue littéraire, la phrase entière mérite d'être remarquée. « Certes ! tu obtiendras etc., si tu es un scribe habile dans toutes ses occupations » ; — « deviens donc courageux ». — « Ne fais pas d'un jour..... ». 〈glyphs〉 m·men·t veut dire quotidiennement ; m ȧr m men « ne fais pas, abstiens-toi chaque jour » — d'écarter ton bras...

〈glyphs〉 xamui, unique exemple d'une forme que E. de Rougé a rapprochée de deux autres, également rares, 1° 〈glyphs〉 (Rit. ch. XV), variante 〈glyphs〉 (Pap. Sallier n° III), s'incliner, faire sa soumission, en parlant des adorateurs d'un dieu, ou des ennemis vaincus ; 2° 〈glyphs〉 xāmu (Sallier III, 2/4), même signification. E. de Rougé pensait que ces formes étaient des variantes d'un seul verbe qu'il distinguait du verbe de mouvement 〈hiero〉 xâm. Au contraire, M. Maspero en a rapproché la forme 〈hiero〉 (1), qui, en effet, est très-voisine puisqu'elle signifie tomber. Le déterminatif 〈hiero〉 étant le symbole de l'idée de côté (Cf. 〈hiero〉 râa, «côté, rive»; 〈hiero〉 ruâ, «aller de côté; quitter, s'écarter de; écarter; et côté», variante 〈hiero〉; 〈hiero〉 le côté de l'Occident, la droite; 〈hiero〉 le côté de l'Orient, la gauche, etc.), je suppose que le mot 〈hiero〉 prenait l'acception de «s'écarter» que nous donnons souvent au mot «incliner» (incliner à droite, etc.). — La préposition 〈hiero〉 r, ne signifie pas vers, mais, d'une manière générale, par rapport à. Écarter par rapport à une chose, c'est écarter de cette chose. — Le papyrus Anastasi III donne pour cette phrase une ponctuation que je crois incorrecte,(2) parce qu'il ne m'a pas paru possible d'interpréter notre passage d'une manière satisfaisante en en tenant compte.

Nous apprenons par ces deux textes

---

1. — Maspero, Hymne au Nil. p.
2. — Des annotations à l'encre rouge (An. III, 3/12) montrent qu'un lecteur égyptien n'avait pas pu comprendre ce texte, tel qu'il est ponctué. Voici une autre preuve de la distrac-

78 —— Notes, §II, 1/4. ——

que les 30 juges royaux se recrutaient parmi les hommes que leur science avait élevés au rang de [hiero]. Diodore dit parmi les notables habitants des grandes villes, et nous savons que les notables d'une ville étaient des *uru* (Louvre, C.1, supra, p.63). Le complément phonétique ⌒ *u*, dans la forme [hiero] du pap. An. V, indique, en effet, la prononciation *ur*, comme dans les exemples : [hiero] *än peri xer sen bu neb äp her-ä uä ku hnä se-ur n xe-t-ä* « il n'existe pas un homme illustré par eux (certains travaux) en aucun lieu, excepté moi seul, moi et mon fils, l'aîné de mon flanc »(2) ; [hiero] « Tu es le prince suprême parmi les dieux, le roi dans la Société des dieux » ; etc.

En résumé, le titre *Ur* s'applique aux rois, aux princes, aux notables, à tous ceux qui,

---

tion du scribe : l'affirmation [hiero] *ka*, certes, qui dans An.V précède *kem-k-su* « tu obtiendras cela », a été omise dans An. III, puis interpolée, à la même hauteur, dans la ligne suivante, après [hiero].

1. —— Quand le mot est au singulier. Le pap. Lee n°2, l.4, et le pap. Abbott appellent les juges [hiero] : ici, ⸗ est, sans doute, le suffixe du pluriel.
2. —— Louvre, C.14, l.13 (Lepsius, Ausw.).

en vertu d'une qualité inhérente à leur personne, occupent le premier rang, et non à des fonctionnaires, à des gouverneurs. Il emporte l'idée d'excellence, qu'exprime, au surplus, la racine 〔hiero〕 grand, et grandeur.

Arrivons maintenant aux exemples qui établissent le caractère administratif des fonctions du 〔hiero〕. Nous allons voir dans l'exercice même de sa charge un officier revêtu de cette qualité:

〔hiero〕
Il dit: Étant venu le scribe du nomarque,

〔hiero〕
Senb-si-djat pour demander[1] après moi par

〔hiero〕
mission du nomarque, voilà moi allant moi-même

〔hiero〕
avec lui. Je trouvai le nomarque[2] qui était[3] dans son[4]

---

1. — Cf. 〔hiero〕 âš appeler, plutôt que 〔hiero〕 naš, invoquer, adorer.

2. — Pour la décomposition de ce titre, v. Maspero, Une enquête judiciaire, p. 9 note 1. — 3 — Cf. supra, p. 48.

4. — 〔hiero〕 (Pap. Abbott, en fine)

80 — Notes, § II, 1/4. —

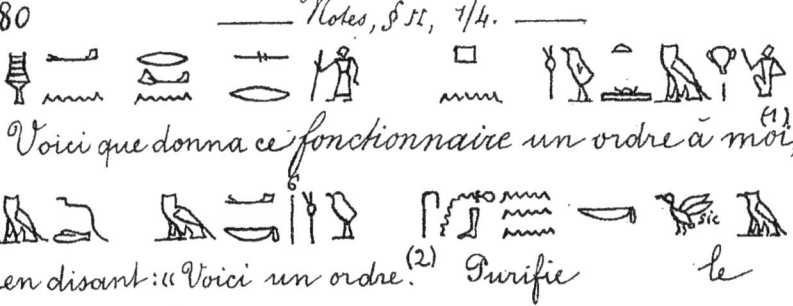

Voici que donna ce fonctionnaire un ordre à moi,⁽¹⁾

en disant : « Voici un ordre.⁽²⁾ Purifie le

etc.⁽³⁾.

temple d'Abydos ».⁽⁴⁾

Amenisenb, qui nous raconte ainsi sa mission, exécute l'ordre qui lui est donné. On trouvera dans l'excellent travail de M. de Horrack sur les deux stèles d'Amenisenb, la traduction de cette partie difficile où il rend compte en détail de tout ce qu'il a fait. Il termine en disant:

---

est le lieu où l'on dépose l'arrêt du papyrus judiciaire Abbott, « les archives du nomarque », traduit M. Maspero (Une enquête judiciaire, p. 56). — Depuis, M. Maspero a remarqué qu'un passage des papyrus de Leyde confirmait pleinement son interprétation.

1. — Littéralement « à ma face ». V. E. de Rougé, Chrest. II, .
2. — Ou : « Or, va, que tu purifies le temple. (aller).
3. — Louvre, C. 12, l. 3, 5., stèle d'Amenisenb. Récemment, M. de Horrack a traduit les deux stèles d'Amenisenb, C. 11 et C. 12.
4. — Transcription. — t'et-f in-tu sχā n t'a-t senb se t'ot r aas n-a m ap-t t'a-t hān-a sem ku hnā-f kem-nā mur nu t'a-t anχu m χa-f hān rāta n ser pen utu-t m her-a m t'et māk utu s-uab-k pa ropa n abtu

Notes, § II, 1/4.

Voici que — Khu-baḳ (1) — vint

pour rejoindre sa place dans ce temple, l'offi-

cier (garde) du sceau (2) Ȧon-hur-si (étant) à sa suite.

Voici qu'il donna des louanges à moi, beaucoup (et) au-

dessus de toute chose, disant: « Soit florissant celui

qui a fait les choses de son dieu! » Voici qu'il donna

à moi un ..... de (i.e. valant) 10 uten, pourvu de 10

---

1. — « L'abri du figuier », c-à-d. le Pharaon, selon M.ʳ Chabas (v. de Horrack, Sur deux stèles de l'ancien empire, p. 12 de l'extrait des Mél. Ég. de M.ʳ Chabas, III.ᵉ série); « l'illustration de l'olivier », c-à-d. Osiris, selon M.ʳ Maspero. Les travaux de restauration terminés, la statue du dieu viendrait reprendre sa place dans le temple. Le culte avait peut-être été interrompu, car on voit qu'Amenisenb exécuta des réparations « dans la partie inférieure et dans la partie supérieure (du temple), dans ses murs d'enceinte, dans son intérieur », &c. — ⌈⌉ que j'ai rendu à tort par « purifier », à la ligne 2 de la page précédente, signifie, dans ce passage, « restaurer »: v. de Horrack, p. 8, n. 1.

2. — Ou bien: « l'officier du garde (⌈⌉) du sceau (⌈⌉) ? — M.ʳ

82.   — Notes, §II, l/4. —

[hieroglyphs]

.... de bœuf (1). Voici que le Sar du ga (2)

[hieroglyphs] 16

vint en descendant le fleuve; voici qu'(il) vit les choses

[hieroglyphs] 17

de travaux: voici qu'on fut joyeux en ce lieu,

[hieroglyphs]

beaucoup, par-dessus toute chose.

---

de Horrack : « l'officier de la charge du sceau ».

D'après l'interprétation de M. Chabas et de M. de Horrack, c'est le Pharaon (Khu-bak) qui prend ensuite la parole; mais s'il s'agit d'Osiris, l'allocution qui suit doit sans doute être placée dans la bouche d'An-hur-si, le haut fonctionnaire qui accompagne le dieu. Je crois d'ailleurs qu'une visite royale eût été rapportée en d'autres termes; Amenisenb eût adoré son souverain; enfin la mention d'un seul officier à la suite de celui-ci serait surprenante.

[hieroglyphs] est traduit « Excellentes sont les choses qu'il a faites pour son dieu ! » par M. de Horrack qui rapproche ingénieusement [hieroglyph] de la tournure [hieroglyph], en copte ⲚⲈ et ⲠⲈ. [hieroglyph] veut dire « croître, verdir, prospérer, être enrichi(?) » (cf. supra p. 71, l. 1) »; je vois dans cette phrase l'annonce des présents que va recevoir Amenisenb. Pour na, choses, cf. supra, p. 67, l. 4.

1. — de Horrack (p. 3) : « Puis il me donna la valeur de dix offrandes assorties de .... et de pains, et un jeune veau ». Je crois que l'uten [hieroglyph] est ici le poids métallique qui, d'après les re-

— Notes, §II, 1/4. —   83.

On reconnaîtra encore le nomarque [hiero], sous la dénomination de [hiero], dans ce passage d'une autre inscription du même musée (3):

[hieroglyphs]

ô vivants sur terre! gouverneurs du nome d'

[hieroglyphs]

Abydos, chefs (4) de la ville d'Abydos, prophètes, prêtres....

___

cherches de M. Chabas, valait 91 grammes, et servait aussi d'unité pour estimer le prix des objets (Mél. III, le prix d'un taureau).

2 — (p. 82) — [hiero]. M. de Horrack lit [hiero], et, comme le signe [hiero] s'échange aux basses époques avec [hiero] joie, bonheur, et même remplace [hiero], propose de traduire soit « maison du bonheur », soit « maison des offrandes ». M. Maspero reconnaît ici le fonctionnaire qu'Amenisenb avait trouvé dans son [hiero] : [hiero] = [hiero] = [hiero] = [hiero]. Cette lecture admise, on ne pourrait conserver au mot [hiero] ni le sens « demeure privée » que M. de Horrack lui attribue (p. 7) dans le passage précédent, ni même la valeur « archives », proposée par M. Maspero ; car pourquoi le gouverneur d'un nome serait-il appelé « gouverneur des archives » ? Le [hiero] serait plutôt le lieu de sa résidence officielle (« la préfecture ? »). — Le passage des papyrus de Leyde auquel j'ai fait allusion dans une note, p. 80, se trouve I, 344, VI, l. 7-8.

3. — Louvre, C. 15, l. 9 ; cf. l. 5.

4. — Le nomarque du papyrus Abbott est également suivi d'un [hiero] chef de la ville. L'autorité des nomarques eux-mêmes semble avoir été subor-

84 — Notes, §II, 1/4. —

Mais on remarquera que dans le récit d'Amenisenb (l.5) le titre [hiero] est donné au nomarque [hiero] comme une qualification plus générale et que nos mots « administrateur, fonctionnaire, magistrat » paraissent rendre d'une manière satisfaisante. La classe des Sar-u comprenait en effet bien d'autres fonctionnaires que les nomarques. Una, dès sa jeunesse chargé de divers emplois, assure qu'il satisfit le cœur de

donnée à celle des lieutenants royaux [hiero] suten (ua-hem) dont le pouvoir s'étendait peut-être sur toute une région: E. de Rougé observe que ce dernier titre n'appartenait pas aux simples gouverneurs de nomes (Not. du Louvre, C. 26). Au dessus du [hiero] « premier lieutenant royal » il n'y a plus que le dieu bon, [hiero], roi d'Égypte.

Le papyrus Anastasi II renferme un passage obscur (pl. I à pl. II) dont M. Maspero a le premier donné la véritable interprétation grammaticale, et qui s'éclaircit complètement par ces observations. Ramsès II étant venu résider dans la ville de Ta-Ramessu, qu'il avait fondée, non-seulement cette ville fortunée possède le « dieu », mais le roi y éclipse et remplace tous ces fonctionnaires qui aux divers degrés de la hiérarchie administrative représentent dans les autres villes : [hieroglyphs] ra-messu mer son seigneur «plus qu'aucun de ses *sar*, plus qu'aucun de ses *sāh*, plus qu'aucun de ses *bak*» : [hieroglyphs] (1).

[hieroglyphs], *bak*, signifie «serviteur». Les dignitaires [hieroglyphs] sont bien des fonctionnaires (2) mais d'un ordre élevé. Enfin la charge des [hieroglyphs] consistait, je crois, à administrer. Les emplois d'Una, à cette époque, devaient le rattacher à ces différentes classes : il était, en effet, [hieroglyphs] *sar*(3) *n teb-t*

āmen a. u. s. ām-f m nuter mentu m ta-ui m (uah) mu rā n hik-u m t'a-t net'em (hāti) n Kem-t meriss tum m hāt.

Ramsès-meïamoun est en ce lieu, à l'état de dieu ;
Mentu dans les deux régions à l'état de lieutenant ;
Le soleil des princes (ou gouverneurs ?) à l'état de nomarque ;
Les délices de l'Égypte, l'aimé de Tum, à l'état de chef.

Nous dirions «comme roi, ministre, préfet, maire». Mais les mots [hier.], [hier.], ont, au surplus, d'autres valeurs. — V. Maspero, du genre épist, p. 102.

1. — E. de Rougé, six premières dynasties, p. 119 : «plus qu'aucun prince, plus qu'aucun noble, plus qu'aucun serviteur».

2. — Cf la formule [hieroglyphs] grand par ses emplois, grand par ses dignités (?), fonctions ? — «Noble» rend mal un mot qu'on trouve en parallélisme avec [hier.] «emploi».

3. — E. de Rougé (six premières dyn., p. 118) a transcrit

« gouverneur (ou : officier ?) de la demeure du ḥeb (des achats ?); et il exerçait ces fonctions de [gl] qui sont si souvent le partage des sāk-u. — Quant à [gl] c'est moins un titre qu'une qualification commune à tous les sujets du roi.

Il y avait encore des saru préposés à d'autres demeures que le ḥeb; il y avait aussi une charge de directeur des saru [gl] (1). Ces exemples, dont il serait facile d'augmenter le nombre, suffisent à démontrer que le [gl] est un fonctionnaire préposé à l'administration d'un nome, d'une ville, d'une demeure. (4)

Le sens de [gl] me paraît être « celui qui a soin de », de la racine [gl], [gl], [gl], copte ⲥⲱⲡ « disposer, ordonner (instruere), avoir soin de »,(2) Les variantes [gl] (Todt. 127/2) et [gl] (Todt. 146/34) du groupe [gl] signalées par M. Brugsch (3) sont très-favorables à cette étymologie.

---

ce titre uer n. teb: mais la phrase que j'ai citée prouve la prononciation sar.

1. — Ex. Denk. II, 149/c : [gl].
2. — V. E. de Rougé, Stèle égyptienne, etc., p. 29, s. — Brugsch, Dict.
3. — Dict., p. 1261.   — 4 — [gl] devant être lu

C'est le sémitique שַׂר chef, prince, qui a déterminé E. de Rougé (1) à lire 𓀀 « sar » dans le sens de prince. Il est vrai que les textes bibliques postérieurs aux guerres d'Assyrie disent bien que Dieu est le שַׂר־שָׂרִים roi des rois (Daniel 8/25); — que Jérusalem est la reine des provinces (Lamentations 1/1) שָׂרָתִי בַּמְּדִינוֹת; etc., de même que sur les plus anciens monuments de la Chaldée l'abeille (2) qui désigne le roi se lit שׁר; mais dans l'hébreu parlé après la sortie d'Égypte שַׂר a seulement le sens plus modeste de « directeur, intendant, préposé à ». Les inspecteurs des troupeaux sont appelés שָׂרֵי מִקְנֶה (Genèse 47/6), le préposé aux gardes de Joseph est un שַׂר הַטַּבָּחִים (ib. 37/36); le chef des échansons, un שַׂר־הַמַּשְׁקִים (ib. 40/9); les officiers du Pharaon sont appelés שָׂרֵי פַרְעֹה (ib. 12/15). — Balac, roi (מֶלֶךְ) de Moab, envoya des ambassadeurs (מַלְאָכִים) à Balaam, fils de Beor. C'étaient des anciens (זְקֵנִים) de Moab et de Madian. N'ayant pas réussi dans leur mission, les sar[3] s'en retournèrent (וַיָּקוּמוּ שָׂרֵי מוֹאָב). « Alors

---

sar prend quelquefois l'indicateur phonétique 𓂋. Ex 𓀀𓂋𓏤𓈖𓊖 variante du titre de Tum 𓀀𓈖𓊖 « gouverneur d'Héliopolis ». — Cf. supra, p. 78.

1. — V. E. de Rougé, Stèle égyptienne, p. 48-49, et Collège de France.
2. — 𓇓𓏏, hiératique 𓇓𓏏 — 3 — Lire: sar de Moab.

88. ———— Notes, § II, 1/4. ————

Balac ajouta encore (recommença) d'envoyer des Sar grands et nobles plus que ceux-là » :

(3) וַיֹּסֶף עוֹד בָּלָק שְׁלֹחַ שָׂרִים רַבִּים וְנִכְבָּדִים מֵאֵלֶּה

Ainsi l'hébreu שׂר et l'égyptien 𓂋𓏤𓀀 ont à peu près la même valeur, mais cette valeur n'est pas celle de roi. Aussi, quand la guerre eut porté les Égyptiens jusque chez les peuples qui habitaient le Nord de la Syrie, ils ne reconnurent pas leurs 𓂋𓏤𓀀 dans les rois, *sar*, de ces contrées, et pour transcrire les noms royaux[2] dont ce titre étranger formait un élément, non-seulement ils employèrent une orthographe différente, 𓅭𓏤 *ser*, mais ils n'y ajoutèrent pas le déterminatif 𓀀, quoique cependant ils écrivissent le titre de *prince* de ce pays 𓀀𓏤𓎡𓊖 *ur āa n ḫeta* « le grand prince de Ḫota ».

_____

1/4. — 𓂋𓅭𓂋𓊖𓀀𓏤 ⎯⎯ 𓏏𓇾 • *smesu n ta* « prince de la terre ».

Smesu[1] variante 𓂋𓅭𓂋𓅭𓀀 *semsem*;

_____

1. — Il est possible que le signe hiératique que j'ai transcrit 𓊖 soit le sigle 𓀀 (= 𓀀) mal tracé, ou à demi effacé.

2. — 𓅓𓂋𓅭𓏤𓀀 *maur-sar*; 𓈖𓂋𓅭𓏤𓀀 *ḫeta-sar*; (Traité de l'an 21 de Ramsès II). — 3 — Nombres, 22/4 – 15.

mot bien connu, présente toutefois encore quelques difficultés. Je l'ai traduit « prince », mais la version communément adoptée est « aîné, préféré ». Cependant M. Chabas fait observer « qu'une idée de dignité était certainement « attachée au titre de smes, en même temps « que celle d'ancien, d'aîné »[1]; et, en effet, notre hymne emploie smes comme un titre analogue à ceux de ⌣, maïhe, ?, commandant, 𓉐, roi, qui précèdent: mais je suis porté à croire que cette qualification a toujours le même sens et qu'elle implique une idée de vice-royauté, de lieutenance, d'hérédité divine.

Sur l'obélisque de Paris[2], Ramsès II est acclamé 𓅭 𓇋𓅓𓋴 𓈖 𓊃𓏌𓏏 𓊹𓊹𓊹 𓆑 𓉐 𓈖𓋴𓏏 𓆑 (ap-) ta r neb uā « fils héritier du roi des dieux (Ammon-Ra) qui a fait lever lui sur son trône sur terre, en qualité de maître unique ». Je comprends que Ramsès en vertu de son titre 𓇋𓅓𓋴 est assis sur le trône terrestre de son père divin, pendant que celui-ci règne dans les cieux. 𓅭 𓇋𓅓𓋴

---

1. — Pap. magique Harris, p. 50.
2. — Face Sud, col. médiale.

[hiéroglyphes] *se semes n ra ḥeri nes-t-f* « fils héritier du Soleil, sur son trône », de la même inscription⁽¹⁾, a le même sens. Le *smes* a toujours le gouvernement de la terre (comme dans notre texte), ou bien est assis sur le trône du Soleil, autre expression de la même idée, car ce trône est celui des deux régions. Osiris lui-même, le [hiéroglyphes] de Seb, a reçu de celui-ci la terre en héritage.

C'est évidemment comme successeur de Ptaḥ(2) qu'Ammon-Râ est prince héritier de la terre. Son rôle de Providence suppose un état plus ancien, celui du dieu primordial avant sa manifestation par le premier lever du soleil. L'auteur de notre hymne l'attribue à Ptah, qui, en effet, apparaît sur les monuments comme le dieu des commencements et le père du Soleil. C'est aussi l'auteur du ciel et de la terre ; de la division du monde en deux régions ; etc. Après lui Ammon-Soleil gouverne, ou plutôt conserve la création. Nous avons vu que le § 1ᵉʳ célèbre le dieu qui

---

1. — Face est, col. à gauche.
2. — V. infra 1/7 [hiéroglyphes], et la note.

maintient la vie des créatures en même temps qu'il se renouvelle lui-même chaque jour : les formules du § II nous le montrent « possesseur du trône des deux régions », c'est-à-dire régnant sur le Monde ; s'enfantant lui-même chaque matin (taureau de sa mère (1)) ; précipitant sa course, sans cesse ; commandant en Occident, où il se couche, et en Orient, où il se lève ; régnant dans le ciel et sur la terre. Telles sont, je crois, les idées cachées sous des formules qui, en apparence ne font qu'énumérer les lieux soumis à la puissance d'Ammon.

1/4, 1/5. — [hiéroglyphes] neb nti men jet men jet neb-t. « maître des choses, soutien des choses, soutien des choses toutes ».

On peut considérer [hiéroglyphes] comme un nom collectif au féminin singulier, désignant l'ensemble des choses ; l'adjectif [hiéroglyphe] est, en effet, au féminin singulier. Le titre [hiéroglyphes] est

---

1. — V. 2ᵉ Partie. — Je crois que le titre taureau de sa mère particulier à Chem, le dieu qui se transforme, exprime la renaissance quotidienne du Soleil, et non l'existence nécessaire et éternelle de Dieu.

fréquemment donné à Ammon avec le nom duquel il fait une de ces allitérations si recherchées des Egyptiens; mais sa répétition dans notre passage est évidemment vicieuse; la suite du texte nous fournira plusieurs exemples de fautes semblables. De plus il n'offre aucun rapport, ni avec les phrases relatives à la course du Soleil, qui le précèdent, ni avec les formules suivantes où il est question de l'unité et de la nature de Dieu. L'altération du texte primitif est donc sensible; nous allons voir qu'elle coïncide précisément avec l'impossibilité de retrouver la forme du verset, tel que nous l'avons défini. Depuis le commencement de l'hymne le texte se divise de la manière suivante, en tenant compte de la suite des pensées et du parallélisme des expressions:

1ᵉʳ verset:

Tia âmen-ra • ka heri ān • heri nuteru neb-u •
Nuter nefer meri-ti • rā ānḫ n serf neb • n menmen-t neb-t nefer-t •

2ᵉ verset.

Anet' her-k âmen-rā • neb nes ta-ui • ḫenti ap-tu •
Ka mut-f ḫenti seṭet-f • paṭ (paṭ)-ui • ḫenti ta-Kemā •

3ᵉ verset.

Neb māt'au hik pount • ur n pe-t semes n ta •
Neb ...(nti men ḫet men ḫeb neb) •

—— Notes, §II, 1/5. ——   93

1. — Adoration d'Ammon-Râ, taureau dans On, chef de tous les dieux; — Le dieu bon et très-aimé, qui donne le maintien à toute chaleur (vitale?), de tout bon bétail.

2. — Hommage à toi, Ammon-Râ! maître du trône des deux régions, résidant dans les àp — Taureau de sa mère, résidant dans son champ; celui qui écarte les jambes, résidant dans Ta-Kema.

3. — Maître de l'Occident, commandant de l'Orient; roi du ciel, prince de la terre; — Maître.... (des choses, soutien des choses, soutien des choses toutes)....

Les négligences sont nombreuses. Le point qui coupe le mot Punt du 3ᵉ verset est une faute grossière. Dans le premier verset, de même qu'il y a un point avant «n menmen-t neb-t nefer-t» il en fallait un avant «heri nuteru nebu» et, en effet, plus loin[(1)] cette expression est comprise entre deux points. Au contraire, dans le deuxième verset, le point de «neb nes-t ta-ui •» doit être reporté après «Anet' her-k, âmen-râ!» où la pause est très-sensible et nécessaire pour contre-balancer celle qui suit «Ka mut-f, xenti sexet-f»; au lieu que «neb nes-t ta-ui» ne se détache pas plus de «xenti àp-tu», que «pat (pat)-ui» de «xenti ta-kema». Il faut donc rétablir ainsi les deux premiers versets:

Uia àmen-râ • Ka heri ân • heri nuteru nebu •
Nuter nefer meri-ti • râ àpx n serfneb • n menmen-t neb-t nefer-t •

---

1. V. 1/6-7: Ka nefer n paut nuteru • heri nuteru nebu •

Anet' her-k, amen-rā • neb nes ta-ui   χenti àp-tu •
ka mut-f, χenti seχet-f • paṭ (pat)-ui   χenti ta-Kemā •

Pour le premier verset le parallélisme est surtout dans les idées : on adore le dieu qui se maintient lui-même, on chérit le dieu qui conserve les créatures. Ces deux idées, qui sont deux faces d'une seule pensée, étant développées séparément, donnent naissance aux deux parties du verset, subdivisées également en trois petits membres. Dans le second verset «anet' her-K» répond à «Ka mu-t-F»; le duel «ta-ui» au duel «(pat)-ui»; enfin «χenti ap-tu» à «χenti ta Kemā». Le nombre des coupures est différent dans les deux versets : il change avec le sujet.

Arrivons aux mots « Neb mat'au, hik punt. ur n pe, semes n ta » qui devaient former la première partie du troisième verset. Sous une forme nouvelle ce verset exprimait les mêmes idées que le précédent; il montrait, régnant sur le monde entier, le dieu qui dans les sanctuaires d'Égypte portait des titres rappelant sa souveraineté et que le second verset avait fait connaître. Aussi avait-il la même longueur, quoiqu'une construction nouvelle de chaque membre indiquât un changement de phrase. La seconde partie de ce verset commençait sans doute par le mot , maître, comme la première ; malheureusement notre manuscrit ne l'a pas conservée ; même en acceptant sa leçon, le verset serait encore incomplet :

Neb māt'au, ḥik punt • ur n pe-t, semes n ta •
Neb ntiu men χet men χet neb-t • ……………………

Mais où commence la lacune ? Après « smes n ta », ou après « neb », et non après « neb ntiu men χet neb-t », mots certainement étrangers à notre verset. Je pense que le scribe a passé plusieurs lignes et qu'il nous manque au moins, avec la fin de notre verset, les trois quarts de celui auquel appartenaient les mots « neb ntiu men χet men χet neb » :

{ Neb māt'au, ḥik punt • ur n pe-t, semes n ta •
{ Neb …………………… ……………………

{ …………………… ……………………
{ …………………… neb ntiu, men χet neb-t •

---

1. — 2e verset : neb nes-t ta-ui χenti àp-tu •
Maître du trône des 2 régions qui réside dans les àp.

3e verset : Ur n pe-t, semes n ta •
Roi du ciel (et) prince de la terre.

§ III.

Nous abordons maintenant une série de titres beaucoup plus intéressants pour nous que tous les précédents qui caractérisaient le rôle particulier d'Ammon : ceux que nous allons étudier résument les croyances égyptiennes sur la nature divine et l'unité de l'Être suprême.

Malgré leur concision, les mots :

［hieroglyphs］

« Un dans son rôle, comme avec les dieux »

ainsi que leur variante, que nous rencontrerons plus loin (1) :

［hieroglyphs］ (2) ［hieroglyphs］

« Roi (des dieux) il est un, comme avec les dieux »

s'interprètent sans difficulté. Les deux phrases s'éclaircissent l'une par l'autre. Qu'il considère Ammon personnellement, dans son rôle (［gl］ ［gl］) de roi (［gl］ (2)), ou bien qu'il ne le

---

1. — V. 9/ 2-3.
2. — Le titre complet ［hieroglyphs］ Ammon-

sépare pas (𓅃 𓅃) des autres formes divines que suppose son titre de roi des dieux, 𓊃𓏥𓂀𓏤𓈖𓏥𓏪, l'Égyptien, malgré l'apparente contradiction des termes, ne connaît et n'adore qu'un seul Dieu.

⊙ , ⊙ , ⊡, sep, se rencontre fréquemment, et ses valeurs sont assez nombreuses (acte, fois, fonctions, rôle, état, fortune, part, portion, etc.) pour embarrasser quelquefois l'interprète. Le sens « action »[1], établi d'abord par E. de Rougé, peut expliquer l'emploi du mot ⊡ comme type pronominal (2), emploi dont le même savant a signalé un exemple dans sa Chrestomathie : 𓊃𓊪𓂋𓅱𓂝𓁷𓊪𓂋𓂝𓈖𓅱𓈙𓇋 𓂝𓂋𓈖𓂝 𓊃𓊪𓂝 « seper-u-à her yeper àn chai àr-n-à sep-à » « mes desseins s'accomplissent, on ne peut échapper à ce que je fais moi-même (3) », littéralement « à ce

---

Ra roi des dieux, est des plus fréquents, bien que notre hymne n'en donne pas un seul exemple.

1. — Sens que n'a plus le copte ϭⲟⲛ vices.
2. — V. E. de Rougé, Chrest. II, p. 54, s. — 3 — S. l., p. 70.

que je fais de mon action, par mon action ». De même, dans notre passage, ⟨hiero⟩, qui revient à dire « (Un) en soi », doit signifier « dans son rôle, dans ses actes », plutôt que « dans sa part, dans son état ».

Mr Chabas traduit ⟨hiero⟩, her sep-f, ⟨hiero⟩, n sep-f, « à son gré, à sa volonté », mais les exemples cités par l'éminent philologue ne sont pas décisifs (1); car ⟨hiero⟩, mâi ân ân n sep-k, sera traduit aussi bien « Viens! nul obstacle à ton action, à ta personne » que « Viens! nul obstacle à ta volonté »; et, pour le passage de la stèle de Kouban où Ammon dit de Ramsès II je l'ai formé pour placer la Vérité sur son trône (3) la terre est consolidée, le ciel tranquillisé et les dieux en paix ⟨hiero⟩ » (2) on obtient un sens très-satisfaisant en traduisant « par son action, par lui ».

Au surplus, si ces exemples se prêtent également bien à la traduction proposée par Mr Chabas et à une explication qui a l'avan-

---

1. — Zeits. für äg. spr. 1870, p. 98.
2. — Stèle de Kouban, l. 4.   — 3 — de la Vérité.

Notes, §III, 1/5.

tage de se rattacher à une valeur déjà connue du mot —, notre passage, par sa clarté, doit lever toute incertitude. Il était impossible d'exprimer plus clairement que tous les dieux se confondent en un seul être, dont Ammon n'est plus qu'un nom dans un rôle particulier : « Un dans son rôle, comme avec les dieux ».

Dans cette formule est la synthèse de la religion égyptienne.

Je crois, en effet, que l'Égypte monothéiste a considéré les dieux de son panthéon comme les noms qu'un être unique recevait dans ses divers rôles, en conservant dans chacun, avec son identité, la plénitude de ses attributs. Dans son rôle d'Éternel, antérieur à tous les êtres sortis de lui; puis, dans son rôle d'organisateur des mondes ; enfin dans son rôle de Providence qui chaque jour conserve son œuvre, c'est toujours le même être réunissant dans son essence tous les attributs divins. Cet être qui, en soi, un et immuable, mais aussi mystérieux et inaccessible aux intelligences, n'a ni forme ni nom;

se révèle par ses actes, se manifeste dans ses rôles, dont chacun donne naissance à une forme divine qui reçoit un nom et est un dieu : ainsi se multiplient les formes de l'être qui n'a pas de forme (1), et le dieu dont le nom est inconnu (2) devient un « multipliant (ses) noms » (3).

L'ensemble des dieux forme le ☉ 𓏤𓏤𓏤𓀭 pa-t nuter-u,(4) ou « la collection des personnes divines » dans lesquelles « réside » le dieu un. Cette phrase :

---

1. — 〰〰 ⊙ 𓊽 𓀭 ⟵ ān reḫ-sim-f « n'est pas connue son image ».

2. — 𓇋 𓏺𓏺 𓊽 ⊙ 𓀭 ⟵ āmen ren-f « son nom est caché ».

3. — 𓎼𓏥 ⊙ 𓏺 ās ren-u « multipliant les noms », ou, mieux, « nombreux de noms, multitude par les noms ».

4. — Je renvoie à la seconde partie de mon travail l'étude de cette expression difficile, composée du substantif féminin ⊙ (-𓊽 ° 𓏤𓏤𓏤) pa-t et du mot 𓏤𓏤𓏤 qui en est régi, ainsi que le prouve la variante ⊙ 𓏤𓀭 pa-t n nuter-u, variante d'ailleurs fort rare (V. Denkm. III, 68/3).

M. Mariette a prouvé que la lecture ⊙ 𓏤𓏤𓏤 qu'on rencontre quelquefois sur les monuments et qui avait inspiré à Champollion la traduction « (et) les autres dieux » était le résultat d'une faute de graveur, et que la prononciation du signe ⊙ était 𓂧 pa. Je crois, contrairement à l'opinion de M. Lepsius, que E. de Rou-

— Notes, §III, 1/5 — 701

[hieroglyphs] àni (χ)enti pa-t nuter-u-f

« ô dieu Ani (forme solaire) résidant dans la collection de ses personnes divines!» (1) se rencontre encore dans notre hymne après un autre passage signifiant « dieu un qui est seul, étant sans second de lui » ; de même que, dans les formules que nous expliquons, les mots [hieroglyphs], littéralement (2) comme dans avec les dieux, suivent les titres, « Un dans son rôle ; — Roi, il est un ».

Les dieux étaient appelés, par une figure qui se comprend facilement, les membres, [hieroglyphs] hâ-u, de l'être résidant en eux. Le chapitre XVII nous apprend que « .... Râ qui crée son nom de maître des dieux, c'est Râ qui crée

---

gé a eu raison de dériver ce mot de la racine [hieroglyph] pa être ; [hieroglyph] pa-t me paraît être un substantif collectif signifiant « la collection des êtres, ou personnes » ; c'est à raison de ce sens collectif que le mot [hieroglyph] est du genre féminin. — Il suffit, pour l'interprétation de notre hymne, de savoir que l'expression [hieroglyph] ne désigne pas un certain ensemble de dieux, mais signifie, de la manière la plus générale, les dieux.

1. — V. 8/5-6.

2. — [hieroglyph], dans la locution [hieroglyphs] m mâ, de

ses membres : ils deviennent ces dieux qui entrent dans la suite de Rā ". (Le titre "maître des dieux" est écrit tantôt ⌒ 𓏤𓏤𓏤, tantôt ⌒ 𓎟 𓏤𓏤𓏤 ⁽¹⁾ "maître de la collection des personnes divines").

Par une autre figure les dieux étaient regardés comme des enfants engendrés du dieu un. Le chapitre XVII qui appelle les dieux "les membres de Rā", dans un autre verset dit qu'ils sont sortis du phallus de ce dieu; et notre texte, après la phrase "Un dans son rôle, comme avec les dieux", ajoute immédiatement :

1/5 [hieroglyphs]

"Beau⁽²⁾ taureau de la collection des personnes divines", c'est-à-dire le beau fécondateur⁽³⁾, &.

---

vient un véritable substantif, de même que [hier.] dans la locution [hier.] (Ex. [hier.] dans le parmi eux), &. V. 9/3.

1. — Par ex. dans le chapitre XVII des anciens textes du Todtenbuch publiés par M. Lepsius : cet exemple prouve que l'expression 𓎟 𓏤𓏤𓏤 était usitée avant la 18ᵉ dynastie. — Cf. la note 4, p. 100.

2. — [hier.] signifie "beau" et "bon". Ici c'est le sens de beau qu'a ce mot, car Ammon est "un taureau [hier.]" nefer her "beau de visage". V. la note 1, p. 43.

3. — V. supra, p. 39, s.; cf. IIᵉ partie.

— Notes, §III, 1/5. — 103.

Mais il faut remarquer que loin d'être une expression de polythéisme, ces formules avaient précisément pour but d'en écarter l'idée que l'excessive pluralité des formes divines semblait justifier. Ce ne sont pas les <u>dieux</u> qu'on adore : au contraire, on leur dénie l'existence personnelle ; on adore, sous le nom d'un dieu quelconque, le dieu caché qui, en se transformant lui-même, en s'enfantant à de nouveaux rôles, engendre les dieux, ses formes et ses manifestations ; on adore leur fécondateur, 𓊹𓃒𓂆𓏤𓏤𓏤𓆼, l'être invisible qui les anime tous et dont le nom est plus mystérieux que les naissances »), (1), c'est-à-dire que les manifestations (𓏤𓏤𓏤)

Notre phrase « Beau fécondateur de la collection des personnes divines » est, en effet, le développement et l'éclaircissement de la précédente « Un dans son rôle comme avec les dieux », dont le sens monothéiste est si évident. D'un autre côté, c'est une pure variante de ce passage du verset 1er « Ammon-Ra taureau dans On » qui signifie So-

---
1. — V. 5/3-4.

-teil se fécondant lui-même dans On, théâtre de ses levers; car c'est en se fécondant lui-même que le Soleil engendre les dieux.[1] Aussi dans ces deux passages la pensée, qui est la même, est-elle complétée par le même titre 〈hiéroglyphes〉 •chef de tous les dieux :

1/1.	1/5-6.
Adoration d'Ammon-Ra ;	Un dans son rôle (d'Ammon-Ra, roi des dieux), comme avec les dieux ;
Taureau (fécondateur) dans On ;	Beau fécondateur des personnes divines ;
Chef de tous les dieux.	Chef de tous les dieux.

En se transformant lui-même (taureau dans On), le Dieu un engendre ses formes (beau taureau des personnes divines) dont il est le chef, 〈hiér.〉, ou le maître, 〈hiér.〉 (chap. XVII), ou, enfin, le roi, 〈hiér.〉 ; et toutes ces expressions sont celles d'une foi monothéiste, qui s'efforce d'expliquer le fait de l'existence

---

1. — La naissance des dieux (〈hiér.〉, ou 〈hiér.〉) est presque toujours placée par les textes, soit au moment où le dieu père, sortant de son immobilité primordiale pour créer le Monde et les êtres, commence la série de ses transformations, soit au lever du

d'un grand nombre de formes divines dans la religion égyptienne.

Ces conceptions ont inspiré à l'auteur de notre hymne un développement poétique, l'un des plus remarquables et des plus importants de sa composition : « Les dieux « courbés devant ta Majesté exaltent les âmes « de celui qui les produit; joyeux de la station « de celui qui les <u>engendre</u>, ils te disent: « Viens(?) en paix! ô père des pères des dieux,[(1)] « celui qui a suspendu le ciel et refoulé la terre, « auteur des choses, producteur des êtres; « prince suprême, chef des dieux, nous « adorons tes âmes, comme tu nous engen- « dres: tu nous enfantes, et nous t'acela- « mons parce que tu demeures en nous!» (2). Il eût été difficile d'exprimer plus clairement cette idée, que le chef des dieux, 𓋹𓏏, 𓐍𓏏𓏏𓏏𓊪𓏛, est l'être qui les <u>engendre en de</u>-

---

Soleil, perpétuelle image de ce premier acte divin.

1.— Ici la naissance des dieux est contemporaine des premières créations: «ô père des pères des dieux, celui qui a soulevé le ciel et refoulé la terre ».

2.— V. 7/4.s.

meurant en eux. Tum et Armachis adorent aussi Ammon, et s'expriment en termes identiques : « Adoration à toi parce que tu demeures en nous, prosternation devant toi parce que tu nous produis ! » (1).

On remarquera, en outre, le titre « Père des pères des dieux ». Tous les dieux sont enfantés par le Dieu qui « réside » en eux ; mais, à un autre point de vue, rôles divins, ils se sont succédé : ils se sont donc engendrés (2) l'un l'autre. Par exemple, Rā, le Soleil sorti de l'Abyssus et le Soleil sans acception de rôle (3), est père de Tum (4) soleil créateur et

---

1. — V. 7/2-3.

2. — Plusieurs de ces rôles se succèdent et s'engendrent continuellement. Le Soleil diurne se couche en Tum dont il était sorti et dont il renaîtra. Ra, père d'Osiris, succède à son fils (V. 2ᵉ Partie).

3. — Rā est le nom générique du dieu Soleil, sorti de l'Abyssus, au commencement, pour tout créer, et continuant de « gouverner son œuvre » durant la suite des siècles. Dans chacun de ses rôles successifs ce dieu prend un nom particulier (Tum ; Osiris ; Khepra ; Shu ; Armachis ; etc.), mais il peut aussi conserver son nom générique de Rā.

4. — E. de Rougé a cru que Tum, dans les

_____ Notes, §III, 1/5-6. _____ 107.

soleil avant son lever ; à son tour, Tum donne naissance au Soleil levant, Shu : « Shu, fils de Ra, issu de Tum ». Dès lors on comprend la valeur de la qualification de « père des pères des dieux » donnée d'ordinaire au Dieu qui, avant toute manifestation, repose dans l'Abyssus, ou bien qui en sort pour élever le ciel et refouler la terre.

Il résulte encore du même texte et d'autres que nous étudierons dans la seconde partie, que le père des pères des dieux est l'âme qui anime les formes divines : « Les dieux exaltent les âmes de celui qui les produit.....; nous adorons tes âmes comme tu nous engendres ». — Le dieu qui n'a pas de forme et dont le nom est un mystère

---

idées cosmogoniques, précédait Rā et personnifiait la divinité avant toute manifestation par ses œuvres. Les textes, au contraire, montrent Tum comme un dieu très-actif, créateur des êtres et des choses, venu en « naviguant dans sa lumière », seigneur des levers dans le ciel. Tum est le nom de Rā dans son rôle de créateur, après sa sortie de l'Abyssus.

Shu n'a pas mieux été expliqué jusqu'à présent : il ne personnifie pas la lumière solaire, mais le soleil levant.

est donc une âme agissante, qui remplit des rôles nombreux, personnifiés par les dieux: ceux-ci sont des formes procréées c'est-à-dire animées, par l'âme qui les revêt, ou, pour nous servir de l'expression de notre hymne, qui les habite. Elle circule[1] de rôle en rôle, sans perdre jamais une seule des qualités qui sont de son essence divine. De quelque nom qu'il l'appelle, sous quelque forme qu'il la cherche, quelle que soit la manifestation sous laquelle il la reconnaît, le croyant la proclame toujours l'âme de tous les dieux, le Dieu unique «qui n'a pas son second», et lui attribue toutes les perfections divines.

---

1. — L'exemple d'Osiris et de Ra est très-remarquable. Quand l'âme anime Osiris, celui-ci est appelé «l'âme de Ra»; mais quand Osiris « s'est transformé pour exalter son âme » et qu'il s'est « fondu » dans le Soleil Ra, c'est Ra qui, à son tour, devient l'âme d'Osiris. La forme que l'âme «habite» devient, en effet, l'âme de tous les dieux.

E. de Rougé, qui n'a pas saisi le sens de la qualification d'âme, a cherché à expliquer le titre d'Osiris «âme de Ra» par la supposition que Ra était réduit alors à n'être plus que le

— Notes, § III, 1/6. — 109

Telles sont les vues au développement desquelles nous consacrerons la seconde partie de ce travail tout entière : après avoir exposé les attributs de l'âme divine, nous chercherons la place de chacun des grands dieux, et, en particulier, celle d'Ammon, dans la suite de ses manifestations.

1/6. — neb mā-t ătef nuter-u

« Maître de la Vérité, père des dieux ».

Le dieu un, ou l'âme divine, se manifestait dans l'ordre physique par la lumière. Le Soleil, considéré comme un symbole parfait de la Divinité, était, en conséquence, adoré dans toute l'Egypte, et nous verrons que la plupart des noms du dieu égyptien répondaient à ses positions successives pendant sa révolution quotidienne.

Mais les Egyptiens ont reconnu aussi une manifestation morale de la
_____
disque matériel.

Divinité dans le Vrai, cette lumière des intelligences.

C'est Dieu qui « enfante la Vérité » et qui est (littéralement, en fait, 𓁹) le « corps ». Il est « le Maître de la Vérité, l'âme divine subsistant par la Vérité ». Il vit de Vérité. — Dans chaque dieu qu'il enfante il se manifeste donc par la Vérité ; voilà pourquoi, après les formules qui ouvrent ce § et dont le sens nous est maintenant connu, notre texte conclut par ces mots « maître de la Vérité, père des dieux », c'est-à-dire « maître de la Vérité, il est père des dieux » ; le papyrus magique Harris[1] le dit expressément « Étant le Vrai, tu enfantes les dieux » : 𓏺𓅭𓏤𓊪𓏌𓏌𓏌 𓂧 𓀭𓂋𓏤𓇳 𓂻

La Vérité étant la parole de l'Être suprême, les dieux « sortent de sa bouche », et « sa parole devient les dieux ». Lui-même est le « Vrai de parole » 𓐙𓂋𓏤 mā ḫeru.

───────────────
1. — V. pl. V, l. 2, s. — Cf. 2ᵉ Partie, chapitre 𓊃

— Notes, § III, 1/6. —   111

Devéria a parfaitement montré combien l'ancienne traduction «justifié» de l'expression [hieroglyph] était inadmissible, puisque ce ne sont pas seulement les défunts, mais des dieux même, qui prennent ce titre: mais il y a substitué celles de «justice de la parole, droit de la parole, autorité de la parole» et il a vu dans le [hieroglyph] «une faculté de persuader ses ennemis par une sagesse éloquente», avantage donné par Thot à Osiris. Il n'a pas réussi à en expliquer le sens intime, (quoiqu'il ait très-bien saisi l'un de ses effets, qui est d'assurer le triomphe du bien sur le mal), parce qu'il s'est renfermé dans la fable d'Osiris et les récits des Grecs, au lieu de rapprocher cette qualification des titres ordinaires de la Divinité dans <u>toutes</u> ses formes, [hieroglyphs] maître de la Vérité; [hieroglyphs] celui qui subsiste par la Vérité, et des nombreux textes où «fabriquer de la Vérité» revient à dire «enfanter les dieux»(1).

___

1. — Il est vrai que ces textes et ces titres ou n'avaient pas encore été signalés, ou n'avaient pas été compris.

Aussi il n'a pas pu comprendre des phrases comme celle-ci :

mā χeru mā χeprā tef nuter-u.

car sa traduction « persuasif comme Chepra père des dieux » n'est pas plus claire que celle qu'il rejette « justifié comme Chepra père des dieux ».

Chepra père des dieux, était aussi appelé producteur de la Vérité, (1). Et, en effet, le mystérieux père des dieux, c'est bien le producteur de la Vérité, puisque, dans chacune de ses fonctions, on reconnaît cet être caché au Vrai et au Bien dont il est l'unique source[2]. Notre passage « Maître de la Vérité, (il est) père des dieux » ne signifie pas autre chose, et cet autre passage de notre hymne l'exprime plus clairement encore :

(s)χem nuter-u mā-ti neb āp-t-u m

---

1. — Stèle de Kouban, l. 17.
2. — Auteur de toute Vérité, Dieu « place la vérité dans les cœurs qui la font remonter vers lui ». V. 2ᵉ partie.

𓂋𓂝𓏌 — 𓐍 𓊪𓏲 𓈖 𓇋𓂋 𓌳𓐙𓂝𓏏

ren - χ pu n àr mā-t (v. 10/5,6).

« Germe des dieux, Vérité, qui règne dans Thèbes : tu es cela dans ton nom d'auteur de la Vérité » (1).

À quoi reconnaître que les fonctions (𓏤𓏤𓏤) à la conception desquelles l'esprit s'élève, de la simple notion de certains phénomènes, tels que la création, le maintien de l'Univers, les révolutions solaires, etc. etc., n'appartiennent qu'à un seul être, et que cet être est un Dieu ? Au caractère divin qui leur est commun : au Vrai, au Bien, à la Sagesse, si l'on veut, qui éclate en elles, qui triomphe de l'inertie de la matière, et qui aussi se maintient éternellement, quand tout passe et se renouvelle. On saisit en même temps et le caractère divin des fonctions qui manifestent ce Vrai éternel, vivifiant la matière mais supérieur à elle, et l'unité de leur principe. Par lui on remonte à la source unique et divine ; il faut un père des dieux, auteur du Vrai. On

---

1. — Littéralement : « .... Vérité, seigneur dans Thèbes : c'est dans ton nom, de. 10/5,5.

reconnaît ainsi un être suprême qui produit la Vérité quand il enfante les dieux. L'auteur de notre hymne, pour désigner et définir, en quelque sorte, le Père invisible, fécondateur et chef des dieux, l'être qu'il vient d'adorer en Ammon, peut donc dire de lui que « Maître de la Vérité, (il est) père des dieux », et affirmer qu'il est « le germe des dieux » dans « son nom d'auteur de la Vérité ».

Non-seulement l'existence du Père se lia, dans les esprits, à cette qualité de source du Vrai (1), et Dieu « dans son nom d'âme » fut « le Maître de la Vérité, subsistant par elle; la substance qui ne périt pas » (2); non-seulement la Vérité qui fait connaître le Père et le rend, pour ainsi dire, sensible, fut appelée la Substance ( ) qu'il produit lui-même ( ) et dont il se nourrit ( ) (3); mais dans cette

---

1.—J'ai déjà dit que Dieu fait, ⌒, c'est-à-dire est, le corps de la Vérité.— Avant toute manifestation, l'être qui existait seul dans l'Abyssus « reposait dans la Vérité »   .

2.— Todt. Ch. J.

3.— La Vérité est sa substance et son aliment. Le défunt, qui est assimilé au dieu, mange la Vérité: v. un

———— Notes, § III, 1/6. ————

Égypte où les figures et les symboles étouffent l'idée, on alla jusqu'à faire de la Vérité la liqueur dont il abreuve, le pain dont il nourrit ses enfants, les dieux (1).

D'un autre côté, la Vérité avait son expression, ou, pour mieux dire, son instrument dans la Parole divine. Le dieu était censé émettre la lumière par ses yeux et la Vérité par sa bouche. Comme la Lumière par le rayon, la Vérité était donc portée par la parole. Une stèle du musée de Lyon représente les dieux « recevant (2) la parole du seigneur universel » et « faisant remonter à lui la vérité » (3). Notre hymne dit du Soleil, maître de la Vérité, ... dieu Chepra dans sa barque, que « lorsqu'il émet la parole, les dieux se produisent » :

utu t'ut xeper nuter-u.

Et nous voyons que les dieux man-

———————————————

texte traduit par M' P. Pierret, Du dogme de la Résurrection, p. 5.

1. — Dans les textes relatifs à la course du Soleil.
2. — sotem, écouter, entendre.
3. — C'est-à-dire, à ce que je crois, les dieux reçoivent

geaient cette parole (appelée, par suite, substance, aliment (1)), ainsi que la Vérité de parole, 𓅓𓏤, de leur père, d'après les mêmes textes où celui-ci les nourrit de Vérité.

D'ailleurs la manifestation du vrai, la Vérité proférée, 𓅓𓏤, qui a donné naissance aux dieux et par laquelle ils continuent d'être, se saisit elle-même dans son effet le plus sensible, le règne de la Vérité, du Bien, de la Sagesse, règne qui a mis fin au désordre(2) du chaos, et auquel correspondent, dans l'ordre physique, les effets de la lumière succédant aux ténèbres primordiales. Chaque matin, en même temps que renaît sa lumière, le dieu-Soleil se manifeste par la Vérité proférée, il est "vrai de parole" 𓅓𓏤 : " Tu t'éveilles en vrai de parole, ô Ammon-Ra, maître du

---

la parole et répercutent la Vérité.

1. — V. infra 4/5.

2. — Ceci nous donne l'explication d'un passage de la stèle de Kouban, précédemment cité (p. 98); Ammon dit « je l'ai formé (Ramsès II) pour que la Vérité régnât sur son trône (m. à m. fut sur le trône d'elle) : la terre est consolidée, le ciel tranquillisé, et

―― Notes, §III, 1/6. ――

double horizon, ô beau, radieux, éclatant !)).
(Denkm. VI, 115; v. infra, appendice I).

Tout dieu solaire, Ra, Osiris, Chepra, Shu, Armachis, est, en ce sens, vrai de parole, 〖⟨hiero⟩〗: c'est ce que nous apprenons par des hymnes malheureusement trop rares. Comme la plupart des textes religieux parvenus jusqu'à nous ont été trouvés dans les tombeaux, et que les chapitres du livre des morts, écrits sur papyrus ou gravés sur les sarcophages, en constituent le fonds principal, en fait, les textes religieux que nous possédons nous parlent surtout du 〖⟨hiero⟩〗 du soleil couché, Osiris, dieu des morts, auquel tout défunt, appelé à renaître à une nouvelle existence, était assimilé.

Quand le Soleil Osiris reparaîtra

---

les dieux en paix, par son action)). Ramsès II est le lieutenant du Dieu qui fait régner la Vérité en maintenant l'harmonie de l'Univers. Ce maintien rentre dans les fonctions, dans le rôle du Pharaon, ⟨hiero⟩. Le sens de ⟨hiero⟩ dans ce texte est donc exactement le même que dans notre titre ⟨hiero⟩. V. supra, p. 97, 98.

L'expression règne de la Vérité est égyptien-

en vrai de parole, ses ennemis, les ténèbres et le Mal, les partisans de Set, seront renversés: Horus (1) aura vengé son père, et le règne de la vérité, [hiero] *suteni n mā-t*, aura commencé: « le règne de la Vérité lui (à Osiris) appartient, ayant été trouvée ([hiero]) (par) Horus sa parole vraie ».

Les ténèbres ne sont dissipées que par la Lumière: le Mal ([hiero] l'erreur, le mensonge, le désordre moral) ne disparaît que devant la Vérité, mais il la rencontre dans la parole d'Osiris: « Est ta parole vérité pour tes ennemis, ô Osiris ! ».

L'homme, si ses actions ont été conformes à la Vérité, est devenu un auteur de Vérité ([hiero], sur plusieurs stèles funéraires), un Vrai de parole [hiero]: il se manifeste

---

ne. V. l'hymne à Osiris, traduit par M. Chabas, l. 18.

1. — Horus est Osiris vainqueur. — Le [hiero] d'Osiris emprunte au rôle de ce dieu (soleil couché, ou plutôt soleil avant son lever — et dieu des morts) un caractère tout particulier. L'intervention d'un troisième personnage semblait nécessaire pour faire triompher en Horus le dieu immobile, Osiris: Thot « exalte les deux yeux (la lumière) » et « rend vraie (c'est-à-

donc comme Osiris, le Vrai éternel, et triomphant de ses ennemis (1), après sa mort, échappe à l'anéantissement; divinisé par ses propres œuvres, il prend place parmi les dieux qui vivent à la suite d'Osiris. Son assimilation au dieu étant complète, sa participation aux privilèges divins est sans borne; il devient lumineux (𓐍𓏏) comme Osiris renaissant en Râ, et voit s'accomplir pour lui ce souhait qu'on formait pour tout défunt : « Que les dieux lui accordent d'être lumineux (𓄿𓏏𓇳) dans le ciel, avec

---

dire proclame la Vérité de la parole d'Osiris. Mais dans les hymnes à Osiris ce personnage disparaît souvent et c'est Osiris lui-même qui « établit la Vérité de parole, en présence des dieux ».

1. 𓐍𓋴𓆑 âsef, le désordre moral, les péchés; paraît avoir signifié, à la lettre, erreur, mensonge : c'est le vice opposé à 𓐙, la vérité.

« Tu es affermi; tes ennemis sont renversés. La parole qui est en toi n'est pas cela (péché, mensonge, ennemi). Entré en présence des dieux (comparu au jugement), tu (en) es sorti 𓐙𓊪, vrai de parole » (Pap. Anast. IV et V_V. II° partie). La parole est vérité, ou mensonge et alors ennemi.

C'est M. P. Pierret qui a fait remarquer que

Rā, vrai de parole, dans Neter-Kher, avec Osiris ».

En résumé, la parole exprime la « vérité » du Dieu manifesté par la Lumière et la Vérité (1), de l'Être « auteur du Vrai, père des dieux ». Aux dieux elle apporte la Vérité qui les nourrit, aux puissances typhoniennes la Vérité qui les détruit.

La phrase que Devéria interprétait « persuasif comme Chepra, père des dieux », a donc une signification qu'il n'a pas soupçonnée : être « 〖〗 comme Chepra, père des dieux », c'est, en étant vrai de parole, en proférant la Vérité, se manifester comme Chepra est manifesté dans tous les rôles divins, c'est-à-dire comme Chepra que les dieux, dont il est le père, font reconnaître pour le maître et le producteur (〖〗) de la Vérité : 〖hiéroglyphes〗, maître du Vrai, père des dieux.

---

les ennemis du défunt sont ses péchés.

1. — Je crois cependant que les Égyptiens établissaient une distinction entre la Lumière et la Vérité. Les dieux sortent de la bouche de leur père et sont

—— Notes, §III, 1/6. ——

Il n'y a là aucune idée de persuasion, d'éloquence. Toutefois il est juste de dire que si Devéria n'a pas pu décomposer l'expression 𓂀 ; que s'il n'a même pas connu la place réelle, dans la religion égyptienne, de la manifestation 𓂀, il y a vu nettement une « expression du triomphe absolu de la Sagesse et de la Raison ». Son erreur a été d'en chercher l'idée essentielle dans l'expression 𓂀, et de négliger le mot 𓂀 qu'il reconnaît ne pouvoir rendre que par des « traductions approximatives ».

Je dois avertir le lecteur qui ne serait pas au courant de l'état actuel de la science, que les idées que je viens d'exposer, touchant la manifestation par la Vérité (et, en général, la plupart des idées exposées dans ce §) sont pour la première fois

---

nourris de vérité : au contraire les hommes sont sortis des yeux, c'est-à-dire de la lumière du dieu, et c'est la lumière qui vivifie le Monde. On pourrait donc croire que l'Être vrai agit par la lumière qui le fait connaître.

soumises à la critique: elles ne pourront être acceptées définitivement qu'après avoir obtenu la sanction des savants auxquels sont dus les progrès des études égyptologiques. En traitant des manifestations divines j'aurai occasion d'y revenir longuement; pour le moment, je ne cherche pas à les justifier; je me contente d'un exposé (d'ailleurs incomplet) nécessaire pour faire comprendre comment j'interprète les passages où notre texte parle de la Vérité et de la Parole du père des dieux.

1/6. ☉ 𓈖𓏤𓂋𓏺𓀀𓏥 𓍿𓄿𓏥𓃒𓏥 𓎟𓏏 𓃞𓏺
« auteur des hommes, producteur des animaux » (àr ret-u kemam aut).

Notre § suit exactement la marche du 1ᵉʳ verset de l'hymne. Du dieu qui se maintient lui-même, père de ses propres formes, il passe au dieu par qui tous les êtres sont produits et nourris; « auteur des hommes, producteur des animaux; seigneur des choses; producteur des plantes nutritives; auteur des pâturages qui nourrissent le

— Notes, §III, 1/6. — 123

bétail» (1/6-7). C'est une alliance d'idées qu'on retrouve dans tous les hymnes, et dont nous rencontrerons de nouveaux exemples en poursuivant cette étude.

△𓏲𓅓𓅓. On donne d'ordinaire au mot kemam la nuance de « créer » : rien, à ma connaissance, ne justifie cette traduction. Pourquoi dans notre passage, par exemple, Ammon serait-il l'auteur[1], le producteur des hommes et, cependant, le créateur des animaux ? Il est le père des dieux qu'il engendre (𓀀𓏤𓏛), et il est appelé leur △𓏲𓅓𓅓𓀭𓏤 (2) « producteur, procréateur ». Ra produit (kemam) les dieux ses membres; le dieu père △𓏲𓅓𓅓𓇳𓏤𓎛𓂝𓊃𓏏𓇳𓅆 se produit, s'enfante lui-même (3). La terre produit, kemam : « Que les dieux lui accordent 𓊃𓊃𓏤𓊃𓏤 △𓏲𓅓𓀭𓏤𓍿𓏏𓏤𓏤 les dons du ciel (de l'air), les produits de la terre, les apports (les présents, les tributs) du Nil».

_____

1. — 𓁹 ir, faire, engendrer.
2. — V. 8/5. — △𓏲𓅓𓀭 𓏤𓏤 signifie «fils de».
3. — Pap. magique Harris 3/4.

Au figuré, ḵemam s'emploie aussi dans le sens de «causer»; ainsi, «produire la terreur» (Louvre C. 30).

L'importance des questions philologiques de cette nature est évidente. La traduction créer préjuge la solution de ce problème : le dieu égyptien est-il le créateur, ou bien l'architecte du Monde ?

L'oubli des déterminatifs [hiéro] n'est pas nécessairement une faute; mais, ici, il est dû évidemment à la négligence du copiste qui, après avoir tracé le poteau [hiéro], l'a confondu avec le premier signe du mot suivant [hiéro].

[hiéro]. — Ce mot est un exemple curieux de la facilité avec laquelle une expression se prête quelquefois à des valeurs différentes.

Dans sa signification la plus générale le mot [hiéro] désigne les créatures, l'ensemble des animaux, l'homme y compris :

[hiéro]
nuter uā anḫ   m   mā-t ir nti   ḵemam

[hiéro]
unen-t n atu.

———— Notes, § III, 1/6. ————   125

« Le dieu un, subsistant de vérité, auteur des choses, producteur des existences des créatures » (1).

Plus loin (2) notre hymne donne un bon exemple de ce premier sens : « Hommage à toi par toutes les créatures (⸻) : acclamation à toi en toute région (⸻), dans la hauteur du ciel, dans l'étendue de la terre, dans la profondeur de la mer ! ».

Dans un sens plus restreint le mot aut paraît s'appliquer à tous les animaux autres que l'homme. Ainsi dans notre passage « auteur des hommes, producteur des animaux ». Cf. 8/3. — Mais d'autres textes plus précis l'entendent seulement des quadrupèdes. Le soleil se lève ⸻ *r ār ānḫ nt rem-u aiu* (3) *ḥef-u ḫem nuter-f* « pour faire le maintien

---

1. — V. Reinisch, aeg. Chrest. I, 15/2-3, hymne au Soleil. — Cf. Mariette, Mère d'Apis, p. 40. — Remarquer encore l'alliance d'idées signalée ci-dessus p. 123.

2. — V. 7/3-4.

3. — Il faut sans doute lire ⸻ *atu*. — Mais ⸻ *ānḫ nt* qu'on pourrait aussi lire ⸻ *ānḫ*, peut être conservé : Cf., en effet, ⸻ (7/1-2).

126 —— Notes, § III, 1/6. ——

de l'existence de tous les — hommes, quadrupèdes, reptiles (1) que sa divinité a produits (2).

[hieroglyphs]
χā́-k m χu-t áb-ti n p-t r s-ānχ àr-t-nek

[hieroglyphs]
neb t m ret-u (3) atu-u (4) pài-u (5) χenen-t-

[hieroglyphs] (Denkm. III, 97, a; col. 1, 2.)
u m t'éfef...... « Tu te lèves à l'horizon oriental du ciel pour nourrir (6) tout ce que tu as produit en fait d'hommes, de quadrupèdes, d'oiseaux qui volent, et d'oiseaux qui marchent ; en fait d'insectes rampants......».

―――――――――――――――――――

1. — L'adjectif ⌒ qualifie tous les substantifs précédents.

2. — Sur plusieurs monuments. — Mon exemple est tiré du sarcophage de Taho, au Louvre.

3. — M. Maspero (à son cours de l'École des hautes Études) a démontré par de nombreux exemples que la plupart des fautes de gravure s'expliquent par ce fait que le texte avait été remis, tracé en caractères hiératiques, aux ouvriers chargés de le graver. Ainsi on trouve la feuille 𓆰 (hiératique 𓏏, 𓏏) pour le dieu 𓊹 (hiératique 𓏏, 𓏏). En hiératique, le groupe ⌇, homme, se confond presque toujours avec ⌇ rer.

4. — Il faut corriger le texte qui porte ḥik-u.

5. — Au lieu de ⌒ il faudrait le déterminatif des oiseaux 𓅮.

6. — Cette variante et celle du texte précédent con-

— Notes, § III, 1/6. — 127

Il est évident que dans ces deux textes tous les quadrupèdes, sauvages ou domestiques, sont compris sous la dénomination de atu. Mais très-souvent les atu sont opposés aux menmen-u:

ntek neb ḥeḥ-u utes atu neb menmen-u neb.

Mr. P. Pierret aux Études égyptologiques duquel cet exemple est emprunté l'a traduit « C'est toi qui es le seigneur des multitudes, faisant surgir les animaux sauvages tous, les animaux domestiques, tous »(1). Cette interprétation me paraît excellente. On a pensé cependant que les menmen-u désignaient le gros bétail, et les atu, par suite, le menu bétail. Mais nous avons

firment l'interprétation que j'ai donnée à l'expression ⌇ « donnant le maintien à ; faisant subsister »(1/1-2). Elles prouvent aussi que le « taureau dans On » qui fait subsister ses créatures est bien, comme je l'ai dit, un soleil qui se renouvelle, c'est-à-dire un soleil levant. Au fond de ces formules nous retrouvons toujours les mêmes idées.

1. P. Pierret, Études égyptologiques, p. 30.

vu(1) que les menmen-u sont les troupeaux d'animaux domestiques, soit de gros, soit de menu bétail; le bœuf est un déterminatif des quadrupèdes. D'un autre côté les bœufs eux-mêmes rentraient dans la classe des *atu*, comme on le voit par l'exemple du sarcophage de Taho (ci-dessus, p.125): dans cet exemple *atu* est déterminé par le bœuf et le bélier. Je crois donc que notre mot dont le déterminatif spécial est un animal vivant en liberté(2), et qui, dans l'une de ses acceptions, désigne l'ensemble des quadrupèdes, a pu, par opposition à menmen-u, les espèces domestiques vivant en troupeaux, prendre le sens de «bêtes sauvages», de même que le mot « animal », qui s'applique à l'homme même, signifie « bête » lorsqu'on dit « l'homme et les animaux ».

---

1. — V. supra, p. 55.
2. — C'est ce quadrupède que Buffon appelle déjà algazel (antilope leucoryx) la gazelle d'Égypte, qu'on rencontre dans la Thébaïde, et qu'il ne faut pas confondre avec la gazelle commune (antilope dorcade). — Le déterminatif convient bien mieux à l'idée de « bête fauve » ou simplement de «bête» qu'à

Notes, §. III, 1/6.   129

D'ailleurs le sens premier du mot 𓏺𓂝𓃀𓏦 paraît être « animal », puisque l'homme lui-même est un *atu* ; mais l'Égyptien disant « les animaux et les bestiaux » arrive à restreindre aux bêtes sauvages l'application du mot signifiant animal, comme il donnait déjà, et comme nous-mêmes nous donnons à ce terme, la valeur de bête par opposition aux hommes. — En résumé, 𓏺𓂝𓃀 veut dire : 1º. animal, créature ; 2º. bêtes, quadrupèdes ; 3º. bêtes sauvages (1).

---

celle de menu bétail. Au contraire le bœuf, déterminatif du mot 𓏥 𓏥 symbolise naturellement les animaux domestiques dont il est le principal.

Dans l'exemple tiré des *Denkmaeler* de Mr. Lepsius et cité ci-dessus p. 126, le déterminatif, fort mal gravé (fac-simile 𓃰), ressemble bien plus au veau qu'à l'algazel. Cependant, au lieu de supposer une faute, on pourrait, à la rigueur, reconnaître ce dernier animal dont les formes, sur le même monument, sont toujours indécises. Ex.: 𓃵 (Denkm. III, 106/b.).

1. — Plus loin (8/3), notre texte parle des 𓏺𓂝 𓃀𓏦𓇾 « animaux de la terre ». Cette expression rappelle immédiatement celle du papyrus d'Orbiney : 𓂋𓈖𓏌𓏥𓂋𓍿𓏛 *àaut n(t)et* « il (Bati) passait ses journées à chasser les bêtes

1/6. ⟨hieroglyphs⟩ neb-nti « maître des choses ». — Déjà nous avons rencontré ce titre, (1/4-5), dans un passage évidemment altéré ; il est probable, dans le cas présent, que le texte n'est pas plus correct, car pourquoi le titre « maître des choses » entre ceux de « auteur des hommes, producteur des animaux » et ceux de « producteur des plantes nutritives ; auteur des pâturages » ?

⟨hieroglyphs⟩, participe du verbe « être », signifiant « ce qui est, étant », se dit des personnes aussi bien que des choses. Cependant, dans un langage technique, ⟨hieroglyphs⟩ est le mot propre pour désigner les choses inanimées : le nom des êtres, ou plutôt des existences, est ⟨hieroglyphs⟩ unen-t. Au

du pays » (D'Orb. 8/9 ; 9/9-10/1). Comme le fait remarquer M. Chabas (pap. mag. Harris, p. 130), on ne peut douter que les ⟨hieroglyphs⟩ ne soient les bêtes sauvages puisque, au papyrus Harris, ils désignent « les animaux dangereux que le chien doit combattre et repousser ».

Le papyrus d'Orbiney appelle encore ⟨hieroglyphs⟩ les animaux, le bétail, que Batu mène paître : c'est une affinité de plus avec notre mot ⟨hieroglyphs⟩. A la vérité M. Brugsch a montré que la voyelle initiale du syllabique ⟨hieroglyph⟩ était, dans ce groupe, un ⟨hieroglyph⟩ (Zeits. für äg. spr. 1867, p. 102) ; mais on trouve également l'orthographe ⟨hieroglyphs (sic)⟩, où l'absence du poteau ⟨hieroglyph⟩, coïncidant avec l'em-

surplus, [hiero] « étant » et [hiero] « être » dérivent de la même racine primitive, N « être » : v. Maspero, les pronoms personnels.

Pour le moment l'étude du § III au point de vue du rhythme ne nous serait d'aucun profit : le texte que je crois néanmoins très-incorrect, s'interprète sans difficulté. Nous reviendrons, par la suite, avec plus de fruit, sur ce sujet (1).

§ IV.

Quel que soit le sens exact de la qualification de [hiero], il est clair que le [hiero] produit, ou engendré par Ptah est le fils de celui-ci. Voyons donc d'abord de quelle manière on peut expliquer cette filiation d'Ammon, qui, je crois, apparaît pour la première fois.

---

ploi des voyelles [hiero], prouve sans doute que la vocalisation [hiero] n'était pas attachée à ce syllabique, mais où il est impossible, en même temps, de méconnaître une variante du mot [hiero] (V. en effet l'exemple cité infra 5/7, sous aut -butés aut peset-k) : on sait combien facilement la lettre [hiero] permutait avec le son [hiero] (Cf. supra, p. 79, n. 1, [hiero], et [hiero]).

1. — V., infra, §XIX.

— Notes, § IV, 1/7. —

Je ne saurais comment en rendre compte en m'en tenant à ce qui a été écrit, ou, du moins, à ce que j'ai lu sur la religion égyptienne. J'ai dit que tous les dieux de l'Egypte ont les mêmes attributs, mais non les mêmes rôles, de sorte que, selon moi, ils personnifient le même être dans des fonctions différentes. Les Egyptiens, ai-je ajouté, considéraient ces fonctions comme successives; ainsi, d'après l'auteur de notre hymne, le rôle de Ptah a précédé celui d'Ammon. Mais il semble qu'avant d'étudier les formes divines on ait cru à la nécessité de les expliquer par des personnifications d'attributs, car, en général, sans prendre garde que tous les dieux ont les mêmes attributs, on a cherché dans chacun d'eux la personnification d'une qualité : une puissance divine. L'inutilité de cette tentative est démontrée par son insuccès : nous en sommes encore aujourd'hui à ignorer ce que représentent les figures les plus importantes du panthéon égyptien. Sans doute on est d'accord lorsqu'il s'agit de décrire les coiffures d'un dieu, ses différentes formes ; d'énumérer ses titres, les villes de son culte ; etc. ; mais quant à déterminer l'attribut qui le caractériserait, c'est ce que les esprits les plus perspicaces ont tenté vainement ; si nous consultons les travaux publiés jusqu'à ce jour, nous n'y trouverons guère sur les principaux dieux, Ptah, Ammon, Chnum, Ra, Chepra, etc., que des opinions personnelles aux auteurs qui les ont émises, sans réussir à les faire accepter.

 Devéria voit la «forme inerte ou matérielle d'Osiris» dans le même Ptah qui, pour Mr Mariette, personnifie «la Sagesse divine distribuant les astres dans l'immensité»; et Chnum, «l'Esprit de Dieu porté sur les eaux primordiales, le premier des démiurges», selon Mr Mariette, n'est autre, d'après Devéria, que le soleil nocturne, Af, «type des évolutions mystérieuses des substances organiques entre la mort et le retour à la vie». Ce savant croit aussi qu'Ammon est un dédoublement de Chnum, mais, d'après Mr Mariette, Ammon est «ce ressort caché dans la nature, qui la pousse à se renouveler sans cesse)); associé à Ra, « il désigne plus spécialement l'épanouissement de toutes choses sous l'influence de la chaleur solaire)).

J'espère montrer plus tard que souvent des vues si contradictoires sont seulement trop exclusives. Par exemple Ptah, ⌒ ≡⚹, est bien la Sagesse; mais tous les dieux, sans exception, sont des maîtres de la Vérité et représentent la Sagesse divine. Ammon n'est pas seulement un ressort qui pousse la nature à se renouveler sans cesse, puisque, dieu-providence dans toute l'acception du mot, en même temps qu'il nourrit les hommes et fait croître l'herbe que paissent les bestiaux, il écoute la prière de l'opprimé, doux de cœur avec ceux qui crient vers lui; délivre le faible de la main de l'audacieux, juge entre le puissant et le malheureux)). Aux enfers, il donne aux justes « les souffles de la vie » (1). Par là Ammon et son dé-

―――――――――――――――――

1. — C'est une fonction de Ra, dans son nom de Tum. Elle est attribuée à Ammon parce que le dieu thé-

doublement, Chnum (1), s'identifiaient, peut-être, jusqu'à un certain point, avec le Soleil nocturne, Af, toutefois sans être le type spécial des évolutions des substances organiques entre la mort et le retour à la vie (2). Enfin Ra préside il est vrai à l'épanouissement de toutes choses sous l'influence de la chaleur solaire, quoique cette attribution ne fasse pas connaître complétement «l'âme divine sortie de l'Abyssus», l'être qui subsiste par la Vérité, le dieu père d'Osiris, celui qui nourrit les dieux de sa parole, la Vérité.

  Mais il en est bien différemment de certaines idées qui appartiennent à E. de Rougé, et dont je suis obligé de dire quelques mots dès à présent. E. de Rougé a cru que Ptah, le dieu de Memphis, et Ammon, le dieu de Thèbes, représentaient, chacun dans sa ville, le dieu suprême (ce qui est exact : cha-

---

bain est le même que le dieu adoré dans l'Egypte entière sous le nom de Ra.

 1. — Devéria a dit qu'Ammon était un dédoublement de Chnum : c'est précisément le contraire que je crois vrai. Le rôle de Chnum répond à celui de Tum.

 2. — Chnum a fabriqué le premier homme. S'il

que grand dieu représente l'être suprême), mais que Ptah, qui échappe à l'identification avec Ra, s'est maintenu plus longtemps qu'Ammon « dans une sphère plus élevée »; qu'au contraire, « très-anciennement le culte du Soleil est venu se joindre à la notion plus pure du dieu caché (Ammon) ». Aussi « trouve-t-on partout sur les monuments [hieroglyphs], Amen-Ra, Amon-Soleil, c'est-à-dire le dieu créateur identifié avec sa créature, qui n'est plus une manifestation du dieu caché, mais le dieu lui-même ». — Non-seulement cette dernière hypothèse est tout-à-fait contraire au véritable esprit de la religion égyptienne, mais, en fait, les plus anciens monuments montrent le culte de Ra déjà établi, tandis que les textes de l'ancien empire (six premières dynasties) n'ont pas encore fourni un seul exemple du nom d'Ammon. Ra est dans l'Egypte entière, dans le culte national tel que nous le connaissons par les chapitres du Rituel, l'expression la plus générale et aussi, la plus élevée

---

n'est pas nommé dans notre hymne, c'est parce que ses fonctions sont rapportées sous le nom de Tum.

——— Notes, § IV, 1/7. ———   137

du dieu manifesté par la Lumière et par la Vérité. Les dieux locaux sont identifiés avec lui parce qu'il est le dieu unique, ⊽. Les appellations Ammon-Ra, Sebek-Ra, Chnum-Ra, etc., signifient que les noms des dieux locaux Ammon, Sebek, Chnum, étaient regardés dans les villes où ces dieux avaient des sanctuaires, comme des dénominations de Ra, le dieu national.

À l'appui de sa thèse E. de Rougé cite le titre 𓎟 𓅃 ⸺ ☉ 𓏏 (1) donné, affirme-t-il, en souvenir des croyances premières, à Ammon par le chapitre XVII du Rituel, colonne 9ᵉ du Todtenbuch ; en réalité, le chapitre XVII, dans le passage précité, ne parle nullement d'Ammon, mais d'Osiris : « le grand dieu qui y réside (dans l'Amenti), c'est Osiris ; autrement l'adoration de Ra est son nom ; l'âme de Ra est son nom ; c'est celui qui fait en lui-même l'acte de la fécondation ». Il est difficile d'expliquer cette confusion de la part du savant auteur d'un commentaire sur le chapitre XVII, mais elle se reproduit au moins deux fois dans ses écrits. Elle est pourtant la seule

---

1. — « Esprit du Soleil », traduit E. de Rougé. Il faut tra-

preuve qu'il ait tenté de donner, car il a mieux aimé chercher la nature d'Ammon dans l'étymologie du nom amen, mystérieux, ainsi qu'il le reconnaît lui-même, que dans les textes, trop peu favorables à ses vues. D'ailleurs le chapitre XVII n'enseigne pas que Ra ne soit plus qu'un corps, le disque visible du soleil (1), ou le rayon (2), même par rapport à Osiris, mais seulement qu'Osiris est l'âme de Ra : ce que signifie cette expression, c'est ce que, seuls, les textes pourront nous apprendre. Les premiers versets du chapitre XVII présentent un enchaînement que E. de Rougé n'a pas saisi. S'identifiant avec le dieu qui vit éternellement par ses renouvellements, (celui dont « l'âme dompte la vieillesse par ses transformations »(3)), le défunt vient de dire « je suis hier et je connais le matin », c'est-à-dire, comme l'explique le glos-

dure âme de Ra. M. P. Pierret a parfaitement démontré que le ba 𓅽 soit l'âme ou principe vital.

1. — C'est ce que E. de Rougé a dit dans son commentaire du chapitre XVII, p. 45.

2. — V. de Rougé, Mélanges de la librairie Franck, 1873, p. 72.

3. — V. P. Pierret, Études égyptologiques, p. 4.

sateur égyptien, j'étais Osiris (le dieu d'hier), et je suis Ra (le dieu d'aujourd'hui). Comment s'accomplit cette transformation, qui est la résurrection du soleil inerte, Osiris, en soleil actif, Ra ? Les versets suivants le disent : Osiris dans l'Amenti conserve la faculté de se féconder lui-même pour enfanter sa forme nouvelle, Ra ; il est le principe vital qui animera cette forme, il est l'âme de Ra (1). Tous les hymnes à Osiris et bien d'autres textes célèbrent à l'envi cette merveilleuse résurrection qui était le gage de celle des hommes justes, devenus semblables au dieu par la possession de la Vérité. Un livre lui est spécialement consacré (2) ; son but est de «faire rayonner l'âme» d'Osiris «au ciel». Après avoir rappelé les soins d'Isis, de Nephtis, etc., il montre, en effet, Osiris qui «se fond dans le soleil Ra» et s'élève au ciel supérieur (3) : alors, selon l'expression d'un hymne, Osiris « s'est transformé pour exalter son âme », et maintenant les hymnes au soleil Ra appelleront ce dieu «l'âme qui se couche en Osiris»

---

1. — A ce titre Ra l'adore de même que nous avons vu Tum et Armachis adorer en Ammon l'âme qui les produit en demeurant en eux (p. 105,1). — 2 — V. Pierret, Ét. ég., p. 20, 3. — 3 — L. l. p. 28.

c'est-à-dire qui redeviendra soleil nocturne. E. de Rougé ne mentionne pas ces derniers textes : ils renversaient son système. Récemment M. Lefébure s'en est emparé (1) et est arrivé à un système absolument contraire : Osiris serait le corps de Ra son âme.

La simple énumération de ces théories qui se détruisent mutuellement, n'est-elle pas une preuve suffisante que tant qu'on cherchera des personnifications de cette nature, tant qu'on voudra dire tel dieu est la sagesse, ou l'esprit, ou le type des évolutions des substances organiques ; celui-ci est l'âme, celui-là le corps ; on ne rencontrera que ténèbres et contradictions dans la religion d'un peuple qui a laissé une si grande réputation de sagesse, des monuments si éclatants de son intelligence, et qui a exercé une influence si considérable sur le monde ancien ?

On a trop négligé deux faits qui donneront un jour la clef de la religion égyptienne : je veux parler des identifications et surtout des

---

1. — Dans son mémoire si plein d'érudition et si convaincant sur le 𓂋𓂝𓉐𓁹 (Mél. de M. Chabas, III.ᵉ série).

filiations divines. Au lieu de rechercher à quelles règles elles pouvaient être soumises, on a cru, après avoir dit qu'elles étaient la conséquence de l'Unité divine, qu'on devait s'attendre à rencontrer les plus surprenantes, et que, par conséquent, on n'avait pas à en tenir compte. E. de Rougé conclut du même texte (Chap. XVII) où Ra est appelé le père d'Osiris que le premier de ces dieux est le disque matériel, et le second, l'âme: on ne lève pas les difficultés de cette espèce en supposant la religion égyptienne remplie des contradictions qui existent dans nos commentaires.

J'ai déjà fait allusion aux filiations divines (v. ci-dessus, p. 106, s.), et dit comment, à côté de la génération des dieux par un être caché, père, ou fécondateur, de tous les dieux, il y avait entre ceux-ci[1] des rapports

---

1. — Cela explique pourquoi très-souvent un texte après avoir dit qu'un dieu existe par lui-même et n'a pas de père, en nomme le père : le dieu caché existe par lui-même, mais la forme qui le révèle peut être issue d'une autre forme.

de filiation, quelquefois même de véritables généalogies. On en retrouve la conception dans les listes manéthoniennes qui représentent les dieux comme s'étant succédé (1). Notre papyrus nous fait connaître la filiation d'Ammon descendant de Ptah: Ptah a donc précédé Ammon.

Voilà une première donnée que l'étude des titres de ces deux divinités confirmera pleinement. Nous savons que Ptah est « le père des commencements »; l'auteur du soleil et de la lune; les textes ne nomment jamais son père: au contraire notre hymne montre Ammon dans le rôle de Providence qui maintient l'Univers; « il fait la terre comme elle est, réglant les destins plus qu'aucun dieu » (2). Ammon est donc bien le rôle qui a suivi celui de Ptah:

---

1. — Nous verrons même que l'ordre adopté par Manéthon dans le classement des dieux dynastes, est pour le moins aussi conforme à l'enseignement des textes que celui qu'il a assigné aux rois.

2. — V. 2/3.

Ptah et Ammon sont deux rôles successifs du même dieu. Dans le § III de notre hymne, l'auteur de cette composition a fait voir que sous le nom d'Ammon, qu'il proclame « un dans rôle comme avec les dieux » et « fécondateur des dieux », il adore le dieu un et éternel, révélé par chacun de ses rôles. Or les fonctions d'Ammon, providence et même organisateur du Monde, ont eu un commencement : elles n'ont donc pas été le premier rôle de l'être éternel ; elles ont été précédées par le rôle du dieu qui n'a pas de père, Ptah.

Cette conception d'une succession des rôles divins était suggérée par le spectacle de la nature à des peuples, certainement beaucoup moins subtils que nous dans leur métaphysique, et qui avaient à concilier, avec la notion élevée du dieu un, le grand nombre de formes divines adorées dans leurs sanctuaires. On retrouve dans le panthéon assyrien un Éternel, un Créateur, et un dieu-providence. Dieu est l'être caché nécessaire pour expliquer la conservation de l'Univers ; mais l'être qui maintient toutes choses est aussi celui qui a tout organisé au commencement, et qui, par conséquent, était antérieur à tout.

1/7 — [hier.]. Ce groupe hiératique a été lu [hier.] ḥā, et traduit « commandant, maître, dominateur » par Mʳ Chabas. Mʳ Maspero a eu l'obligeance de me signaler un passage des papyrus de Leyde⁽¹⁾ où se trouve la variante avec 3 ([hier.]), consonne complémentaire du syllabique [hier.] χem et seχem (3). Les exemplaires hiéroglyphiques du Rituel (2) et les inscriptions gravées sur les sarcophages (4) écrivent, en effet, le groupe qui nous occupe, [hier.], ou [hier.].

Peut-être nos langues manquent-elles d'un mot propre à rendre l'idée qu'éveillait ce titre difficile qui n'a pas encore été expliqué. Je crois qu'il se rapporte à la faculté mystérieuse de s'engendrer et de se renouveler, qui est le privilège de l'être divin.

---

1. — I, 344, VI, revers; pl. CXIX.
2. — Par exemple, Todt. Ch. 15 l. 20: [hier.] [hier.].
3. — Le sigle hiératique [hier.] correspond aux deux formes hiéroglyphiques [hier.] χem, et [hier.] ḥā.
4. — On trouve quelquefois [hier.] ou [hier.]; mais c'est

_____ Notes §. IV, 1/7 _____

Ainsi il est dit du dieu existant par lui-même : « L'unique qui s'est formé……

[hieroglyphs] (1)
xem   supt   meses   su   t'esef

le xem jouissant de la faculté (2) de s'enfanter lui-même ».

Pour préciser, je crois qu'on peut considérer le [hieroglyphs] comme le germe divin, qui, en se développant, devient une forme divine, ou, plutôt, comme le principe vital que nous concevons être contenu dans le germe. Sur le sarcophage de Taho le Soleil est qualifié [hieroglyphs] lorsqu'il forme son corps :

[hieroglyphs]
heken-n-k   rā   ka(3) xem nuter āa Seto xeper m àmen-t

« Acclamation à toi, Rā ! ah ! xem, dieu grand, mystérieux se transformant dans l'Ament ». — Et :

[hieroglyphs]
heken-n-k   rā   ka   xem   num   xa-t-f   pen   nti

évidemment le résultat d'une faute de graveur.

1. — Pap. mag. Harris, 4/2.

2. — J'emprunte à M. Chabas son excellente traduction du mot [hieroglyphs] (littéralement : pourvu de s'enfanter).

3. — [hieroglyphs] hauteur et exaltation, semble jouer ici le rôle d'une exclamation.

[hieroglyphs] tua-f nuteru-f au-f āk-f kerer-t-f seta-t

« Acclamation à toi, Ra! ah! ce χem, formateur de son corps, qu'adorent ses dieux, lorsqu'il entre dans sa retraite[1] mystérieuse ». Le graveur a illustré ce dernier texte par la représentation d'un jeune enfant, au-dessus duquel plane un énorme scarabée, symbole de rénovation, et qu'adorent le dieu [hieroglyphs] hehu et sa compagne [hieroglyphs] hehut.

Le même monument fournit plusieurs autres exemples tout-à-fait analogues. Il me semble même, d'après cela, que [hieroglyphs] était un titre du soleil renaissant (2), employé dans les mêmes cas que la qualification du Soleil levant, [hieroglyph] taureau ou fécondateur, étudiée ci-dessus (v. p. 39, 5). Un texte que nous avons déjà cité (p. 42) invoque, en effet, Osiris en ces termes:

« Ressuscite! ô taureau grand parmi les dieux « tous!

« [Ressuscite (?)] ô χem grand; taureau dans Hā-urt qui est dans On! »

---

1. — C'est le lieu où il accomplit sa mystérieuse transformation.
2. — Et, par suite, du défunt qui ressuscite.

— Notes, § IV, 1/7. — 147.

Et le titre 𓂸𓏤𓇳𓏥 (1) rappelle celui de 𓃒𓏤𓇳𓏥 (cf. supra, p. 102) « beau fécondateur des personnes divines ». Dans cet exemple, comme dans tous ceux qui précèdent, le sens « principe vital, germe » est le seul qui convienne.

Il n'est pas rare que 𓂸𓏤 désigne le nouveau germe, embryon d'un dieu sorti d'un autre dieu et, pour ainsi dire, sa semence. A l'exemple de notre texte qui nous montre Ammon issu de Ptah à l'état de ʃem, devenant ensuite un enfant (𓀔), et, enfin, le Soleil dans toute sa force, le Soleil éclairant la terre, je me contenterai d'en ajouter deux non moins clairs :

𓍿𓅱𓄿 𓈙𓂝 𓎡𓅱𓄿𓀀 𓅓 𓉔𓄿𓃀 𓂝𓆑𓄿𓀀 𓊪𓂋 𓅓
tu-à ʃā   kuā(?) m hab   āfa(?)   per m

𓉐𓏤 𓈖 𓏇𓅱𓏏𓀀 𓇋𓅱𓄿𓀀 𓅓 𓈙𓂝𓅓 𓈖 𓊨𓂋
ʃa-t n mut   àu-à m ʃem n asar

𓃢𓏤𓀀𓀀 (2).

unnefer mā ʃem « Je me lève à l'état d'ibis grand

───────────────

1 — Par exemple l. 7 de l'hymne à Osiris de la bibl. nationale. — L'épithète beau ne convient pas à l'idée de chef par laquelle M. Chabas a rendu le mot 𓂸 : cf. supra la note 1, p. 43.

2 — Pap. du Louvre, E. 3157. — Notes manuscrites de Dévé-

sorti du sein de Maut : je suis à l'état de semence d'Osiris-Unnefer, le véridique. (Cf. le texte traduit par M. P. Pierret, Études égypt. p. 64, l. 1, s.).

à rā nuk se - k ...... à àsar nuk

pem - k à neb sesenu nuk uāā -

k n mā-t (1)

« õ Ra, je suis ton fils ......;

« õ Osiris, je suis ta semence;

« õ { Seigneur de Sesnu (Thot) }, je suis ton rejeton, par la Vérité».

Dans ces exemples où s'applique indubitablement au nouvel être, à l'enfant représenté sur le sarcophage de Taho, je ne pense pas qu'une autre interprétation, par exemple celle d'image[2], en traduise exactement la pensée. Nous ne pouvons pas isoler ces textes de ceux que j'ai cités en pre-

---

ria, Et. sur. le Rituel, p. 67.

1. — V. P. Pierret, Et. ég. p. 62, l. 1, s.

2. — Tirée de ⌒ ☉ ⚱ sesem, miroir. Le sens effigie, figure, du mot ⚱ dérive sans doute de la valeur miroir, par la signification intermédiaire «image».

mier lieu, d'après lesquels le [gl] est un principe vital existant par lui-même; la seule différence, ici, est que le principe vital se communique d'une forme divine à une autre forme divine. Pourquoi, d'ailleurs, un mot signifiant image ne qualifierait-il que des dieux? et surtout pourquoi serait-il d'ordinaire en rapport avec la naissance ou transformation divine? Voici un texte qui prouve pleinement que notre mot renfermait une idée de vitalité:

« Tu parcours le ciel, et tes ennemis sont renver-
« sés. Tu tournes ta face vers l'occident du ciel, et sont
« comptés tes os; sont réunis les membres, sont vivifiées
« tes chairs; sont forts tes muscles, est forte ton âme ([gl]);
« est adoré ton ẋem auguste. (1)
(Denkm. VI, 115, l. 6, a.—V. Appendice I).

On voit par ce texte panthéistique que [gl] avait un sens rapproché de celui du mot [gl] ba, âme, principe vital. Le chapitre LXXXV du Rituel nous apprend que le dieu soi-

---

D'après M. Brugsch, on trouve dans ce sens, aux basses-époques, les variantes [gl]; [gl]. (Dict. p. 1292).

1.— Le contexte indique qu'il s'agit encore du soleil levant (V. infra, Appendice I). Cf., P. Pierret, Et. ég. p. 32, l. 9:

ti de l'eau primordiale (d'après le chapitre XVII c'est Râ qui procrée ses membres, les dieux), est l'âme procréatrice des substances (divines). Or il est dit à un défunt assimilé à ce dieu :

[hieroglyphs]
Tu deviens le dieu grand sorti de l'eau,
[hieroglyphs] (1).
le χem grand sorti de l'élément humide.

Il devient l'Unique, sorti de l'Abyssus — l'Unique, le χem jouissant de la faculté de s'enfanter (pap. mag. Harris) — Ra sorti de l'Abyssus, l'âme procréatrice (Chap. 85) — le Soleil qui procrée ses membres (chap. 17); qui forme son corps (sarcophage de Taho).

Quoi qu'il en soit de cette interprétation, on remarquera que la valeur image, très-compréhensible dans un des exemples précédents (ô Ra! je suis ton fils; ô Osiris! je suis ton

---

[hieroglyphs] « Tu es le χem (le germe, le dieu nouveau) qu'adorent les vivants (peut-être : ceux qui sont nourris par lui) lorsque tu te lèves ([hieroglyphs]) sur nous, au temps de ta recherche. Ce texte fait allusion à la résurrection d'Osiris. V. infra, §XIII (Pl. V). — Cf. supra, p. 146.

1. — P. Pierret, Ét. ég. p. 43. {ai-nek nuter âa per m nu χem ur per m uat-ur}.

image (χem)), ne conviendrait nullement à celui-ci, à moins que de prendre le mot «image» dans le sens «figure, effigie, forme». Il s'agirait de cette forme unique, qui a donné naissance à toutes les autres formes, sortie elle-même de l'eau primordiale, et, vraisemblablement, confondue d'abord avec elle (1). Ammon [hiéroglyphes] pourrait aussi être «la forme belle engendrée par Ptah». Mais le sens «forme» cesse de s'appliquer dans le passage «ô Ra! je suis ton fils! ô Osiris! je suis ton χem!»: le fils n'est pas la forme du père. Cette phrase, enfin, exclut à la fois, et l'idée d'image, et l'idée de forme; ainsi: [hiéroglyphes] «l'être qui est le beau principe, le germe, la source des dieux». Seul, le sens que je propose paraît satisfaire à tous les exemples que j'ai rassemblés (2)

Il ne faut pas confondre le mot que nous

1.— V. IIe partie.

2.— En résumé, dans ces exemples, [hiéroglyphe] désigne: le germe du dieu jouissant de la faculté de s'enfanter lui-même; — le germe de l'être mystérieux se transformant dans la région de l'Ament; (↑p.145) — le germe qui forme son corps, l'enfant qu'adorent les dieux, et dont le scarabée est le symbole; — le germe du nouvel Osiris ressuscitant dans Kā-urt; (p.146) — le germe de tous les dieux; — le germe d'Ammon sorti de Ptah; — le germe issu d'Osiris et

étudions avec un mot bien différent, très-fréquent dans les textes religieux, 〈hiero〉 χem, «dominateur, vainqueur», qui s'écrit aussi 〈hiero〉; 〈hiero〉; 〈hiero〉; et même 〈hiero〉; 〈hiero〉; 〈hiero〉; mais dérive de la racine 〈hiero〉 dominer, être fort.(1). La racine de notre mot, qui, à ma connaissance, ne prend jamais le déterminatif 〈hiero〉, est incertaine. Cependant on pourrait penser à le rapprocher du nom de 〈hiero〉 χem (2), le dieu ithyphallique qui se féconde lui-même; et du mot 〈hiero〉, chaleur, (hébreu חם calor; חמם incaluit.), dont Mr. Maspero a signalé deux exemples sur des monuments de la XIIe dynastie (3). Cf. 〈hiero〉, chaleur (vitale) des animaux, de 〈hiero〉, chaleur, 1/2.

---

enfanté par la déesse-mère; (p. 147) — le germe sorti d'Osiris et appelé son fils; (p. 148) — le germe ou principe vital devenant le dieu plein de vigueur, l'âme forte qui vivifie le Monde, dissipe ses ennemis, c'est-à-dire triomphe de la mort, et est adoré des vivants; (p. 149) — enfin, ce principe de vie sorti de l'élément humide (p. 150).

1. — Pour ce mot, v. infra, 10/5.

2. — La lecture 〈hiero〉 pour le nom divin, résulte d'une variante donnée par un monument de la XVIIIe dynastie. (V. IIe partie).

3. — Mr. Brugsch n'admet pas que le signe 〈hiero〉 ait eu la valeur χem; il transcrit seχem le verbe 〈hiero〉, dominer, être maître,

— Notes, § IV, 1/7 —

1/7. — [hieroglyphs] Pl. II, l. 1 [hieroglyphs]

« enfant beau et chéri (littéralement : de l'amour) ».

Le soleil avant son lever, et même le Soleil levant, était appelé [hieroglyphs], mot dont la curieuse inscription de Bakenkhonsou révèle la nuance précise (Devéria, Mon.t biogr.q de Bakenfonsu, p. 12) :

[hieroglyphs]
n t'er mesi - à àri-a àft n renp-t m netes àker

[hieroglyphs]
àri - à .... n renp-t m hun

« Depuis ma naissance, j'ai accompli quatre années dans l'enfance absolue ; j'ai accompli douze années dans la jeunesse ». — Il résulte de ce texte que la jeunesse, [hieroglyphs], ortho-

---

posséder, que E. de Rougé lisait ϰem. Le savant académicien considérait, avec raison, seϰem comme une forme causative s-ϰem.

[hieroglyph] est l'image du sceptre nommé seϰem. Il conserve quelquefois la lecture seϰem, mais, de cette première valeur, il tire aussi deux autres prononciations :

1º ϰem, par chute de la consonne initiale, comme dans le verbe [hieroglyph], être maître. C'est ainsi que l'oiseau [hieroglyph], t'efa, prend la valeur fa : v. E. de Rougé, Chrestomathie, I, p. 57.

2º seϰ, par chute de la consonne finale. Ex. [hieroglyph] (la déesse) Sekh-t ; [hieroglyph] seϰ-ti, le double diadème.

graphe complète 〈hiero〉 aḫunnu, est le nom de la période comprise entre le commencement de la cinquième et la fin de la seizième année de la vie humaine.

Le nouveau soleil naît avant son lever, car il se forme dans l'Ament (la région mystérieuse, cachée): 〈hiero〉 (1). Lorsqu'il apparaît sur terre, il est dans sa jeunesse, mais il n'est déjà plus ce germe de l'enfant qui se forme lui-même. Dans le mythe d'Osiris, le soleil est enfanté par la déesse-mère et allaité par elle; ensuite, son bras étant devenu fort dans la demeure souterraine, il s'avance, aux acclamations des dieux, pour prendre la royauté de la terre et faire régner la Vérité: c'est ce que nous apprend, par exemple, l'hymne à Osiris de la bibliothèque nationale (l. 16, 1). Notre papyrus nous montrera également le germe sorti de Ptah, devenu maintenant un enfant, ḫun, s'avançant, acclamé par les dieux, pour éclairer la terre et en prendre la royauté en sa qualité de proférant la Vérité. Nous

---

1. — V., par exemple, ci-dessus p. 145.

retrouverions, dans d'autres compositions, les mêmes peintures. Ammon-Ra, enfant, ḥun, n'est donc pas encore le soleil levant. Osiris ressuscité est qualifié ḥun avant son lever :

hai àsàr xent àmentiu mes-ut-k mut-k

nu-t m uas-t xeper-k m hunnu hai

m t'er xā-k her ta m je.

« ah! Osiris, résidant dans l'Ament!....(après que) ta mère Nu-t t'a enfanté à Thèbes(1), tu deviens, te transformes à l'état d'enfant (ḥun); ah! ensuite, tu te lèves sur terre à l'état de jeune ».

Mais il est une différence que je ne puis passer sous silence, qu'on observera entre la version de notre papyrus qui représente l'enfant-soleil comme engendré par un autre dieu :

---

1. — C'est-à-dire dans une localité mythique dont la ville de Thèbes avait pris, ou était censée avoir pris le nom.

[hiéroglyphes]

« Germe beau produit par Ptah; enfant beau, (objet) d'amour)).

— et les textes qui le font naître de lui-même; ainsi l'hymne de Tapheroumes l'invoque d'abord en ces termes :

[hiéroglyphes]
ánet' her-k pa sāhu hun   nutri mes su tesef

« Hommage à toi ! ô momie ! enfant divin, (1) qui s'enfante lui-même (chaque jour))). — La momie (2) est le Soleil de la veille, le Soleil défunt, Osiris dans l'Ament, ayant conservé la faculté de s'engendrer. Le dieu-soleil, qu'invoque Tapheroumes, est cette momie et l'enfant qui s'en dégage.

Il ne faudrait pas entreprendre de concilier ces deux données en disant que le Soleil fils de Ptah s'engendre lui-même parce que Ptah et Ammon-Ra sont deux noms d'un seul dieu : en général, les textes deman-

---

1. — Peut-être : « enfant qui se renouvelle s'enfantant lui-même chaque jour)).

2. — « Le sāhu, dit Devéria (Cat. des man. du Louvre, p. 18), n'était pas véritablement la dépouille mortelle. C'était un être nouveau formé par la réunion d'éléments corporels élaborés par la nature et dans lequel l'âme renaissait pour accom-

dent à être pris à la lettre, et c'est la condamnation du système qui cherche dans les dieux des personnifications d'attributs, de ne le pouvoir faire. Ces deux données se rattachent à des événements différents. Tandis que l'hymne de Capheroumes et une foule d'autres textes célèbrent la manifestation perpétuelle du dieu-providence, la réapparition quotidienne de l'astre du jour, notre hymne rappelle la succession du dieu-providence (Ammon-Ra) au dieu primordial (Ptah), en d'autres termes, le premier lever du soleil. La suite le prouve. Nous voyons l'enfant hun, avant de se lever sur terre, organiser « les choses d'en bas et les choses d'en haut », c'est-à-dire accomplir ses premiers actes comme successeur de Ptah (V. IIᵉ partie). Mais le Soleil engendré par Ptah, au commencement des temps, pour gouverner le Monde, se renouvelle, s'enfante, lui-même, chaque jour :

---

plir une nouvelle existence terrestre sous une forme quelconque ».

Le sāḥu était représenté sous la forme d'une momie parce que Horus, la forme nouvelle d'Osiris était né de l'union d'Isis avec la momie d'Osiris (Ib. p. 18). — L'une des inscriptions du

[hiero] *hennu-k āu pu-t nt pe-t rā neb* « tu es enfant à l'horizon du ciel, chaque jour ».

Bien que l'expression *hun nefer*, bel enfant, ne soit pas rare, il est possible qu'en ajoutant au mot *hun* l'épithète *nefer* le scribe ait voulu jouer sur le mot [hiero] *un-nefer*, nom d'Osiris dieu dynaste [hiero] « se levant sur la terre ».

Un point à l'encre <u>noire</u> sépare les mots *ptah* et *hun* : il paraît bien placé.

2/1. — [hiero] *tutu-n-f nuter-u āau* « les dieux lui font des adorations ».

Les scribes ne racontent pour ainsi dire jamais la naissance du Soleil sans montrer tous les dieux [hiero] (ou la collection des personnes divines, [hiero]) en adoration devant lui. Ils les dépeignent poussant des cris joie, ou agités par la crainte, en un mot, comme des êtres inférieurs, ou des anges. Pourtant, il n'en faut pas douter, ce sarcophage de Taho m'a paru justifier pleinement les vues de Devéria.

Les figures du livre de l'hémisphère inférieur représentent le soleil, sous le nom de *Xeprā* s'élançant dans l'hémisphère supérieur; et, à sa suite, est le *sāhu* du défunt (*Ib. p. 16*). V. pap. de Boulaq, I, 40.

sont bien des dieux, ceux avec lesquels se confond dans l'unité divine l'être « un dans son rôle, comme avec les dieux ». L'hymne de Berlin adresse ces paroles au soleil diurne sorti d'Osiris, maître des transformations : « Donnent (i.e. tendent) les dieux leurs bras vers toi, (eux) qu'a enfantés ta mère Nu-t » ⸻ *tu-t nuter-u (ā)-ui-sen r-k mes-sen-ut mu-t-k nu-t* (1).

Notre papyrus si fécond en renseignements précieux lève toute incertitude en nommant deux de ces divinités prosternées devant leur père Ammon-Rā : « Tum et Armachis t'adorent dans toutes leurs paroles, (disant) : Adoration à toi à cause de ton demeurer en nous ! Prosternation devant toi parce que tu nous produis » (2). Or, rien de plus certain, Tum et Armachis sont deux grandes formes du Soleil Rā, dieu un dans son rôle, comme avec les dieux, « Rā-Tum-Armachis, le dieu grand », comme il est si souvent appelé.

Nous savons d'ailleurs (2) que Tum et Armachis, de même que tous les dieux, adorent

---

1. — l. 53, s. V. Appendice I.   — 2 — V. supra, p. 107.

en Ammon-Ra l'âme qui les produit lorsqu'elle vient les animer; et j'ai déjà fait remarquer qu'après avoir appelé Osiris « l'âme de Ra » le chapitre XVII ajoute immédiatement « l'adoration de Ra est son nom » : preuve que le rédacteur de ce chapitre professait, au moins sur ce sujet, les mêmes doctrines que l'auteur du présent hymne et avait recours aux mêmes figures. Quant à celles-ci, elles consistent à faire adorer la forme que l'âme divine « habite » momentanément (soit la forme du dieu primordial, soit, dans la suite des temps, celles du Soleil, tour-à-tour nocturne et diurne) par les autres personnes divines, acclamant leur père, c'est-à-dire la forme d'où se détachera l'âme qui doit les animer. C'est ainsi que le Soleil enfant est, à son heure, le père des dieux et l'objet de leurs adorations. Ces personnifications ont, dans la mythologie, un corps qui ne saurait périr et qui subsiste après que l'âme l'a abandonné. Toutes ensemble servent (1) l'âme qui circule à travers elles; la font lever dans le Soleil; etc.; et, ses serviteurs, l'adorent et tremblent

---

1. — V. 2/3-4.

devant elle.

2/1. — [hieroglyphs] *ār ẖeru ḥeru s-ḥet'f ta-ui* « auteur des choses d'en bas et des choses d'en haut, il illumine les deux régions ta-ui ».

Voilà un texte qui, certes, semble apporter plus qu'un argument, une justification complète, à une opinion acceptée par des égyptologues distingués (1), d'après laquelle les deux régions appelées [hieroglyph] s'identifient avec la région supérieure (le ciel), et la région infernale (2). Rien néanmoins de plus erroné. Nous reconnaîtrons plus tard l'extrême importance de bien fixer nos idées à cet égard.

L'habitude de rendre le groupe [hieroglyph] par l'expression les deux mondes a contribué au maintien d'une erreur aussi grave. Mais [hieroglyph] veut dire

---

1. — Notamment par Devéria. En général on traduit assez indifféremment le groupe [hieroglyph] ta-ui, « les deux mondes » ou « les deux régions »; et on entend par là tantôt la haute et la basse Égypte, tantôt la région supérieure et la région infernale.

2. — Toutefois je ne connais pas de texte éclaircissant la question de savoir si [hieroglyph] (choses inférieures) opposé à [hieroglyph] (choses supérieures) désigne seulement ce qui est sous la terre, plutôt que tout ce qui se trouve sous le ciel, et, par conséquent, ne comprendrait pas la terre elle-même.

« les deux terres » et ne peut, en aucune façon, désigner des mondes. C'est le duel de ⊕, ta, terme qui très-souvent, comme notre mot terre, s'étend à la désignation d'un pays (Ex. ⊕ la terre de Kheta), ou de la surface terrestre tout entière, mais qui, au propre, signifie la terre, celle qu'on laboure, sur laquelle on marche (1). Même dans le titre divin « maître du trône des deux terres » ⊕ garde le déterminatif des terres, ◊, qu'on ne remarque ni dans les noms du monde supérieur, ⊕ et ⊕, ni dans ceux des régions infernales (2) ⊕ et ⊕.

Les ⊕ sont les « deux terres », ou la terre entière ⊕ (variante ⊕) laquelle se compose de deux parties (le Midi et le Nord) séparées par l'équateur, ou, pour parler le langage égyptien,

---

1. — ⊕ χabes ta « labourage de la terre » — ⊕ s'em her ta « marcher sur la terre » — q. ⊕ sen-ta « sentir la terre, se prosterner ».

2. — Je ne sais si la traduction « ciel inférieur », si souvent employée, est à conserver. Pour l'Égyptien, le ciel, ⊕, est ce qu'il voit au-dessus de sa tête, le ⊕, et il en détermine le nom ⊕ par le plafond, ⊕, dont la lecture spéciale est ⊕ her, supérieur. Quant à la région opposée, c'est dans son imagination une demeure (Remarquez le déterminatif ⊕, dans ⊕), située sous ses pieds, et qu'il nomme le

« tranchées » par Horus[1], la forme solaire qui succède au soleil nocturne Osiris.

En effet si nous consultons les textes, ils nous apprendront que, pour voir les 〈𓉾〉, le Soleil doit sortir de la région souterraine. Le papyrus du Louvre J.3292 parle de cette grande porte [2], interdite aux mânes, qui est dans Âger, et par laquelle le Soleil sort pour voir les deux régions. Au contraire, dès qu'il a franchi cette porte, le 〈𓊖〉 est plongé dans les ténèbres. Les habitants de cette région (〈𓊖〉) favorisent le lever du Soleil; ils repoussent son ennemi le serpent Apap, symbole des ténèbres; « ils se réjouissent de la victoire du Soleil sur son ennemi ...... Ils se réjouissent de la présence de Ra et se lamentent de son départ. Lorsqu'il s'éloigne, il les couvre de ténèbres et leur région se referme sur eux ». Et, s'adressant au Soleil, le même texte[3] ajoute : « Tu ouvres la région terrestre, tu quittes le 〈𓊖〉 en maître du ciel; etc. » C'est alors

_____

divin dessous, 〈𓊖〉 nuter-χer.

1. — 〈𓅃 𓊪 𓋴𓏏𓏥 𓇾𓇾〉 Hor-ḫp såt ta-ui « Hor-ap qui tranche les deux terres ». Louvre, C.2, l.2. (Cours de M. Maspero). Cf. infra la note sur suten (sab), 2/2.

2. — V. Devéria, Cat. des mans. du Louvre, p. 6, § 11.

3. — Inscriptions du sarcophage de Séti 1er; traduction de M.

que le Soleil apparaissant dans le ciel tire des ténèbres la double terre, et que dieux et hommes acclament le roi du Midi et du Nord :

ànet' her-k rā hor-ju-ti χepra χeper t'esef nefer-u uben-k m

χu-t s-het' ta-ui m sati-k nuter-u neb m hāā

ma-sen suten n pe-t neb-t unnu men-

ut m (āp-k kemās(?) .... men-ut m (āp-k.

« Salut à toi, Rā-Armachis (Soleil diurne) ! dieu Khepra qui se transforme(2) lui-même ! (Combien est) belle ta lumière naissante ( ), à l'horizon, lorsque s'illumine la double terre par ta radiation ! Tous les dieux sont en joie, voyant le roi du ciel : l'uræus est affermie sur ta tête, le diadème du Midi et le diadème du Nord sont affermis sur ton front »(1).

P. Pierret, p. 23. — 1. — Rituel, Ch. 15.

2. — C'est-à-dire passe de la forme nocturne à la forme diurne. L'hymne, en effet, est adressé au Soleil diurne (Soleil Armaχis). — De toutes les formules religieuses,   formé de lui-même, est certainement l'une de celles dont on a le moins bien saisi la signification. V. II° Partie.

Khéprà est le nom de Rā passant de son côte

———— Notes, §IV, 2/1. ————

Que les 〰 ne désignent ni les deux mondes supérieur et inférieur, ni la haute et la basse Égypte, c'est ici l'évidence même. C'est la terre que le Soleil éclaire à son lever, et elle est double parce qu'elle comprend la terre du Midi et la terre du Nord : quant à ce dernier point, ce serait allonger inutilement cette note que de prendre la peine de l'établir à l'aide de nouveaux exemples. — Mais on voit que le duel 〰 était employé comme un véritable synonyme de 〰 ta, terre. Au singulier la variante 〰 indique, en effet, par la réduplication du déterminatif, que la terre était regardée comme un tout formé de la réunion de deux parties. Le duel 〰 revenait donc à dire la terre dans ses deux parties, la terre entière et, par conséquent, la terre. Cela est si vrai, qu'il avait fini par être employé com-

———————————————————

nocturne personnifié par Tum, à son rôle diurne personnifié par Armachis, ou, d'une manière plus précise, passant à son rôle de Soleil levant, Shu, fils de Tum et forme première d'Armachis.

En d'autres termes, Khepra est la dernière fonction du Soleil nocturne se transformant de lui-même

me le singulier, dans la désignation des territoires. La stèle d'Alexandre II dit de ce souverain résidant en Asie que [hieroglyphs] au-f m suten ta-ui (sep-t-u « il est à l'état de roi (dans le territoire des pays étrangers »(1). On rencontre aussi l'expression [hieroglyphs] ta-ui nu neb-t « la double terre, le territoire de tout pays », c'est-à-dire, comme traduit très-bien M. P. Pierret, toute région (2).

On ne saurait donc nier que la surface terrestre, d'après les idées égyptiennes, ne fût une

———

en soleil diurne. Très-souvent on le considérait, en effet, comme une simple forme de Tum, qui était appelé pour cette raison, Tum-khéprā. Mais quelquefois aussi on l'identifiait avec le Soleil levant. Ces hésitations se conçoivent parfaitement. En réalité, Khéprā, « celui qui se transforme, devient », n'est déjà plus le Soleil nocturne, mais n'est pas encore le Soleil levant. C'est après sa sortie du [hieroglyph] (qu'il éclaire sous le nom de Tum), et lorsqu'il est arrivé au seuil de cette porte à deux battants par laquelle il passe pour voir la double terre et faire subsister ses créatures que le Soleil Rā [hieroglyphs] « revêt la forme de dieu Khéprā ». Avant de franchir la porte il s'appelle Tum; quand il l'a franchie, Shu; la franchissant, Khéprā (V. IIᵉ Partie).

1. — Mariette, Mon. div., pl. 14, l. 2.
2. — P. Pierret, Ét. ég., p. 86, l. 8 du texte; p. 37, l. 3 de la traduction. [hieroglyphs] « en toute région ». — Mais la double terre de On, [hieroglyphs], dont Tum était le seigneur, [hieroglyph], avait, si je ne me trompe, un sens religieux tout

chose double par sa nature; un ensemble de deux régions, la réunion du Midi et du Nord. Loin de se justifier par une extension du dualisme de la terre d'Égypte, cette conception, au contraire, peut seule expliquer la division de la vallée du Nil, comme celle de tout pays, en [glyph] terre du Midi et [glyph] terre du Nord; elle dépend d'un système qui embrassait l'Univers, et qui avait son fondement dans les idées religieuses.

En regard des deux terres du Midi et du Nord ([glyph]) il y avait deux cieux ([glyph]) (1). D'après notre manuscrit (2) le Soleil, lorsqu'il passe au dessus de la double terre, est l'objet de l'amour de toutes les créatures, mais il est, en même temps, « l'amour dans le ciel du Midi, la palme dans le ciel du Nord ». Chacune des deux régions célestes avait ses dieux qu'énumère le chapitre 141 du Rituel (3). Les espa-

---

particulier.

1. — V. 3/2, note sur le mot [glyph]
2. — V. 5/5 à 6/1.
3. — Le titre de ce chapitre est [glyphs] rex ren-u nu nuteru nt pe res pe-t mehit « Énumération des dieux du ciel du Midi (et) du ciel du Nord ».

Beaucoup de textes mentionnent les dieux du Midi,

ces que le Soleil parcourt durant les heures de la nuit étaient partagés de même en régions du Midi et du Nord ayant leurs dieux; «la collection des personnes divines du Midi et du Nord de l'Amen-ti»: [hiéroglyphes]. Je n'ai pas rencontré un seul exemple d'une orthographe [hiér.] âmen-ti, «le double Amen-t», comparable à [hiér.] ta-ui, la double terre, [hiér.] pe-ti «le double ciel», mais j'incline à penser que dans le groupe [hiér.] âmen-ti les deux t, [hiér.] ti, sont l'expression phonétique de la désinence du duel. La forme simple du nom de la région cachée étant [hiér.] âmen-t (la région mystérieuse), la variante âmen-ti, d'après les règles de l'écriture égyptienne, doit signifier «le double Amen-t». Cf. pour les autres noms de la même région, [hiér.], [hiér.], [hiér.], les variantes [hiér.], [hiér.], [hiér.]. Quoi qu'il en soit, la distinction d'un Midi et d'un Nord

---

du Nord, de l'Ouest, et de l'Est, c'est-à-dire des quatre points cardinaux. Mais la division des dieux en dieux de la région du Midi et de la région du Nord est la principale et de beaucoup la plus fréquente; elle comprend tous les dieux (V. chapitre 141 du Rituel), de même que les deux régions comprennent le Monde entier. À ma connaissance on ne trouve pas, du moins en ce sens, «les dieux de l'Ouest et de l'Est».

jusque dans l'Âmen-t est un fait certain.

Si l'on fait attention que cette division est commune à toutes les parties de l'Univers qui sont traversées ou éclairées par le Soleil; que celui-ci est le roi de toutes ces doubles régions, double ciel, double terre, double région souterraine; qu'il prend, en cette qualité (1), les diadèmes du Midi et du Nord: la raison du dualisme paraîtra sensible. En s'avançant, le dieu Soleil, par sa marche même, partage en deux le Monde qu'il éclaire. De là, un Midi et un Nord créés et vivifiés par lui; dont il est véritablement le roi, et dont il porte non-seulement sur terre et dans le ciel, mais encore dans la région infernale, les deux diadèmes qu'on appelle si improprement diadèmes de la haute et de la basse Égypte (2).

---

1. — V. le passage du chapitre 15 cité ci-dessus, p. 164, dans lequel le Soleil reçoit les diadèmes du Midi et du Nord évidemment parce qu'il éclaire les deux terres. Les exemples de ce genre se rencontrent à chaque instant dans les textes.

2. — En réalité, ce sont des insignes divins, des insignes solaires que le Pharaon s'attribue en sa qualité de dieu fils du Soleil. Cf. infra 2/2 la note sur sutenfrabt.

170.   —— Notes, §IV, 2/1. ——

Par la même raison, quoique les deux chacals qui remorquent la barque solaire (1) soient appelés chacun [gl.], xerp ta-ui, commandant des deux régions, néanmoins l'un d'eux est regardé comme ouvrant plus particulièrement les chemins du midi ([gl.]) à la lumière du Soleil, et le second les chemins du nord ([gl.]). Si j'ose m'exprimer ainsi, entre ces deux chacals unissant leurs forces pour faire avancer le Soleil, passe la ligne de l'équateur sur laquelle ils entraînent la barque du dieu.

    Ainsi, sous l'influence des idées propres à un culte solaire, se partagent en région australe et région boréale, le ciel, la terre, les enfers. Aux mêmes conceptions se rattache, sans aucun doute, la division de chaque temple égyptien, sanctuaire du dieu manifesté par le Soleil, en demeure du Midi, [gl.], et demeure du Nord, [gl.], division que plusieurs égyptologues ont signalée sans en pénétrer ni même en rechercher la signification.

---

1. — Louvre, C. 112. Très-belle inscription de style saïte. V. infra, 3/2, note sur Xa su-ti.

2/1. — [hiero] s-ḥet'-f ta-ui. ta ḥer-t m ḥetepu.

Le sens exact de ce passage, à ce que je crois, n'est pas « il illumine les deux régions, traverse le ciel en paix », comme j'ai traduit plus haut (p. 5-6), mais « il illumine, tire des ténèbres la double terre, passant dans le ciel supérieur heureusement ». Il s'agit, en effet, du Soleil levant qui

[hiero] s-ḥet' ta n mes-f

« illumine la terre à sa naissance » (1). Nombre d'exemples prouvent que [hiero] veut dire rendre lumineuse la double terre, la tirer des ténèbres, et non l'éclairer :

[hiero] s-ḥet'-nek ta un m kek-ui

« tu illumines la terre, (alors qu'elle) est dans les ténèbres » (2). [hiero] « illumination de la terre » était devenu une locution signifiant « au matin »

---

1. — Hymne de Berlin, ligne 65. V. Appendice I.
2. — L. l., ligne 51. — La formule funéraire commençant par [hiero] exprime le vœu que le défunt devienne lumineux comme le Soleil (v. supra, p. 119).

172 —— Notes, § IV, 2/1. ——

𓊃𓅓𓊛 exprime l'action de franchir, traverser, par exemple, une vallée; mais non celle de naviguer, malgré son déterminatif. En conséquence, 𓊃𓅓𓊛 𓎯 𓊪 se disait souvent du Soleil qui «traverse le ciel» pendant le jour. Mais de même que notre expression « passer dans », qui veut dire « traverser » et « arriver dans », 𓊃𓅓𓊛 paraît s'être prêté aussi au dernier de ces deux sens, car il est dit que 𓇳 𓏏𓄿𓅱 𓊃𓅓𓊛 𓏇 𓄂𓂋 𓅓𓂋𓇯 *𓅓𓇳𓇿 *rā t'aau m her tâp tiai-ut* « Ra passe dans le ciel supérieur au commencement du matin » (1). Cette variante prouve toujours que le mot 𓊃𓅓𓊛 ne nous empêche pas de rapporter notre passage au Soleil « du matin ».

Dans le cas présent la locution 𓅓 𓊵𓏏𓊪 « en paix, heureusement » semble faire allusion au triomphe des Soleil dont les ennemis n'ont pu entraver le lever. (Cf. āa peh-ti, 2/2).

Il s'agit donc bien du soleil à son lever. L'enfant qu'adoraient les dieux, et qui a organisé les choses d'en bas et les choses d'en

---

1. — Pap. mag. Harris 1/4. — Cf., infra, 9/4.

haut, apparaît maintenant sur terre. Il est devenu le Soleil Râ «roi du Midi et du Nord». Le chapitre XVII passe également, de la mention de la création, au premier lever de Râ (Râ dans son apparition au commencement) venant «gouverner son œuvre» ( ).

2/2 — ⚊ 🐝 (1) suten (χab(2)): Roi du Midi et roi du Nord.

C'est, selon moi, une erreur très-grave de supposer que la souveraineté ainsi exprimée fût celle de l'Égypte; et je n'hésite pas à attaquer comme vicieuse à plusieurs égards la traduction roi de la haute et de la basse Égypte, quoiqu'elle ait réuni des suffrages unanimes.

⚊ 🐝 roi du Midi et du Nord est un titre du Dieu qui divise l'Univers en partie aus-

---

1. — L'hiératique néglige le petit ⌒ t qui vient s'ajouter à chacun de ces deux signes dans l'écriture monumentale.

2. — Le phonétique de l'abeille dans le sens roi du Nord est encore inconnu. E. de Rougé considérait comme très-probable la lecture χeb qui est usité dans le sens pays du Nord, et qu'on rencontre dans un nom de femme dont les monuments offrent plusieurs exemples (Stèle du Sérapeum; Statuette du Louvre; etc), celui d'Isis-n-χeb.

Il me paraît vraisemblable, au contraire, que le nom

trale et partie boréale également vivifiées par ses rayons. Le sens roi du Midi et du Nord n'a pas besoin de démonstration: le roseau est l'idéogramme du Midi et l'abeille celui du Nord.

Or une qualification pareille ne convient qu'au Soleil, n'a de sens que si elle s'applique au dieu qui, par sa manière de gouverner la création, établit, et dans le ciel, et sur la terre, et aux enfers la distinction d'un Midi et d'un Nord qu'il vivifie en même temps qu'il les crée, qui « tranche » les deux régions, en même temps qu'il les éclaire; et même, si cette qualification ne convient qu'au Soleil, il faut avouer qu'aucune autre n'aurait mieux caractérisé le dieu qui se montre dans le milieu du ciel, et, de là, répand la vie à sa droite comme à sa gauche, sur les contrées septentrionales comme sur les pays du midi. Quant au Pharaon, fils du Soleil, et dieu lui-même, il hérite du titre paternel: contrairement à l'opinion régnante, les textes montrent que c'est le Pharaon qui reçoit du

---

du roi n'était pas celui du pays. Quand le roseau ⚏ désigne le pays il se lit _res_ ou _Kemā_; quand il désigne le roi, _suten_. Le ◠, t, qui suit l'abeille doit faire partie

Soleil son père avec lequel il s'identifie, et non le Soleil qui emprunte au Pharaon la qualification de [hieroglyphs].

En dehors de cette explication, l'idée d'un roi du Midi et du Nord est tellement étrange (1), que, malgré la signification parfaitement claire des mots [hieroglyphs], les égyptologues n'avaient pas pu s'y arrêter. Le midi et le nord de l'Égypte correspondant à la partie haute et à la partie basse de ce pays, le Pharaon [hieroglyphs] a été, pour eux, le roi de la haute et de la basse Égypte. Cette malencontreuse interprétation, en entraînant à qualifier les dieux eux-mêmes « rois de la haute et de la basse Égypte » a jeté sur les textes religieux où on l'a transportée une désespérante obscurité.

Mais je ferai observer, en outre, qu'elle

---

du phonétique, de même que le ○ de [hieroglyph] est radical dans le mot suten. Parmi les phonétiques de l'abeille, j'avais pensé à celui de set [hieroglyph] ; mais rien n'en démontre l'emploi dans le sens «roi du Nord».

1. — Un monarque n'est pas moins maître à l'Orient et à l'Occident qu'au Nord et au midi de son empire. On sait que les rois d'Assyrie se disaient «rois des quatre régions».

a ôté, en ce qui concerne le dualisme de l'Égypte, jusqu'à l'idée d'en rechercher les causes : dès qu'une division si frappante trouvait dans nos langues une expression toute faite pour la traduire, elle devenait naturelle, et n'avait plus besoin d'être expliquée. Cependant si, géographiquement, le [hiéro.] pays du midi et le [hiéro.] pays du nord de la vallée du Nil correspondent à la haute et à la basse Égypte, nous venons de voir, en étudiant le groupe [hiéro.], que ce rapport est fortuit. Autre chose, au fond, est l'antique Égypte du Midi et du Nord[1], autre chose une haute et basse Égypte : la division de l'Égypte sous les Pharaons avait un caractère sacré. C'est en ne perdant pas de vue ces conceptions purement égyptiennes, en nous gardant bien d'y mêler nos vues, que nous pénétrerons, peut-être, dans l'intelligence de certains symboles réputés jusqu'à ce jour complétement incompréhensibles (2).

  Je voudrais montrer brièvement, par quelques exemples seulement, 1º que les dieux portent

---

 1.— Double de même que tout pays (v. supra, p. 1.), et aussi, au même titre que les temples du Soleil (v. p. 170), comme séjour du fils de Râ.
 2.— Cf. 3/2, note sur [hiéro.] séti.

le titre de [hier.] dans des cas où l'on ne saurait songer à une royauté égyptienne ; 2° que le droit des Pharaons au même titre est puisé dans leur descendance du dieu-Soleil. Un pareil sujet soulève des questions dont l'examen sérieux exigerait un long mémoire : aussi m'attacherai-je uniquement à mettre en lumière le sens méconnu du titre dont notre papyrus qualifie Ammon-Ra apparaissant sur terre.

Partout où règne un dieu Soleil il y a deux régions, un Midi et un Nord, et partant un [hier.]. Le grand dieu qui réside dans l'Amen-ti, Osiris, y est en qualité de [hier.] au milieu des dieux « du Midi et du Nord » de cette région : [hiéroglyphes] (1) « Oblation à Osiris, le résident dans l'Amen-ti, le maître de l'éternité, le chef d'Asger, le roi du Midi et du Nord, le gouverneur de l'éternité ; à Ptah-Sokari ; à Anubis seigneur de To-ser ; à la collection des dieux du Midi et du Nord de

---

1. — Louvre, momie 2562. — C'est à ce texte

l'Amenti ».

Ensuite le Soleil (Ra), dépouillant cette forme inerte d'Osiris (fils de Ra) dans laquelle il était entré la veille après son coucher, quitte l'Amen-ti. Il fait traverser le ✶ à son disque pour venir éclairer la double terre (1); il entre enfin dans le nouveau côté où il dissipe les ténèbres qui, pendant son absence, avaient couvert la surface terrestre, et se montre sous sa forme « Shu, fils de Ra ». Alors c'est Shu, possesseur à son tour du disque de son père, qui hérite

---

copié dans les notes manuscrites de Devéria que ce savant fait allusion note 1, p. 40, Mont biog. de Bakenjonsu. Il y voyait la justification de sa manière d'interpréter la formule ⟨hiero⟩, « mets ou hommages offerts au roi » c'est-à-dire, selon lui, à Osiris.

Je me réserve de rapporter ailleurs les innombrables variantes de cette formule. On en peut induire que ⟨hiero⟩ n'est pas autre chose qu'un substantif ⟨hiero⟩ s-uten, « acte d'offrir, oblation ». — Quoi qu'il en soit, le ⟨hiero⟩ consiste en offrandes, par exemple en offrandes de pains, vin, etc.; lorsque la nature de l'offrande n'est pas indiquée, c'est, je crois, le monument même ou l'objet quelconque portant l'inscription qui est dédié au dieu dont on sollicite les faveurs.

1. — V. par ex. la traduction des inscriptions

— Notes, §IV, 2/2. — 179

du titre et de la fonction de roi du Midi et du Nord. Le papyrus magique Harris donne du dieu Shu cette excellente définition :

[hieroglyphs]
sutenf(sab) Šu-se-rā (ānχuta senb) nuter pen m sep

[hieroglyphs]
(ā)p   nubu   m ut'a-f   m ān

[hieroglyphs]   (1)
r s-χer   sebau   her ātef-k.

« Le roi du Midi et du Nord, Shu fils de Ra; ce dieu qui dans l'acte premier se fond, à l'état de lumineux, dans l'œil (ou son œil) ut'a (le disque solaire), à On, afin de renverser les Seba de devant son[3] père (Ra). »

Héliopolis ou Hermonthis, On était le lieu de la « transformation » solaire, le lieu du passage de la phase nocturne à la phase diurne (2). Quant au « premier acte » des textes religieux, je pense qu'il se plaçait au commencement des temps ou fin des ténèbres primordiales et défaite des Seba, comme le premier effet de l'activité de l'« âme » qui, auparavant, « reposait » et « veillait » seule dans l'Abyssus. Le « lever du commencement » que la glose du verset

---

du sarcophage de Séti 1er, par M. P. Pierret; supra p. 163.

1. — Pap. mag. Harris 1/11, 5.

2. — Cf. supra p. 42-43, s.   — 3 — L'égyptien dit „ton".

premier du Chapitre XVII explique par la défaite des Seba en est la paraphrase. Au surplus, de même et en même temps que le lever solaire, ce premier acte se répète chaque matin. Il appartenait naturellement au Soleil levant, au vainqueur des Seba, dont le nom est Shu et ne devient Horus que dans le mythe osirien.

Le papyrus magique Harris qui appelle du nom de Shu le dieu entrant, «se fondant», au matin, dans le disque de Rā pour renverser les Seba, c'est-à-dire pour dissiper les ténèbres, le qualifie, dans ce même rôle, de roi du Midi et du Nord dans le premier acte : comment pourrait-on conserver ici la traduction « roi de la Haute et de la Basse-Égypte »?

Ce que j'ai dit (1) de l'emploi du nom générique Rā à la place des dénominations propres aux dédoublements de ce dieu, considérés, en tant que formes divines, comme ses enfants, — s'observe tout particulièrement de la forme Shu. Le nom de Shu disparaît et c'est Rā,(2) c'est Ammon-Rā qui brille à l'horizon pour renverser

---

1. — P. 106, note 3.
2. — Comme au Chap. XVII, verset 1ᵉʳ. Mais la glose

— Notes, §IV, 2/2. —

les Seba; c'est

l'âme mystérieuse qui engendre la crainte d'elle, le

roi du Midi et du Nord, Ammon-Ra qui se trans-

forme lui-même, dieu de l'horizon, épervier de l'Orient,

brillant, illuminant, rayonnant.

L'âme mystérieuse, l'être caché qui traverse les formes solaires, se manifestant par elles, dieu tout-puissant et redouté qui règne sur les deux parties de la création, entre de lui-même (3) dans cette forme ou apparence nouvelle qu'il revêt sur l'horizon d'où, comme un épervier (1) venu de l'Orient, il s'envole dans le ciel pour illuminer la terre. Qu'on rapproche de ce passage du papyrus Harris (2) celui du chapitre XV cité ci-dessus, p. 164 : « Salut à toi !... dieu Jeprà qui se transforme lui-même ! Combien est belle ton

---

dit que « Râ à son lever...... c'est Shu.....».

1. — Cf. 11/1.
2. — Pap. mag. Harris, 4/3.
3. — V. la note 2 p. 164; Cf. les exemples qui se trou-

apparition à l'horizon, lorsque s'illumine la double terre par ta radiation !...... Le diadème du Midi et le diadème du Nord sont affermis sur ton front, et l'on ne pourra plus douter que le dieu ⚱🦅 et porteur des deux diadèmes ne soit le Soleil levant qui vient gouverner la terre.

Mais prenons notre manuscrit. Toutes les pensées du § que nous étudions s'enchaînent dans un ordre parfait. L'Éternel, Ptah, sortant de son immobilité primordiale donne naissance à son apparence nouvelle, Ammon-Ra, sous laquelle, acclamé des dieux, il organise l'Univers, séparant du ciel les « choses inférieures ». Ensuite il se lève pour conserver son œuvre, et les deux régions sortent des ténèbres ; triomphant dans le ciel supérieur il apporte la vie aux créatures qui saluent le « roi du Midi et du Nord ...... chef (ou : protecteur) des deux régions terrestres », le ⬇⬇ proférant la Vérité, celui qui établit l'ordre, l'harmonie universelle, le vainqueur des Seba, d'où encore sa qualification

---

vent dans les textes cités p. 145 et 155.

M. Chabas traduit « Roi de la Haute et de la Basse-Égypte, Ammon-Ra, créé de lui-même », et, d'accord

de « grand de la vaillance, maître de la terreur ».
Le texte termine enfin en le proclamant l'auteur de tout ce qui se passe sur cette terre, celui qui en règle les destinées. (V. la suite du texte, §IV, 1/7 à 2/3 – p. 5, 0.)

J'ai cherché inutilement un texte religieux qui prêtât à un sens suivi avec la traduction roi de la haute et de la basse-Égypte. Comment comprendre un roi d'Égypte résidant dans l'Amen-ti? Un dieu Shu roi de la Haute et de la Basse-Égypte lorsque, dans le lieu de la transformation quotidienne du Soleil, il se « fond » dans le disque de son père pour combattre les Seba?

Je ne parle pas des cas où le sens précis est moins apparent ; comme p. 13 des Études ég.^{ques} de M^r. Pierret, « tu diriges les dieux, toi qui es leur ⚱ ». M^r. Pierret évite avec raison la

---

sur ce point avec E. de Rougé, considère ces derniers mots comme l'expression d'une génération mâle (p. 62). Je montrerai plus tard que cette explication qui repose sur un passage d'Horapollon, acceptée sans contrôle, loin d'avoir éclairci un seul texte, a été la source d'un grand nombre de contradictions que les commentateurs ont cru apercevoir dans la religion égyptienne, et d'obscurités que présentent les traductions imprimées.

traduction roi de la Haute et de la Basse-Égypte, en rendant le groupe 𓇓𓆤 par le mot «souverain»; toutefois, et quoique les versions grecques de Canope et de Rosette l'aient aussi interprété par βασιλεὺς, j'aimerais mieux dire « tu diriges les dieux, toi qui es leur roi du Midi et du Nord », car ces dieux qui entourent le Soleil se divisaient en dieux du Midi et en dieux du Nord (1).

En second lieu j'ai dit que les Pharaons fondaient leur droit à l'appellation de 𓇓𓆤 sur leur filiation. Dès la plus haute antiquité (2) le roi d'Égypte se disait le 𓇓𓆤 (Prénom) 𓅭𓇳 (Nom) « roi du Midi et du Nord, N., fils du Soleil, N. (vificateur éternel: △𓋹). Identifié avec le fils de Rā, c'est-à-dire avec une forme solaire, le Pharaon prend le titre caractéristique de tout dieu solaire, roi du Midi et du Nord : 𓇓𓆤 ne signifie pas plus «roi de la Haute et de la Basse-Égypte», que 𓅭𓇳, se-rā, ne veut dire « Roi d'Égypte ».

---

1. — V. supra p. 167 et note 3, même page; p. 168; 177.
2. — Le dédoublement des cartouches royaux se constate dès la fin de la 5ᵉ dynastie. V. E. de Rougé, p. 32; 33; 56, de son ouvrage sur les six premières dynasties.

——— Notes, §IV, 2/2. ———

C'est principalement aux protocoles royaux que je crois devoir demander le sens de cette qualification.

Tout protocole pharaonique comprend deux sortes de titres. Les uns sont communs à toutes les légendes royales; au nombre de cinq (1º [glyph] ..... 2º [glyph] ..... 3º [glyph] ..... 4º [glyph] ..... 5º [glyph] ....), quand la légende est complète (1). Ils forment les groupes initials d'autant de séries de titres dont se composent ces formules; et comme, en général, quel que soit leur nombre, ils se suivent dans un ordre déterminé, presque invariable, ils donnent pour ainsi dire le cadre de la formule entière. Les titres de la seconde espèce sont ceux qui changent à chaque règne : ils se distribuent dans le protocole à la suite des précédents auxquels ils servent de développements.

Le sens un et solaire des cinq pre-

---

1. — La formule royale peut s'abréger par la suppression du titre [glyph], comme dans l'inscription de la bibliothèque; E. de Rougé, p. 20-21 de son commentaire enseigne que la formule ne comprend que quatre parties: mais c'est là l'exception. Le protocole réduit à ses deux parties les plus essentielles devient [glyph] .... [glyph] ....

miers n'est pas douteux : « L'Horus (variante : l'Horus-Soleil)......, possesseur des diadèmes du Midi et du Nord....., l'Horus vainqueur...., Roi du Midi et du Nord......, fils du Soleil.....» On ne saurait le méconnaître, c'est bien là une identification constante du Pharaon avec le Soleil levant fils de Ra (𓅃𓇳), Horus,[1] avec le dieu triomphant (𓅃) qui est ceint des diadèmes du Midi et du Nord (𓋑𓋔) en qualité de roi de ces deux régions (𓇓𓏏𓅱); en un mot, une assimilation du souverain au Soleil se levant et éclairant la terre du midi et la terre du nord, afin de « faire subsister ses créatures »[2] Ces cinq titres fondamentaux affirment, en langage égyptien, la légitimité du monarque (et c'est pourquoi chaque Pharaon se les approprie), légitimité qui est fondée sur la croyance religieuse que le roi est fils de Rā, qu'une émanation (𓊪) de ce dieu anime sa personne : ce qui revient à dire qu'il est le dieu lui-même dans une de ses manifesta-

---

—1.— De même qu'Osiris, Horus, soleil issu de ce dieu, était fils de Ra : V. IIe Partie.

2.— Cf. les textes cités p. 125-126.

tions, Ra incarné : [hieroglyphs] (1). Il était le dieu bon, [hieroglyphs], et le vivificateur éternel, [hieroglyphs], comme Ammon-Ra, le dieu-providence que notre hymne appelle « le dieu bon et très-aimé qui donne le maintien de la vie ». Après sa mort, et souvent même de son vivant, un Pharaon avait ses temples, son culte, ses prêtres ; quand il n'enlevait pas des sanctuaires la statue divine pour y substituer sa propre image (2).

Au contraire les titres de la seconde espèce changeant à chaque règne distinguent un Pharaon dans la longue liste des rois d'Égypte. Outre les noms du souverain, ils font connaître sa devise qui rappelle les bienfaits de son gouvernement, la vallée du Nil vivifiée par sa volonté, les peuples défendus par son bras. Telle est donc l'économie d'un protocole pharaonique que la qualité de Soleil levant, exprimée à cinq reprises, de différentes manières, par les premiers titres, est cinq fois attribuée au maître, au vivificateur, au protecteur et roi de l'Égypte. Ainsi [hieroglyphs]

---

1. — Stèle de Kouban, l. 18. — Mot-à-mot « C'est le Soleil en chair».
2. — Cf. infra, 7/7, la note sur le mot [hieroglyphs] bi-u.

(⊙🜨), se ra (Ra-mes-su), désigne le fils du Soleil incarné dans la personne humaine de Ramsès ; [hieroglyphs], her⁽¹⁾ ta-ui māk kem, est le dieu Horus qui aimant les deux régions protège l'Égypte : il se montre aux hommes par amour de ses enfants de la race rouge(2).

Par l'étude des qualifications consacrées aux bienfaits et aux noms du roi, nous nous confirmerons dans notre manière d'interpréter les titres que j'ai appelés fondamentaux. Nous retrouverons en effet bien moins une personnalité humaine qu'un dieu-Soleil descendu chez les Égyptiens pour leur salut.

1.— Lire « her mer, etc. — V. Lepsius, Kön., 671, a.

2.— Une certaine symétrie, à la fois graphique et dans les idées, qui n'aurait pas été respectée par les scribes pendant 4000 ans si elle n'avait eu sa raison d'être, accentue encore l'unité de signification de nos cinq titres fondamentaux en fixant la place et jusqu'à la composition des groupes qui les concernent :

c	b	a	b'	c'
Horus-Soleil	Seigneur des diadèmes du Midi et du Nord	Horus vainqueur	Roi des régions du Midi et du Nord	Fils du Soleil

Horus, dont le nom ouvre le protocole, était, nous le savons déjà, l'architecte des deux régions terrestres. Il émerge du sein des mystérieux espaces situés au-dessous de l'horizon où règne Osiris, et s'élève dans le ciel. La ligne qu'il trace en s'avançant, et sur laquelle (𓀀𓈖𓏏𓁹) le Soleil est 𓈖𓃀 (v. infra), divise le Monde en deux parties. Nous verrons (3/2, mot 𓊪𓏏𓉐) que pour le ciel cette ligne passait entre les deux plumes, 𓍶, de la coiffure du dieu. La terre est aussi «tranchée» par lui; d'où les variantes

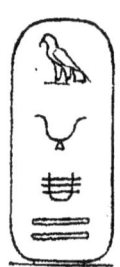 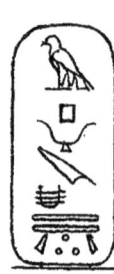 

ḥer (áp sát ta-ui)[1] « Horus qui ouvre la séparation des deux régions terrestres », du cartouche 𓉶. La stèle[2] du Louvre C. 2 est une offrande à Osiris-Xent-âmen-ti le dieu d'Abydos; à Horus qui ouvre la séparation des deux régions terrestres; au roi des deux régions du Midi et du Nord, Osiris-

---

1. — Lepsius, Kön., Taf. II, 12, i, k, l.
2. — Cf. p. 163.

190

Unnefer; à Seb qui renouvelle (ses) naissances (𓊪𓏤𓉐𓂋); à Apu-her, seigneur de To-ser »:

.... 𓅃 𓏏 𓇯 ....

her (ap sât to-ui.

En conséquence les bannières⁽¹⁾ royales appellent l'Horus-Pharaon:

, simu ta-ui, l'organisateur des 2 régions;
, neb ta-ui, le maître des 2 régions;
, her ta-ui, le possesseur des 2 régions;
, sam ta-ui, celui qui réunit les 2 régions;
, mer ta-ui, celui qui aime les 2 régions;
, s-nefr ta-ui, celui qui embellit (éclaire?) les 2 régions;
, uat' ta-ui, celui qui fait prospérer les 2 régions;
, s-ānx ta-ui, celui qui fait subsister les 2 régions;
, supt ta-ui, le nourricier des 2 régions; etc., etc.

Il s'agit des deux régions de la vallée du Nil: l'introduction, très-rare à la vérité, du nom de 𓆎 ; kem, dans la bannière, en est la preuve. D'autres variantes auraient pu en faire douter;

---

1. — On entend par bannière, enseigne, étendard, les premiers titres qui suivent le nom d'Horus parce qu'ils sont renfermés d'ordinaire dans un cadre que termine une sorte de frange:

— Notes, §IV, 2/2. —

car non-seulement les deux régions verdissent, prospèrent, éclairées et fécondées par leur roi, mais, à la place de ces expressions, on rencontre de non moins nombreuses allusions à la même puissance et aux mêmes bienfaits, conçues en termes qui célèbrent seulement la réapparition quotidienne du Soleil-Pharaon :

[hiéroglyphes], nahem mes-tu, le renouvelé par les naissances ;
[hiéroglyphes], anx mes-tu, celui qui se maintient par les naissances ;
[hiéroglyphes], men xa-u, celui qui est affermi (dure) par les levers ;
[hiéroglyphes], anx xa-u, celui qui se maintient par les levers ;
[hiéroglyphes], nuter xa-u, celui qui se renouvelle par les levers ;
[hiéroglyphes], nuter xeperu, celui qui se renouvelle par les transformations ;
[hiéroglyphes], xeper xeperu, le formateur de ses transformations ;

À l'époque ptolémaïque le roi est le [hiéroglyphes], hun, ce soleil enfant que nous avons rencontré dans notre hymne, 1/7 (V. p. 153, s.).

Ces titres qui feraient songer au Soleil maître du ciel, appartiennent réellement au roi de la terre d'Égypte ; mais il faut bien se garder d'en tirer des conséquences historiques. On a supposé que Mentuhotep, roi dont la place dans l'ancien empire est encore à déterminer, aurait

192. — *Notes, § IV, 2/2.* —

réussi, à la suite d'événements inconnus, à replacer l'Égypte sous un seul sceptre, parce que sa bannière se lit [hiéro], *sam ta-ui* («celui qui réunit les deux régions»). Cette bannière ne nous apprend rien de plus que le titre fils de Ra.

Voici un genre de bannières moins concises : [hiéro], *ka next χāa m (uas)-t*, «(l'Horus), taureau vaillant qui se lève à Thèbes». Ce taureau est le nouvel Osiris, Horus, qui s'engendre lui-même (V. supra p. 41, s.); vaillant, devant, à son lever, repousser les Seba : il les attaque avec le glaive, [hiéro], (*ka next χeḍa her χopeš-f*, taureau vaillant combattant avec son glaive), et fait triompher avec lui la Vérité, [hiéro] (*ka next χāa m mā*, «taureau vaillant qui se lève avec la Vérité»), afin de vivifier les deux régions terrestres, [hiéro] («taureau vaillant qui vivifie les deux terres»).

Fort simples sous les premières dynasties, les bannières sont de plus en plus compliquées dans les âges suivants, jusqu'au moment où, sous les Ptolémées, elles se développent en une série de titres quelquefois difficiles à inter-

Notes, §IV, 2/2.

prêter, bien qu'ils ne paraissent pas ajouter rien d'essentiel au fonds d'idées commun à toutes ces formules. Elles attribuent à l'Horus-Roi les fonctions d'un Soleil incarné se levant journellement sur les deux Égyptes pour les vivifier par la Lumière et la Vérité.

Avant de passer, avec l'étude des quatre derniers des cinq groupes principaux, à l'examen des titres personnels dont ils sont accompagnés, remarquons encore une fois que le sens divin et solaire de ceux de ces titres qui suivent le nom d'Horus est si peu un sujet de doute qu'on serait tenté de les rapporter à Horus lui-même. Après tout, le Pharaon nommé à la fin du protocole s'identifierait toujours avec le dieu Horus ainsi qualifié; mais ils s'adressent directement à la personne du roi d'Égypte. On se rappelle, en effet, que la devise inscrite dans la bannière était censée choisie par Thot pour servir d'une sorte de nom au nouveau roi, et que la connaissance des enseignes pharaoniques n'est pas moins indispensable à l'archéologue que la science des cartouches royaux. Pour reprendre les exemples que j'employais tout-à-l'heure, 〈hiero〉 veut dire « Le (dieu) fils du Soleil — que manifeste la personne de — Ramsès »; et, par la même construction, 〈hiero〉 signifie « Le (dieu) Soleil levant — que manifeste la personne de — Celui qui aimant les deux régions protège l'Égypte ». Aussi bien que son nom et son prénom, ses dénominations de «Vivificateur des deux régions; Aimant ses deux régions; Se renouvelant par les naissances », etc., désignent un roi d'Égypte. Les textes confirment ce que la simple analyse des protocoles découvre déjà. Ainsi, dans ces protocoles où le maître de la terre d'Égypte formule ses droits à la qualité de 〈hiero〉, il apparaît, il agit, non en homme, mais en divinité solaire, se levant, renouvelant ses naissances pour éclairer la vallée du Nil. Il lutte pour l'établissement et le maintien de la Vérité; il est vainqueur du mauvais principe: son Verbe est la Vérité (〈hiero〉). D'abord les cinq titres fondamentaux de la légende royale nous apprenaient l'identité du souverain avec l'une des personnes du dieu Soleil: maintenant, en effet, les titres personnels du Pharaon, et, pour commencer, ceux de son enseigne, nous le montrent exerçant les fonctions d'un fils du Soleil. À nos yeux là sera la conséquence, mais là était pour le dévot égyptien la justification de son assimilation à Horus, le Soleil levant qui apparaît en Roi vivificateur des deux régions du Midi et du Nord.

Avec [hiéro] « Maître des diadèmes du Midi et du Nord » (1), le sens continue. Les deux diadèmes, qui, réunis, forment le pschent ([hiéro]), sont les insignes du Soleil créateur et providence des deux régions. Quelque faveur qui s'attache à l'idée que ces emblèmes symboliseraient spécialement la souveraineté de la Haute et de la Basse-Égypte, je ne saurais m'y arrêter. Qu'on jette les regards sur ces innombrables représentations qui font le motif des bas-reliefs ou décorent des milliers de stè-

---

1. — [hiéro] signifie encore le Midi; et [hiéro], le Nord. V. infra, 3/2, la note sur [hiéro].

La corbeille [hiéro], qui détermine plusieurs mots tels que [hiéro], fiï-t, l'uraeus, [hiéro], urer-t, le diadème, etc., n'est, sans doute, qu'un déterminatif dans le groupe [hiéro]. Exemple: [hiéro] « J'ai affermi le diadème du Midi et le diadème du Nord sur ta tête, comme est affermi le ciel sur les quatre piliers. » (Mariette; Mon^{ts}

les ; qui illustrent les chapitres du Rituel funéraire ou couvrent les flancs des sarcophages : les dieux et les déesses qui en toute circonstance y sont figurés ceints de ces diadèmes ne sauraient avoir été toujours envisagés comme régnant sur l'Égypte. Dieux, ils portent les insignes des dieux, et ils en gratifient leur fils, le roi d'Égypte, loin de les lui emprunter. Le Soleil descendu dans son royaume souterrain a les deux diadèmes sur la tête en même temps qu'il gouverne les deux régions de l'Âmen-ti. Il se lève : les deux régions terrestres sont tirées des ténèbres par le possesseur des diadèmes ; c'est ce qu'exprime si clairement le chapitre XV (v. ci-dessus p. 164). De même dans la ré-

---

divers, pl. 9). D'ailleurs, qu'on prononce le signe ⊂⊃ ou qu'on le considère comme un déterminatif, le sens ne change pas. Il est tout à fait du génie de la langue égyptienne d'employer un mot pour indiquer le possesseur d'un objet aussi bien que l'objet même. Selon les exigences de la phrase, 𓋖 𓋗 sera le nom de certains diadèmes, ou de celui qui en est décoré, la couronne ou le couronné, même en supposant que le phonétique ne varie pas. Mais il est plus probable que la prononciation était différente dans les deux cas.

Avec le sens de diadèmes le phonétique était-il le même que pour les groupes 𓋓 𓏤, 𓋔 𓋕 ? — Dans le sens de maître des diadèmes je rejette la lecture ⊂⊃ 𓀀, qui a été proposée, mais je ne sais

d'action des protocoles royaux, le Soleil se levant sous le nom d'Horus est immédiatement ensuite proclamé « Maître des diadèmes du Midi et du Nord », et 🐍🐍 n'est qu'une nouvelle dénomination du dieu.

Faute d'avoir bien apprécié le symbolisme de ces ornements divins, on n'a pas compris la valeur de certains titres d'occurrence fréquente, « possesseur des diadèmes ; orné des diadèmes ; élevant la double plume, etc. », qui ne renferment pas une description banale de la coiffure d'une divinité, encore moins quelque allusion à une royauté égyptienne. En effet, avec de telles interprétations le sens des compositions nous échappe d'autant plus certainement que celles qui y sont soumises produisent l'effet de compilations où se suivraient sans lien des titres rassemblés sans raison. Mais en réalité attribuer à un dieu les insignes d'un pouvoir s'étendant sur les deux régions, c'est reconnaître en lui le Soleil vivificateur qui divise les deux parties de l'Univers ; le Créateur et la Providence, en un mot, le roi du Monde. De là ce perpétuel échange, dont

---

comment la remplacer.

plusieurs exemples sont fournis par notre papyrus, qu'on observe entre deux classes de formules, au fond parfaitement équivalentes pour le sens, relatives, les unes à l'apparition du Soleil, les autres au port des diadèmes. Bien plus, le mot ☉ xāā, « se lever, apparaître, apparition », en parlant du Soleil et, par suite, du Pharaon, avait fini, tant il est vrai que le Soleil qui apparaît est le possesseur des diadèmes, par vouloir dire « posséder les diadèmes, être couronné », et par marquer, d'une manière générale, tous ces diadèmes solaires, aux formes variées, dont chacun a un nom particulier, sej-ti, su-ti, nemes, jepres, atef, het, etc. Si l'option entre les deux valeurs semble difficile dans certains cas, du moins le sens, selon moi, ne changera pas, quelle que soit la traduction qu'on aura adoptée. L'expression seule resterait incertaine, mais encore en pareil cas la confusion me paraît-elle amenée volontairement par les scribes, de sorte que souvent, pour rendre exactement le mot égyptien, un terme serait nécessaire qui pût signifier à la fois « apparaître en Soleil » et « porter les diadèmes (solaires) », « apparition solaire » et « diadème (du Soleil) ». (Cf. notes sur 𓂀, 3/2; et 𓉐𓏤𓂝𓏛𓏤, 3/5.)

Le 𓆳𓆗 des protocoles est donc le Soleil Horus lui-même. Parmi les titres personnels au roi incarnation de ce maître des diadèmes, on en trouve qui signalent les diadèmes et insignes du Pharaon, de même que nous avons vu les titres d'un vivificateur des deux régions de l'Égypte appelés par le nom de l'architecte des deux régions terrestres, Horus. Au surplus, ces insignes pharaoniques sont les marques distinctives d'une divinité solaire.

Mais il arrive fréquemment qu'on relève après le deuxième groupe 𓆳𓆗 soit une reproduction des titres formant déjà l'enseigne ajoutée au nom d'Horus, soit au contraire une suite de titres qui sont répétés à nouveau après le troisième groupe consacré à l'Horus vainqueur, 𓅃. C'est sans doute la conséquence de l'identité du maître des diadèmes avec Horus. Il y a là encore une démonstration de la nécessité de distinguer dans le protocole deux sortes de qualifications dont les premières désignent le dieu avec lequel le Pharaon va être identifié, et les secondes le Pharaon lui-même. Que dans cet exemple 𓅃 𓋹 ━ 𓆳𓆗 𓋹 ━ 𓅃 ...... on essaie de rapporter seulement à Horus ou seulement au roi toutes les qualifications qui y sont contenues « l'Horus, réunissant les deux régions, maître des diadèmes, réunissant les deux régions, Horus vainqueur... »): la répétition devient incompréhensible. Il faut entendre: « le dieu Horus (que manifeste) Celui qui a réuni les deux régions de l'Égypte; le dieu Maître des diadèmes (que manifeste) Celui qui a réuni, etc.

Les protocoles presque laconiques de l'ancien empire répètent la bannière. En ces temps reculés le groupe 𓅃 n'était d'ailleurs suivi d'aucune espèce de formule (1). Mais à l'époque des grandes conquêtes du nouvel empire l'Horus vainqueur (2) rappela naturellement le souverain qui s'armait du cimeterre pour défendre l'Égypte contre les barbares, 𓊃𓊃𓊃𓊃𓊃𓊃, āa xepeš ḥu (pet ju, « le grand du glaive, frappant les étrangers ». Alors très-souvent

---

1. — Mais quelquefois il était précédé d'une très-courte légende: 𓊃𓊃, le Vrai de parole; 𓊃, le dominateur; 𓊃𓊃, le renouvelé par (ses) naissances; etc. Cela s'observe dès la VI.ᵉ dynastie et devient un peu moins rare sous la XII.ᵉ

2. — Cette signification des hiéroglyphes 𓅃 a été révélée par la version grecque de la pierre de Rosette et confirmée par la version démotique du même monument. Au nome Antæopolites dont le chef-lieu s'appelait 𓅃𓊃, Hor-nubi, étaient attachés les souvenirs d'une victoire d'Horus sur Typhon. V. les deux mémoires de M.ʳ Jacques de Rougé sur les textes géographiques d'Edfou (Rev. arch.ᵍᵘᵉ, Juillet 1870, p. 5.)

les mêmes légendes se rencontrent après 𓅂𓆗, ou bien ce sont des formules analogues qui se développent sous ce titre.

Or, jusque dans ce rôle de guerrier protecteur de l'Égypte, le roi montre sa nature de dieu Soleil. Il est « le dieu Mentou[1] de la terre, protégeant l'Égypte », 𓅂𓆗 𓈖𓈖 𓅓𓏏𓏤 𓈖 𓇾𓇾𓇳 ; ou « le maître des diadèmes, protégeant l'Égypte, châtiant les peuples étrangers, le Soleil enfantant les dieux, qui s'empare des deux régions terrestres », 𓅂𓆗

---

et sur les monnaies des nomes (p. 18).

𓅂𓆗 se lit certainement Hor-nubi, puisque des variantes du nom de cette ville, signalées par Mr. J. de Rougé, échangent le signe de l'or, 𓋞, avec la tête de bœuf, 𓃾, qui aux basses-époques a la valeur neb. Partant, il est très-probable que notre groupe était prononcé Hor nub, l'Horus d'or, et il faut sans doute en rapprocher cette formule 𓅃 𓇳 𓊹 𓋞 𓈖 𓏤 her(mieter) nefer n nub, « le Soleil levant Horus, dieu éclairant d'or », qu'on rencontre par ex. dans les Ét. ég. de Mr. Pierret (p. 64, l. 12); et des phrases comme 𓈙𓈖𓇳 𓉗 𓂋𓂝𓈖 𓅂𓊹 𓋞𓈖 𓅃𓈖, uben-k m pu nte pe-t shet-s m nub n her-k her-s, « (d'Ammon-Ra)… lorsque tu brilles à l'horizon du ciel tu éclaires elle (la demeure ou temple bâti par le roi) de l'or de ton visage sur elle » (Denkm. III.), Il semble donc que le Soleil levant dont l'éclat est figuré par l'or est le Soleil radieux qui a chassé les ténèbres, le Soleil à l'heure où il domine, comme disent les textes (Cf. infra 10/5) : d'où, peut-être, le sens attaché par l'inscription de Rosette au groupe 𓅂.

1.— Mentou est le Soleil guerrier, le dieu des batailles. C'est le titre que se donne Séti 1er (Lepsius, Kön. 413, t).

[hieroglyphs] « Le Soleil Ra enfantant les dieux qui s'empare des deux régions terrestres », qui vient défendre l'Égypte contre les étrangers, est encore le Soleil levant, ainsi que nous le verrons plus tard. Par cette orgueilleuse devise Ramsès II s'assimile absolument au dieu père incarné en lui, le dieu fils, dans la religion égyptienne, n'étant, en effet, qu'une personne du père. C'est lui, d'ailleurs, le Pharaon qui n'a pas craint de se proclamer encore « le dieu se faisant dieu, le prince suprême des dieux » (1). Il est à remarquer que ces monstrueuses expressions de l'orgueil pharaonique perdent de leur hardiesse quand les rois d'Égypte sentent l'Asie s'échapper de leurs mains, et leur prestige diminuer aux yeux des peuples. On rencontre alors des formules plus convenables au rôle d'un fils : [hieroglyphs] « le Maître des diadèmes, plaisant aux dieux, construisant leurs temples, accomplissant ce qui plaît à leurs personnes ».

Le roi étant le Soleil ou son fils nous ne serons pas surpris que sa domination s'étende sur toutes les contrées : [hieroglyphs] « le maître des diadèmes qui s'est emparé de tous les pays » ; [hieroglyphs]

---

(1). Décret de Ptah (an 35 de Ramsès II), l. 3 : [hieroglyphs]

🦉〰️ « l'Horus vainqueur qui s'empare du commandement de toute terre ». Quelquefois il est précisé que cette domination atteint les nègres ou peuples du Midi et les Asiatiques ou peuples du Nord : un fils du Soleil était tenu de commander au Midi comme au Nord, et les conquérants des XVIII⁰ et XIX⁰ dynasties, avant de jeter leurs armées sur la Syrie, inauguraient leurs entreprises guerrières par une expédition nécessaire contre les malheureux Éthiopiens, satisfaisant ainsi à ce que M⁰ Maspero a fort bien appelé un devoir mythologique (1).

Bien différentes quant à la forme, mais non quant au sens, sont d'autres formules comme celles-ci de la même époque : 🐦🏺 « l'Horus vainqueur qui se plaît au Bien (littéralement : à la Vérité) et fait subsister[2] les deux régions », « (l'Horus vainqueur) qui dirige la Vérité et fait subsister les deux régions ». De même que le maintien de la vie dans l'Univers entier

---

1. — Maspero, du Genre épistolaire, p. 84. — E. de Rougé (Cours du Collège de France) a fait la même remarque.

2. — Je donnerai dans la suite des exemples certains de cette valeur de s-xeper.

est le triomphe, chaque jour renouvelé, de la Vérité que le Soleil établit en dissipant les Seba, ainsi la double terre d'Égypte, délivrée de tous ses ennemis par son Soleil victorieux (𓅃) qui dispose de la Vérité (𓏞𓏤𓈖𓐍𓏏), où bon principe, et ne se plaît qu'en elle (𓎛𓏏𓊪), est par lui vivifiée (𓊃𓆣𓏏). Pendant que le Soleil 𓇳, vrai de parole, triomphe dans le ciel des ennemis de la Création, son fils (ou lui-même dans la personne de son fils) profère la Vérité en Égypte, 𓅃 𓏲 « Horus vainqueur vrai de parole ».

    L'Horus vainqueur résume le mieux les idées qu'on doit se former du personnage d'un Pharaon. Celui-ci est le Soleil qui ne s'incarne que pour gouverner la terre et y faire prévaloir la Vérité. S'il séjourne en Égypte, c'est sans doute que les premiers fondateurs de la civilisation égyptienne, suivant une imagination qu'on a retrouvée parmi tous les peuples primitifs, ont dû regarder leur territoire comme le centre et la meilleure partie de la terre : les Égyptiens ne se connaissaient d'autre nom que 𓂋𓏏𓀀𓏪, ret-u, « les humains ». Mais le Pharaon, tel que les textes nous le représentent en effet, était réellement considéré comme un dieu auquel l'humanité tout entière était soumise : ses protocoles, une foule d'inscriptions et de compositions de toute sorte prouvent que son autorité de droit divin ne souffrait d'autres limites que celles de la surface terrestre (1). Les peuples étrangers, obéissant à leurs rois indigènes, étaient ses ennemis, des rebelles obstinés (2) qu'il combattait comme Ra combat les Seba, jusqu'à ce que leurs chefs, le dos courbé sous le faix des tributs, vinssent adorer le fils de Ra, le dieu bon qui tient la terre sur son doigt et qui accorde les souffles de la vie à tous les pays; le Pharaon auquel son père a dit : « Je t'ai engendré pour établir ma race (▭○○○, per-t ; ▭ " seti, semence) sur la terre, afin que soient gouvernés les humains. — Je te place sur mon trône terrestre en qualité de maître unique; je mets sous tes pieds les rois de toutes les nations ».

---

1. — Quelquefois aussi, de même qu'il reconnaît en sa personne le « prince suprême des dieux », le Pharaon prétend que le ciel lui doit son maintien. — Cf. la note sur ▭ ▭.

2. — Le mot ▭, dont je dois la connaissance à M. Maspero, indiquait les nations étrangères. Les Seba ▭ sont donc primitivement les étrangers. Le latin hostis a eu les mêmes destinées (V. par ex. Cicéron, de officiis, I, 12).

L'expression Horus vainqueur éveillait donc l'idée d'un dieu Soleil qui émettait la Vérité pour vivifier les deux régions et qui triomphait de tout ce qui aurait pu nuire à son œuvre, c'est-à-dire qu'elle rappelait toutes les conceptions se rattachant au rôle d'un Pharaon. Là se trouve vraisemblablement la raison qui a conduit les prêtres (car il est juste de voir dans le protocole, avant tout, une formule religieuse) à assigner au groupe 𓅃 la place prééminente dans la légende royale. Précédé et suivi de titres qui se répètent en ordre inverse, il est comme le degré d'expression le plus haut où s'élève l'imagination égyptienne et d'où elle ne sait plus que descendre en repassant par les images déjà parcourues (Cf. p. 188, note 2) :

C'est d'abord le Soleil levant qui est apparu (𓅃) : héritier de Râ, il est venu en maître légitime des deux régions (𓆓𓆓).

Et, en effet, il a vaincu toutes les résistances, refoulé les Seba ; il règne sans obstacle, seul et vivifiant la terre (🦅).

La souveraineté des deux régions lui appartient donc (🌿👑) : il est bien le fils de Ra (🐦☉).

En outre, au milieu du protocole, 🦅 marque la séparation entre deux parties de la formule qui se distinguent par la nature des qualifications personnelles qu'elles consacrent à chaque Pharaon. Dans la première on rencontre des titres proprement dits, comme 𓋴𓏏𓏏 « vivifiant ses deux régions », etc.; dans la seconde entrent les noms du roi, quoique cependant ces noms par leur composition et leur sens deviennent, à vrai dire, des qualifications qui souvent diffèrent peu des précédentes.

La gradation des idées; le parallélisme de 🐦☉ avec 🦅 Horus qui est en effet le fils de Râ; celui de 🌿👑, le roi des régions du Midi et du Nord, avec 𓆗𓆗, le maître des diadèmes du Midi et du Nord; toute cette construction du protocole est très-remarquable. Qu'elle soit réfléchie, qu'elle ait une signification, une raison d'être, c'est ce dont on ne saurait douter puisqu'elle a été maintenue pendant toute la durée de l'empire égyptien.

Comment supposer d'ailleurs que les prêtres en arrêtant pour la première fois les formes du protocole n'y attachaient aucun sens ?

Cette économie de la formule, qui suffirait à en révéler l'unité, en explique aussi les modifications. D'abord elle rend compte de la suppression de 𓅃, malgré son importance, car n'étant en parallélisme avec aucun autre groupe il est retranché sans que l'équilibre soit rompu: et, au surplus, les qualifications de « Maître des diadèmes du Midi et du Nord », 𓇓𓆤, et de roi des mêmes régions, 𓇓𓆤, éveillent encore les idées qu'il exprime seulement avec plus de force. D'un autre côté, le protocole ainsi abrégé, 𓅃.... 𓇓𓆤.... 𓇓𓆤.... 𓅭𓇳...., contient quatre titres dont les deux premiers font double emploi avec les suivants ; deux groupes encore peuvent donc disparaître, et pourtant aucune idée n'aura été sacrifiée. Ce sont les appellations de 𓇓𓆤 et de 𓅭𓇳 qui restent et composent la formule réduite à sa plus simple expression, non qu'elles soient par elles-mêmes plus essentielles que les dénominations d'Horus et de Maître des deux diadèmes, mais parce qu'elles sont suivies des qualifications dont la mention était le plus nécessaire, soit du prénom et du nom rejetés à la fin, conformément à une règle observée pour toute énumération de titres, quel que fût le personnage. Bien que la bannière et les qualifications précédées de [hieroglyphs] (ces dernières reproduisant assez souvent la bannière) fussent considérées comme des noms pharaoniques, les noms véritables sont ceux qu'entoure le cartouche. Ceux-là étaient connus du peuple, tandis que les érudits seuls devaient entendre le rôle attribué aux premiers titres.

Nous arrivons aux derniers groupes qui contre-balancent les deux premiers. Horus, fils de Ra, s'est montré en maître des diadèmes du midi et du nord; la seconde partie de la formule reconnaît le roi des régions du midi et du nord pour fils de Ra. Cette répétition, d'un goût tout-à-fait égyptien, aussi bien que le renversement dans l'ordre des idées, est comparable au parallélisme des phrases poétiques et à la construction du verset. Graphiquement même [hieroglyphs] répond à [hieroglyphs] et, peut-être [hieroglyph] ne devient-il si souvent [hieroglyphs] que par influence de la forme parallèle [hieroglyph].

[hiéroglyphe] n'offre pas de difficulté et la valeur de [hiéroglyphe] me paraît préjugée par les observations précédentes. Seul, de tout le protocole, [hiéroglyphe] aurait-il un sens qui ne serait ni solaire ni divin ?

La signification de [hiéroglyphe] est à chercher dans cette formule, quoiqu'il puisse désigner le roi en toute circonstance. Sous les premières dynasties, avant que les formes définitives du protocole fussent fixées, le même emploi général appartenait à [hiéroglyphe] et à [hiéroglyphe]. Une reine, [hiéroglyphe] « la femme du dieu », était dite :

[hiéroglyphe] l'attachée à l'Horus ;
[hiéroglyphe] l'associée au maître des 2 diadèmes (1).

Le protocole constitué complètement par le dédoublement du cartouche, [hiéroglyphe] et [hiéroglyphe] ayant pris place devant les noms royaux s'y attachèrent, et, en dehors de la formule, reparurent avec eux dans les textes, à l'exclusion des autres titres. Par suite [hiéroglyphe] fut aussi usité, comme [hiéroglyphe], [hiéroglyphe], pour indiquer le Pharaon. Mais c'est dans le protocole qu'on peut espérer d'en trouver le sens.

---

1. — V. E. de Rougé, Recherches sur les mon^{ts} qu'on peut attribuer aux six premières dynasties, p. 36.

Or, exprimant une qualité que nous avons vu donner au Soleil nocturne Osiris, au Soleil levant Shu fils de Ra, au Soleil Ammon-Ra, et l'un des cinq titres communs à toutes les légendes pharaoniques, 𓊃𓅃 est une dénomination d'Horus. Il figure au nombre des groupes qui désignent médiatement le roi assimilé à Horus auquel ils se rapportent.

Horus est le maître des diadèmes du midi et du nord. Le roi des régions du midi et du nord est ce fils du Soleil. On dirait que les scribes ont pris à tâche de le faire comprendre en ne séparant presque jamais les deux titres 𓊃𓅃 ..... 𓅭𓇳 , qui s'éclaircissent l'un par l'autre et dont le rôle n'est pas d'enseigner que les noms suivants appartiennent à l'homme par qui l'Égypte est gouvernée, mais que ce souverain est revêtu d'une autorité légitime comme descendant du dieu Soleil et participant de sa nature.

Les variantes de 𓊃𓅃 confirment notre interprétation. La légende du roi Amasis présente un déplacement qui mérite d'être noté (1) :

---

1. — V. par ex. le naos monolithe, Louvre D. 29. — Cf. la légende d'Ouaphris 𓉐....𓊃𓅃𓋹 ..... (Mariette, Mon^{ts} div. pl. 30);

[hiéroglyphes] Vivant(1) l'Horus qui établit la Vérité,
[hiéroglyphes] Le roi du midi et du nord, fils de Neith, nourricier des deux régions ;

[hiéroglyphes] l'Horus vainqueur (2) ;

[hiéroglyphes] Le dieu bon, maître des 2 régions, Chnum-ȧb-rȧ ;
[hiéroglyphes] Le fils de Ra Ahmes-se-Neith, vivificateur, éternellement.

Ici [hiér.], ordinairement en parallélisme avec [hiér.] est substitué à ce titre solaire. Lui-même, il est remplacé par [hiér.] « le dieu bon maître des deux régions », sa variante bien connue, car, la formule abrégée

[cartouches] devient [cartouches: Pré-nom / Nom], ou bien [cartouches] ;
ou tout simplement [hiér.]. Ces changements découvrent entièrement l'objet de ces titres, qui est l'affirmation de la divinité ou légitimité du roi nommé après. Notre groupe variant avec [hiér.] et [hiér.] renferme la notion de dieu et l'attribution de la double

---

et, sous l'ancien empire, [hiér.]. L'époque saïte se distingue par la recherche de l'archaïsme.

1. — C'est-à-dire « Sous le règne de ». C'est une variante de [hiér.].

2. — Je ne saurais expliquer cette forme qu'on rencontre à diverses époques, notamment sous la 12e dynastie. Cf. la note 1 p. 200.

royauté partage d'un dieu-Soleil.

La seconde variante de [hiero] est [hiero], neb ḫā-u, précédant le prénom royal. [hiero] « maître des levers » et « maître des diadèmes » est un autre titre solaire (cf. p. 195,4); le roi est [hiero] « maître des levers — ou des diadèmes — comme Tum ». C'est ce titre solaire qui dans certains cas prend la place de [hiero] dont il donne le sens mais non la lecture. [hiero] s'échange avec [hiero] et avec [hiero], de même que ces deux groupes varient entre eux; au fond, les trois qualifications expriment une même idée à laquelle la notion d'Égypte est étrangère.

Il n'est pas inutile de rappeler que la plupart des prénoms pharaoniques qu'annonce le groupe [hiero] témoignent de l'identité du souverain avec le Soleil, ce qui nous autorise à les rapprocher des autres titres du protocole. La connaissance plus approfondie de la religion et de la mythologie permettra de concevoir le sens précis de la variante que chaque Pharaon s'est appropriée pour exprimer cette identité. Voici des exemples. [hiero] « le Soleil maître de la vaillance » est le vainqueur de Set. [hiero] signifie « le Soleil qui établit la Vérité », mais affermir la Vérité, c'est vaincre Set, c'est être le maître de la vaillance, et réciproquement. ⟨hiero⟩ « le Soleil vrai de parole », le Soleil qui profère la Vérité n'a pas un autre sens. Aujourd'hui nous pouvons assurer seulement que les traductions tentées avec l'unique secours de la philologie n'offrent aucune certitude, ajoutons parfois aucun sens.

 Deux points se dégagent de nos observations. 1° ⟨hiero⟩ entre dans le protocole comme qualité du fils de Râ, Horus. L'unité de sens des cinq titres fondamentaux, démontrée tant par leur analyse et leurs variantes que par leur succession et leurs rapports, empêche d'en rapporter trois, ⟨hiero⟩, ⟨hiero⟩, ⟨hiero⟩, au dieu, et deux, ⟨hiero⟩, ⟨hiero⟩, au roi. « Le roi du midi et du nord Ramsès » revient à dire « l'Horus-Ramsès », « le fils de Râ, Ramsès ». 2° Les titres personnels, y compris les noms royaux, justifiant pleinement l'identification de chaque Pharaon avec Horus, montrent continuellement les fonctions royales comme celles d'un Soleil incarné qui réside en Égypte mais dont la volonté et l'action frappent le Monde entier.

 Introduire là l'idée d'une royauté égyptienne ne se peut sans déranger l'harmonie du protocole. Combien seraient affaiblies les qualifications que s'attribue le roi Aménophis IV! Il est « Le dieu bon qui se complaît dans la Vérité, maître du circuit (que parcourt le Soleil), maître du disque solaire, maître du ciel, maître de la terre, le roi du midi et du nord subsistant par la Vérité, maître des deux régions Kheper-nefer-râ Uâ-n-râ; le fils de Râ, subsistant par la Vérité, maître des levers (ou diadèmes) solaires »: [hiéroglyphes] (1).

Après le protocole nous ne manquons pas de textes qui nous renseignent sur le sens réel de la qualité pharaonique de [hiéroglyphes]. Un dévot personnage qui adore en même temps Râ et le roi son fils s'exprime d'abord en ces termes:

[hiéroglyphes]
ḥesi-k suten ānẖ m mā neb ta-ui ẖeper-nefer-râ uâ-n-râ paik serâ
[hiéroglyphes]
per m set-ut-k s-men-k-su m āa-tu-

---

1. — Khu n aten « Splendeur du disque solaire ». Denkm. III, 91, i.

k n suten ḥab m hik senen āten tu-k-n-f heh mā

āir-k-tu se-k āt-t-k ā ār(t) m pai-k hā ......(1).

« Tu favorises le roi subsistant par la Vérité, maître des deux régions terrestres Kheper-nefer-Rā Uā-n-Rā, ton fils sorti de la lumière (set-ut, rayonnement). Tu l'établis dans Ta fonction (2) de roi du Midi et du Nord en qualité de dirigeant (3) le cercle (des révolutions)(4) du disque solaire. Tu lui donnes l'éternité selon que tu as fait ton fils (de) ton émanation, pour accomplir la durée, (le roi N)(5). »

La fonction divine de [hiér.] s'exerce par la direction du disque solaire sur le cercle parcouru quotidiennement. Pouvait-il être dit plus clairement

---

1. — Denkm. III, 107, a, col. 1.

2. — [hiér.]. V. ci-dessus p. 75.

3. — Hik implique à la fois les idées de direction, gouvernement et de protection. C'est sauvegarder en gouvernant. Cf. infra p. 225.

4. — Le sens de [hiér.] est certain; v. les exemples rassemblés par M.' Brugsch, Dict. p. 1393, s. On peut y ajouter celui-ci [hiér.] (kes-f neb-t m śen-k neb-t « toute contrée sous tout ton parcours »)(Denk. III, 98, a/5). Tantôt śenen désigne l'orbe sur lequel le Soleil semble graviter; tantôt il indique le mouvement même, la révolution apparente de l'astre solaire, comme dans cet exemple [hiér.] « le disque circule selon ses plans, c'est-à-dire selon le plan qu'il (Osiris) a tracé. Cf. infra 2/3, note sur le mot [hiér.].

5. — Comme tu as fait ton émanation (être, devenir) ton fils, le fils du Soleil N., pour accomplir la durée. — Ici [hiér.] a le sens de « puisque ». Cf. 8/1.

que le Soleil est roi du midi et du nord parce que c'est lui qui dans sa course décrit la ligne par laquelle le Monde est séparé en deux parties? Le dieu accorde le même titre solaire en même temps que l'éternité du Soleil à son fils participant, parmi les hommes, à tous les attributs divins. Le texte, malheureusement mutilé (col. 3, in fine, s.), montrait ce fils, qui est sous le ciel, sur la terre d'où il contemple son père, obtenant de celui-ci l'accomplissement de toutes ses volontés et l'assimilation complète au Soleil.

Ammon, taureau de sa mère, dit au roi Aménophis III :

àr-nà ta pen m fu-f usy-f r àr-t mer(t) tà ka-à tu-nà...

.... mà ket-suteni(u) neb su mà un-à m

suten(sab) ba-k rā-nà su   m   àb merer ntuk se..............

.... per m hā-u-à xen-t-à rā-nà (àp-ta tu-nà hik-k ta

(Denkm. III, 72 l. 17, s.).

m hotep....

« J'ai fait cette terre dans sa totalité et son étendue pour accomplir une volonté de moi. Je donne (à toi un pouvoir sur elle) dans la condition d'une royauté sur elle (?) de même que Je suis à l'état de roi du Midi et du nord. Ton âme, je lui accorde l'accomplissement de tous ses désirs (1). Tu es mon fils…… sorti de mes membres, mon image que j'ai placée sur terre; je te donne le gouvernement entier de la terre, en paix. »

On remarquera qu'Ammon parle de sa fonction de 𓆑𓆓 comme d'un pouvoir qu'il garde pour lui. Il ne s'agit pas d'un dieu ancien roi d'Égypte (V. infra). La royauté du père devient le modèle de celle du fils.

Ailleurs le Pharaon 𓆑𓆓 est, de son côté, comparé à Râ qui traverse le ciel :

𓂋𓏤 𓇳 𓁷 𓇿 𓁷𓏏 𓂝𓎡 𓅓 𓇓𓏏𓆤𓆑𓏏 𓅓 𓄤𓆑𓏤 𓎛𓎛𓎛𓎛
márut râ her t'a her-t au-k m suten(sab)m nefru-k

𓎛 𓃒 𓊖 (Abydos).

m xennu……………

« Ainsi que Râ est florissant en traversant le ciel, tu es à l'état de roi du midi et du nord dans tes splendeurs (Cf. 3/3) en (ton) palais. »

---

1. — Littéralement « Je la place dans le souhait de la volonté. » Faut-il entendre par là que le roi pourra tout par sa seule volonté ? D'autres textes le disent.

Du rapprochement de ces trois textes, pour ne citer que ceux-là, il résulte que le Soleil est 𓉻𓊹 lorsqu'il fait avancer son disque sur le cercle s'enen, et que le Pharaon 𓉻𓊹 gouverne toute la terre en vertu de la qualité qui lui est communiquée par son père céleste. Thot, secrétaire des dieux, le dit au roi Séti 1ᵉʳ : « Reçois la vie, ô (toi) ce dieu bon Horus se levant à Thèbes ! la couronne du midi et la couronne du nord sont affermies sur ton front ; les deux régions sont en ta possession : Rā a dit (i.e. décrété) de sa bouche et (ma) Majesté a mis (littéralement a fait) par écrit l'établissement (1) du fils sur le trône paternel (2) de roi des régions du midi et du nord, sans égal de lui (3) ». (4)

1. — 𓏏𓅱𓏏, tut, image, forme, et engendrer (i.e. former), a quelquefois le sens d'établir, affermir, dérivé, sans doute, de celui d'engendrer.

2. — C'est-à-dire héréditaire.

3. — ━━━ , variante de « en qualité de maître unique. » Cf. par ex. ci-dessus p. 89.

4. — Mariette, Abydos, I, 22. — S'ep-nek ānḫ nuter nefer pen her χā m (uas)... men her (ā)p-k ta-ui ṭemt χer-t-k àn rā ṭot m ro-f áu ḥen-(á) àr-t m ẕa

C'est mal saisir les traits du Pharaon de restreindre son autorité à la vallée du Nil. Il sait, se confondant avec le Père, rappeler aux peuples qu'il est le maître du ciel (v. p. 215) et qu'il le maintient par sa volonté. Toutefois dans sa personne de dieu fils, ou plutôt de dieu incarné, il gouverne plus particulièrement la terre.

Au rang des sept dieux honorés chacun d'un culte spécial dans les sanctuaires du temple d'Abydos où l'on entrait au sortir de la seconde salle hypostyle (1), avait été mis le fondateur, Séti Ier. Un des tableaux ornant la chambre consacrée au dieu-roi le représente assis entre les deux déesses du midi et du nord pendant que Thot et Horus lient (2) sous son trône les pays du midi aux pays du nord, ces diverses contrées étant figurées par les plantes respectives des deux régions, le lotus et le papyrus. Derrière Horus une légende explique que « est Horus, fils d'Isis, (à) réunir le midi avec le nord sous le siége de son fils Séti Ier, éternellement »,

tut-tu se her nes-t tef suten (zab) an nahemet-fi.

1. — V. Mariette, Abydos, I, page 14, s.
2. — Avec une corde.

[hieroglyphs] (un-n-her se ás-t (her) sam(ta-ui) ḳemā ḥnā χeb-t χer nes-t se-fmā-men-rā t'eta). Thot dit au roi : [hieroglyphs] neb χā-u setimer-n-ptah sam ta-ui n(ā)-nek ḳemā χeb er ta-t ta-ui m mā χeru ta-u neb-u tes-t-u neb-t-(u) χer ret-ti ḥen-k t'eta, « ô maître des diadèmes Séti Merenptah (Séti Iᵉʳ), j'ai réuni pour toi la région du midi et la région du nord afin que tu t'empares des deux régions terrestres en qualité de proférant la Vérité, tous les pays de plaine, toutes les régions montagneuses étant sous les pieds de ton autorité (1) éternellement »(2). Malgré l'absence du titre [hiero] on reconnaîtra le roi des deux régions. Il s'empare de toute terre en proférant la Vérité. C'est ce que d'autres textes appellent donner les souffles de la vie à tous les pays et en déterminer les destinées. Il remplit de la sorte son rôle de Soleil; notre hymne montre le [hiero] (Ammon-)Rā proférant la Vérité ([hiero]) sur la terre protégée par lui ([hiero]) contre ses ennemis, les mauvais principes, qui sont aussi ceux du Soleil ([hiero] etc.), et réglant les destins de ce monde ([hiero] etc.). Du reste,

---

1. — Sens littéral de [hiero] que nous rendons par Sa Majesté.
2. — Mariette, Abydos, I, pl. 31, a.

dans un autre tableau, les divinités secondaires appelées Âmes de Khen, qui de concert avec les Âmes de Pa portent le roi sur un pavois, prononcent ces paroles : [hieroglyphs] (1), « Paroles des Âmes de Khen : Nos deux bras sont sous toi ; nous t'élevons afin que tu sois sur le pavois en qualité de double Horus (2) possédant les diadèmes du midi et du nord. Assis sur ton trône éternel (le roi est assis sur un trône placé sur le pavois et tient le ? et le ∧) tu as saisi le sceptre ? (hik) et le fouet (nekhekh?) et tu apparais (te lèves) sur la terre comme Rā ; il (Rā) a fait cela afin que tu éclaires les deux régions terrestres comme le disque rayonnant ; tous les dieux sont satisfaits, leurs bras s'inclinent devant toi comme (devant)

---

1. — Mariette, Abydos, I, pl. 31, b. — t'et àn bi-u pen (āsui-na per-k seki-na-tu er utes-k m .... s-net em her às-t nt heh amem-nek hik (nekhekh) pāi-k ap-la mā rā tu-f ou s-hel'-k ta-ui mā aken s'ep-la niter-u m hetep (ā)-ui-sen m nini n her-k mā rā teta heh.

2. — L'Horus du Midi et l'Horus du Nord ; v. 3/2 note sur [hieroglyphs].

Râ éternellement.» — Tu saisis le sceptre ḥik et te lèves sur terre comme Râ»; Cf. Todtenbuch 17/2 « Râ à son lever au commencement gouvernant son œuvre », i.e. venant maintenir la création ([hieroglyphs]): le sceptre ?, ḥik, est l'insigne de ce pouvoir bienfaisant; le [hieroglyphs] est le pasteur. « Tous les dieux sont satisfaits », formule habituelle traduisant la joie des dieux lorsque le Soleil apparaît.

Nous voilà bien loin d'une royauté de la haute et de la basse-Égypte. Séti 1ᵉʳ profère la Vérité qu'il établit sur la terre en illuminant les deux régions à la satisfaction des dieux ; quelques textes disent qu'il n'y a pas de lieu caché où ne pénètre la lumière du roi retiré en son palais. Les savants se refusent généralement à voir autre chose que des hyperboles absurdes dans le pouvoir attribué au Pharaon de maintenir le Monde en équilibre et d'opérer des créations à sa volonté; cependant ces conceptions expliquent le culte qui lui était rendu, et les adorations dont Séti 1ᵉʳ, par exemple, est l'objet dans une chambre du temple d'Abydos constituent un fait qu'il faut bien accepter. Nous reviendrons sur ce sujet en montrant que les [hieroglyphs] du Pharaon (expression encore inexpliquée) sont le dieu même, le dieu invisible descendu dans une chair mortelle et l'animant.

Je me résume. « Roi du Midi et du Nord » est l'expression la plus caractéristique de la nature solaire : qu'est-ce en effet que le Soleil, sinon l'astre qui se meut sans cesse à travers le Monde sur un cercle séparant en midi et en nord les espaces éclairés ? Le roi d'Égypte ne serait pas [hiéroglyphe] s'il n'était pas fils du Soleil : [hiéroglyphe Prénom] [hiéroglyphe Nom]. Pour la terre les pouvoirs que le Soleil Horus (1) exerce sur la création sont par lui délégués à son fils qui devient l'Horus des vivants, habitant parmi les hommes (2).

Selon une légende de source égyptienne, la plupart des grands dieux auraient régné sur la terre. J'évite de dire sur l'Égypte ; des témoignages tels que celui d'Hérodote, lequel rapporte (Livre II, ch. 144) que les dieux, avant les rois, avaient séjourné en Égypte, mêlés aux hommes, ne me paraissent pas établir une croyance aussi importante dont les documents antiques ne présenteraient aucune trace. Lorsque les Pharaons comme héritiers du Soleil, assis sur le trône

---

1. — Nous verrons dans la seconde partie pourquoi ce rôle est attribué au Soleil sous son nom d'Horus.

2. — C'est ainsi que je comprends l'Horus des vivants ; au lieu d'un dieu ancien roi d'Égypte, dont le Pharaon

Notes, § IV, 2/2. 225

paternel, prétendent à la domination de la terre, le Père aurait-il été un simple roi d'Égypte ?

Reste à connaître le sens originel (réel ou attribué) de ces règnes divins. La mythologie, dont ils font partie, ne sera jamais assez distinguée de la religion proprement dite. Le prêtre d'un dieu unique et caché ne pouvait croire à ces royautés terrestres de dieux multiples dont le papyrus de Turin donne la durée et la succession. Comme il réduisait la multitude des dieux à un seul, il savait interpréter ces légendes, les expliquer. Mais en soi le mythe ne contrarie pas notre manière de voir. On ne démontrera pas que le Soleil ne soit déjà [hiero.] en tant que Soleil. En venant s'asseoir sur un trône terrestre le dieu conserve, à l'égal de son nom solaire (Ra, Tum, Horus, etc.), la qualifi-

---

vient occuper la place ([hiero.], ḫāā her ȧs-t ḥer nt ānẖu, se lever sur le trône de l'Horus des vivants, i.e. sur le trône pharaonique), j'y vois le Pharaon. Tout roi d'Égypte, appelé Horus, est l'Horus des vivants, en qui Horus incarné devient visible aux hommes, [hiero.].

Quant à cette désignation des humains, j'en trouve la raison dans le sens premier du mot : ceux qui sont nourris, ceux qui subsistent. Horus se levant [hiero.] «pour faire subsister» ses créatures (cf. p. 126), celles-ci sont appelées les nourris, i.e. ceux qui reçoivent le ☥ apporté par le dieu. Cf. le texte cité p. 149 note 1.

cation qui caractérise le mieux son rôle et sa nature.

Ce serait aller contre toute vraisemblance de nier que notre groupe ait pu jamais franchir ce premier sens. Osiris est ⟨hiero⟩ dans la double région mystérieuse Amen-ti; le ⟨hiero⟩ Horus règne sur la double terre, ⟨hiero⟩ : le Pharaon est un ⟨hiero⟩ demeurant en Égypte, et, si l'Égypte comporte la division de toute contrée et de tout espace (supra, p. 166, s.), sa situation géographique fait de la partie méridionale une région haute et de la partie septentrionale une région basse. On comprend donc que la version grecque[1] de Rosette traduise par μέγας βασιλεὺς τῶν τε ἄνω καὶ τῶν κάτω χωρῶν un titre de la portion détruite de l'inscription hiéroglyphique, certainement notre ⟨hiero⟩.

Une division naturelle aussi conforme à la division sacrée dut paraître comme la marque sensible de ce lien purement religieux qui attachait l'Égypte aux fils de Râ. Les temples étaient distribués en partie du Midi et en partie du Nord : la double Égypte n'était-elle pas le sanctuaire de l'Horus des vivants?

---

1. — L. 3.

— Notes, § IV, 2/2. — 227.

Si cette note a pris un long développement, elle renferme ou prépare la solution de plusieurs difficultés que nous rencontrerons par la suite, notamment dans la seconde partie. Au triple point de vue de la religion, de l'histoire, de l'interprétation des textes, elle touche à des questions à peine indiquées, cependant d'une importance capitale et dignes, je crois, de l'étude que je me propose d'y consacrer dans un autre travail.

2/2. [hieroglyphs] Rā mā peru ḥeri ta-ui.

Le « Soleil proférant la Vérité, protecteur des deux régions terrestres » n'est nullement un ancien roi d'Égypte. Dans le cas présent, [hieroglyph] ne saurait indiquer l'état ou la qualité d'un défunt assimilé à la divinité. Il s'agit du dieu même. Ranimant la nature, le Soleil vient maintenir l'ordre, proférer le vrai, dans les deux régions au-dessus desquelles il resplendit et règne.

Les Seba auraient bientôt détruit l'œuvre divin et ramené le chaos, s'il ne les refoulait chaque matin par la Lumière vivifiante, principal agent de l'harmonie universelle que les Égyptiens appelèrent Vérité. Affermir le ciel et la terre, c'était faire régner Mā, déesse (personnification de la Vérité) qui est, en effet, représentée quelquefois reposant sur la terre et soutenant le ciel. Devant tous les temps, Dieu (l'"âme divine", 〔hiéroglyphes〕) "reposait avec la Vérité"; au commencement, lorsqu'il apporta la lumière, "il se leva avec elle". Venu (〔hiéroglyphes〕) sous la forme d'un Soleil sorti de l'élément humide, il chassa les ténèbres qui couvraient les eaux primordiales, et, dissipant le désordre du chaos, "donna la Vérité". Par ses réapparitions quotidiennes, il conserve ce qu'il avait établi alors : l'harmonie des mondes, du ciel et de la terre; les espèces animales et végétales, toutes choses enfin. S'il vient dans son disque[1], s'il se lève sur la terre, c'est afin de sauvegarder son œuvre, de faire subsister ses créations, en un mot, de maintenir la Vérité en la donnant à nouveau. Celle-ci, figurée par la double Mā, Mā du Midi et Mā du Nord, était représentée à l'avant de la barque solaire. Une variante bien intéressante est celle d'une déesse, fille du Soleil et personnification de sa lumière, "se tenant à l'avant de la barque de son père, afin de renverser les mauvais, en donnant la Vérité, de (〔hiér.〕) l'avant

---

1. — Les textes disent qu'il "navigue", dans son disque, dans sa lumière.

de la barque de celui-ci. » Ces inventions mythologiques confirment que Mā personnifie réellement le Vrai manifesté par tout ce qui est bon et bien dans l'Univers, le principe de toute existence entrevu dans l'Être par qui se meut le Soleil. On ne séparait pas de la manifestation lumineuse l'établissement de la Vérité dans le Monde matériel. Mā est la compagne en quelque sorte inséparable du Soleil.

Nous aurons plus loin à parler de ces personnifications mythologiques qu'on ne rencontre pas d'une manière constante. En général notre texte n'anime ni la Vérité, ni la Lumière. Le dieu les émet directement. La Lumière jaillit de son œil, le disque solaire (1). La Vérité, n'ayant rien de matériel, est censée apportée par la Parole même.

C'est donc l'apparition du dieu lumineux et proférant la Vérité, jetant sur le Monde le vrai, l'ordre et la vie, comme il y darde ses rayons, que tant de textes célèbrent. « Que ta lumière naissante est belle, lorsque tu t'éveilles en vrai de parole ! » s'écrie un adorateur d'Ammon-Rā (cf. supra, p. 116, et Appendice I, l. 1.). Rappelons-nous que la fonction du

---

1. — V. 3/2, note sur 𓈖𓏤𓇳𓏤 𓐍𓏤𓏤 ; et 3/7.

Soleil-Pharaon « disposant de la Vérité » est de faire subsister les deux régions terrestres (p. 207). A son avènement Séti Ier s'empare des deux régions en qualité de « proférant la Vérité (𓏏𓏏) » (p. 221). Ammon, successeur de Ptah, après avoir organisé les mondes, se lève, d'après notre hymne, en « roi du Midi et du Nord, Soleil, proférant la Vérité, protecteur des deux régions terrestres. » Il est roi du midi et du nord parce qu'il sépare et vivifie les deux régions; Soleil, parce qu'il prend cette apparence, parce qu'il vient dans son disque (Rituel, ch. XV); proférant la Vérité, parce que la Vérité vivificatrice sort alors de lui; protecteur des deux régions, parce que la double terre est ainsi vivifiée et sauvée. Il est encore le « Grand de la vaillance » parce que les Seba ne lui résistent pas. Je ne veux d'autre commentaire de mon texte que le suivant passage du papyrus magique Harris (1):

peh-ti-ut au-f   m neb xeperà   sexer

sebàu   m xeri hru nt rā neb   uuà

her mā-u   hāti-k netem āt-ti   m hai

---

1. — Pl. 1, l. 2, 5 (Hymne à Shu).

Notes, § IV, 2/2.

maa-sen ... šu se
râ m mâ χeru.

« Vaillant lorsqu'il est à l'état de maître de la transformation (c.-à-d. à l'état de Soleil levant, de Soleil passant de son rôle nocturne à son rôle diurne (1)); abattant les Seba à la journée de chaque jour (2). La barque ....(3)......; la barque āṭ .... en joie : ils (les nautoniers) voient Shu, fils de Râ, à l'état de proférant la vérité. » — A la vue de celui qui s'est transformé pour renverser les Seba, les nautoniers divins, remplis de joie, applaudissent au triomphe de la Vérité proférée par le dieu vaillant. Pour expliquer cette allégresse l'hymne de Berlin s'écrie

---

1. — Cf. par ex. [hieroglyphs] mes-t-nek râ m χeper-f-χā-t, tu as figuré (i. e. sculpté – dans le temple –) Râ dans son état de transformation afin de se lever. » (Cf. Maspero, Du genre épistolaire, p. 93 et note 5).

M. Chabas (pap. mag. Harris p. 21) pense que Shu est salué seigneur de cette continuité d'existences admises par les Egyptiens, auxquelles le mot χeper-u s'applique en effet dans certains cas, et dans lesquelles rentrent par exemple les diverses formes que les élus prenaient à leur gré dans la vie d'outre-tombe.

2. — Dans la partie diurne ([hieroglyph]) de chaque jour de 24 heures ([hieroglyph]).

3. — Voici la traduction de M. Chabas : « La barque aux

pareillement : « Rā est sur son pavois de Vrai de parole ! », ⊙ [hieroglyphs] (V. appendice I, l.12).

Le titre de [hiero] fut introduit dans le protocole de plusieurs rois. Néchao II se disait le « maître des diadèmes du midi et du nord, proférant la vérité. » Amen-m-hā-t IV en fit son prénom, [cartouche], rā mā xeru. On le faisait entrer parfois dans quelques cartouches, ainsi dans celui de [cartouche], Husap-ti, roi de la première dynastie, et surtout dans celui du dieu Un-nefer (Osiris). — Cf. supra, p. 213-214 ; et [cartouche], Kön. n°159.

En ce sens, être [hiero], c'est être [hiero], vivificateur. Dieu qui pénètre de lumière la matière, afin de l'organiser en y réalisant le vrai, devient le Soleil proférant la Vérité. « Véridique », qui revient à dire digne de créance, car on ne saurait le détourner du sens de « persuasif, éloquent », qu'y attachait Devéria, est impropre à rendre cette idée. Je préfère la traduc-

---

vents de ton cœur (est) heureuse, la nef est en joie. »

Le passage ne serait-il pas altéré ? La préposition [hiero] est très-embarrassante ; l'expression [hiero] (ton cœur est satisfait), trop fréquente pour qu'on songe à la décomposer ; le pronom [hiero] de la phrase suivante se rapporte à un mot omis. Beaucoup trop long si on le compare aux phrases voisines, le passage paraît renfermer les débris de deux phrases distinctes. Il faudrait peut-être rétablir le texte de la sorte : « La barque

tion littérale : «vrai de parole, vrai par ce qu'il profère», c-à-d. proférant la vérité. Celui qui produit la Vérité, celui qui en est le possesseur (⌂ ☥), l'apporte, la montre, la produit avec sa parole, prouvant ainsi qu'il est Dieu ou semblable à Dieu.

Notre interprétation du mot ▯ nous permet d'accepter les textes à la lettre; chaque formule trouvant un sens qui s'enchaîne parfaitement avec la suite du texte. Nous avons vu comment «Maître de la Vérité» était, aux yeux des Égyptiens, la meilleure définition du «père des dieux», du dieu unique (1/6). Les formes et les existences ne sont que la réalisation du vrai, et cette réalisation, succédant au chaos primordial, suppose un auteur, une «âme» agissant par toutes les fonctions divines qui successivement, établissent et maintiennent le vrai dans l'Univers. «Proférant la Vérité comme Chepra père des dieux» devient une conception des plus naturelles (p. 120). «Ammon-Ra... roi du midi et du nord, Soleil proférant la Vérité, protecteur des deux régions terrestres» ne présente aucune obscurité.

---

est à (?) .... avancer(?), et ton cœur est satisfait. — (Les nautoniers) de la barque solaire sont en joie : ils voient Shu, fils de Ra, etc.

1. — ◡ ; ◭ ☥ . Cf. p. 118, 119.

[hiéroglyphes] « Protecteur des deux régions terrestres. » — J'avais d'abord traduit [hiér.] par « chef ». Le sens de « protecteur, surveillant » qui appartient aussi au mot [hiér.], chef (v. p. 46) convient mieux dans ce passage.

M. P. Pierret s'est appuyé sur un passage d'Horapollon, φυλακτήριον δὲ γράφειν βουλόμενοι, δύο κεφαλὰς ἀνθρώπων ζωγραφοῦσι, (1) pour donner à notre groupe le sens de « sauvegarder ». Les « paroles de Nout » formant la suscription du sarcophage de Séti 1er sont ainsi interprétées par lui : « Je sauvegarde ([hiér.]) le naos de la barque funéraire de mon fils le royal Osiris Ramenma (2) » Il est parlé d'une fonction sacerdotale de [hiér.] « gardien du dieu », dans la stèle éthiopienne objet de ses Études (3). La grande inscription d'Abydos mentionne des [hiér.] « conservateurs de la bibliothèque », traduit M. Maspero (4).

Quand la Lumière est personnifiée par une déesse, c'est celle-ci qu'on appelle [hiér.] « la pro-

---

1. — Horapollon, Hierog., I, XXIV, p. 32 de l'édition de M. Leemans.
2. — P. Pierret, Sarc. de Séti 1er, p. 6.
3. — P. Pierret, Ét. ég., p. 104 et 108, note 21.
4. — Maspero, Essai sur l'inscript. dédicatoire du temple d'Abydos, etc. p. 22, 61.

tectrice des deux régions terrestres »; ou, plus souvent, 𓇿𓈈, hent ta-ui, « la régente (?) des deux régions »); 𓎡𓄿 𓇿𓈈, hik-t ta-ui, « celle qui sauvegarde les deux régions ». Le verbe 𓎡𓄿, que Champollion rendait déjà par « sauvegarder », et qui, en second lieu, signifie « gouverner, diriger », serait un synonyme parfait de 𓋾.

Le titre 𓋾 𓎡𓄿 𓇿𓈈, dans notre passage, répond d'ailleurs au 𓎡𓄿 𓁹 du Chapitre XVII : après la création, le premier lever du Soleil a pour but de « sauvegarder ce qu'il a fait ». 𓋾 𓎡𓄿 𓇿𓈈 et 𓎡𓄿 𓁹 montrent le dieu accomplissant le dessein qu'il a eu lorsqu' il « s'est levé, à l'horizon oriental du ciel, pour faire subsister tout ce qu'il avait fait » (supra, p. 125-126).

2/2. — 𓉻 𓅡 𓏏𓏭 𓎟 𓊃𓆑𓏏
      āa   peh-ti   neb   s'efi-t

𓅑 𓈙𓏥 « Le Grand de la vaillance, maître de la crainte. »

𓉻 𓅡 𓏏𓏭 𓎟 ne signifie pas « le grand Vaillant », ce qui se dirait 𓎟 𓏏𓏭 𓉻 𓅡. L'adjectif ne précède jamais le nom qu'il qualifie. L'oubli de cette règle grammaticale peut entraîner à des fautes graves. 𓐙𓂝𓏏 𓎟 𓐙𓐙𓏏, « le Vrai (i.e. l'Être vrai), Maître de la double Vérité », a été interprété par « véritable seigneur des deux justices »: la grammaire ne saurait justifier cette traduction.

Substantif, ⸻, « grandeur », désigne aussi un agent supérieur. Le papyrus Abbott mentionne un [gl.] « chef des manœuvres ». a ce sens dans le titre [gl.]. Il varie alors avec ⸻, « maître » et « seigneur »: le nom de [gl.], « la dame de la barque (1), s'écrit également [gl.] (2); le titre de ⸻, maître des diadèmes, devient [gl.] (3); enfin le cartouche [gl.], « Soleil maître de la vaillance » (prénom d'Ahmès), prouve que notre titre āa-peḥ-ti signifie « celui qui dispose de la vaillance ».

Ordinairement ⸻ implique la possession. Dieu est [gl.], neb pe, maître du ciel; le Pharaon, [gl.], neb kem, maître de l'Égypte; le chef de famille, [gl.], maître d'une maison; avec sa femme [gl.], maîtresse de maison. [gl.], āā-n-á n χar-t mā neb-t hai, « j'ai donné à celle qui est veuve comme à celle qui possède un mari (4) », offre un cas où ⸻

---

1. — L'une des 8 divinités qui entourent le Soleil [gl.] dans sa barque.
2. — Papyrus de Boulaq, I, 41.
3. — v. 5/1.   — 4. — V. m. Brugsch, Dict. mot [gl.]

n'éveillant aucune idée de suprématie marque la simple possession. [hieroglyphs] sera mieux rendu par « maître de la crainte; disposant de la crainte » que par « seigneur de la crainte; seigneur redouté »(1).

Toutes les fois que le membre de phrase compris entre deux points se compose de deux titres, comme *ta peh-ti, neb s'efi-t*, ces deux titres expriment des idées connexes. Exemples :

Roi du ciel, prince de la terre; (1/4);
Maître de la vérité, père des dieux; (1/6);
Orné de diadème, élevant le diadème blanc; (3/2);
Auteur des hommes, producteur des animaux; (1/6); etc.

La présente phrase affirme que le Soleil

---

1. — Observons ici que si certaines expressions, [hieroglyphs], etc., attribuent à la Divinité la grandeur, la bonté, etc., les formules comme [hieroglyph], *neb sa*, [hieroglyph], *neb mā*, [hieroglyph], *neb ḥeḥ*, etc., littéralement « maître de l'Intelligence; maître de la vérité; maître de l'éternité (variante : [hieroglyph] auteur de l'éternité. Cf. [hieroglyph], variante de [hieroglyph]); n'expriment pas que Dieu est un seigneur intelligent, éternel, vrai. Elles rapportent, conception philosophique bien différente, l'Intelligence, la Vérité, l'Éternité, à une source unique, à un principe nécessaire. Ce sont là, non des qualifications, mais des désignations et presque des démonstrations de Dieu; le maître universel, défini celui qui dispose de l'Intelligence, de l'Éternité, de la Vérité, comme l'Égyptien [hieroglyph], de sa maison.

Le second sens de [hieroglyph], celui de seigneur (on trouve [hieroglyph] en

dispose de la crainte en tant que chef de la force ou vaillance.

⟨hieroglyphs⟩, var. ⟨hieroglyphs⟩, n'éveille qu'une idée de force ou de vaillance (Set lui-même ayant eu son heure de triomphe était appelé Grand de la Vaillance, āa peḥ-ti)[1]; mais s'efi-t, crainte, comporte deux nuances : <u>vénération</u> et <u>terreur</u>. E. de Rougé a souvent insisté sur ces deux sens, dont le premier va jusqu'à l'idée d'amour : v. notamment p. 12 de ses notes sur l'hymne de Thotmes III. J'ai choisi le second (p. 6); néanmoins le texte présente une amphibologie qui peut être intentionnelle. Le vainqueur des Seba (āa peḥ-ti) inspire la crainte (neb-s'efi-t) aussi bien à ses créatures qu'à ses ennemis. Il terrifie ceux-ci; il est vénéré de celles-là.

De telles attributions, quoiqu'on ait voulu y voir la puissance divine considérée d'une manière générale, ont une valeur toute mythologique. Le dieu vaillant et fort, maître de

---

parallélisme avec ⟨hieroglyph⟩, her, supérieur), dérive naturellement de l'idée de possesseur, maître. Primitivement le droit sur la chose n'existe pas sans la possession; le seigneur est le dominateur. Cf. dominus, propriétaire, et seigneur.

1. — Pour la désinence ⟨hieroglyphs⟩, ti, V. E. de Rougé, Chrest, II, p. 10.

la crainte, n'est autre (1) que le Soleil levant qui renverse les Seba, paraissant soulever et soutenir le ciel où il s'élance en tirant la terre des ténèbres.

Shu en est la principale personnification. Il n'est pas nommé dans notre papyrus où le Soleil levant conserve le nom générique de Soleil, Râ, ou Amen-Râ (Cf. supra, p. 106, n.3, et p. 180). La rédaction première du chapitre XVII du Rituel portait seulement ces mots (1er verset) : « Je suis ..... Râ, à son lever, dans le commencement, sauvegardant son œuvre. » Un glossateur a ajouté : « Râ, à son lever, au commencement, ... c'est Shu qui soulève l'abîme céleste et écrase les rebelles.... »

Les dieux mêmes subissent cette crainte qu'inspire le Soleil levant. Shu, dit le papyrus magique Harris, « soulève le ciel, l'affermissant sur ses deux bras, et tout dieu s'incline devant lui » (2) :

āpi   pe   s-men   su   m   (ā)-ui-fi

---

1. — Le défunt, proclamé 𓐙, et vainqueur de ses ennemis, avait les mêmes attributions.

2. — Pap. mag. Harris, I, 10, 5. — Dans le travail de M.

(H)ehan — nuter neb er kher-f.

Ce vainqueur des Seba, Shu, soulevant le ciel, prenait souvent le surnom de Anhour, ⚬ ; ⚬ (« celui qui conduit le ciel »), l'Ονουρις que les Grecs identifièrent avec Mars. Anhour est qualifié de prince ou maître du glaive. Le Soleil levant frappait les Seba avec le glaive, et cette arme lui est donnée, qu'on l'appelle Shu, Anhour ou Horus.

Le chapitre 142, qui énumère « les noms d'Osiris dans toutes ses places (où) il lui plaît d'être », l'appelle, à la colonne 18, ⚬ « le maître de la vaillance, celui qui foule les Seba ». C'est notre titre développé. L'attribution de la vaillance ou force et de la victoire au dieu-momie a la valeur d'une identification avec Horus. A la colonne 22, on voit ⚬, Asar-her-yu-ti, Osiris-Armachis.

Chabas, travail qui date de 1860, cette phrase a été mal interprétée. Les progrès de la science, dus en grande partie aux continuelles publications de ce savant, mettent le nouvel interprète à même de corriger aujourd'hui des erreurs qui étaient alors inévitables.

1. — Mʳ. Chabas a lu R HAT : « pour que craigne (tout dieu) sa face ». — HAT, mot assez rare, qui a été conservé dans

— Notes, § IV, 2/2. — 241

Horus personnifiant, dans un autre mythe, la même phase solaire que Shu, jouait le même rôle; soulevait le ciel de ses deux bras; était « grand de la vaillance, maître de la crainte. » (1).

[hieroglyphs] fait donc allusion à un événement mythologique. La place de ces qualifications dans les compositions le démontre surabondamment. D'autres titres, dont nous aurons plus tard à

---

le copte ϩⲟⲧⲉ (E.), ϩⲟϯ (M.), timor, ne figure pas dans ce passage du papyrus Harris. Le fac-similé porte : [hieroglyphs] dont les derniers signes se composent de [hieroglyphs] ([sign] correspond à la forme antique [hieroglyphs]), et non de [hieroglyphs]. Le groupe entier [hieroglyphs], tehan, ou [hieroglyphs], rehan, donne une forme composée de [hieroglyphs], pencher, incliner (Ex. [hieroglyphs], han ati-f, incliner son dos), et d'un préfixe, probablement [sign], plus usité que [sign] dans ce rôle ([signs] et [sign]). [signs], préfixes, impliquent le sens factitif; souvent ils semblent ne pas modifier la valeur radicale.

En outre, la traduction de M. Chabas, « pour que craigne tout dieu sa face », ne rend pas la préposition [sign] qui précède [signs]. [signs], « devant sa face », cf. l'hébreu לִפְנֵי.

1. — Au Pharaon, qui est un Soleil levant, un Horus vivificateur, le dieu-Soleil, son père, dit : [hieroglyphs] ..... [hieroglyphs]

242. —— Notes, § IV, 2/3. ——

nous occuper, rappellent la puissance divine. Au reste, l'expression de la puissance divine interrompait la suite des idées.

2/2, 2/3. — [hieroglyphs], ḥeri ȧr ta mā ḳat-f, « protecteur qui fait la terre comme elle se comporte. »

Il s'agit de l'action providentielle du « Soleil qui fait subsister le monde terrestre comme est le modèle de lui », [hieroglyphs], ainsi que dit la grande inscription d'Abydos.

Mais faut-il comprendre « faisant le Monde terrestre à l'image de lui, Soleil », ou « dans l'état de lui, monde terrestre »? Le pronom [hieroglyph], ejus, se rapporte-t-il à [hieroglyph], qui est du masculin, ou au dieu? Sans changer d'acception, [hieroglyphs], ḳat, se prête à cette amphibologie. Parmi ses nombreuses valeurs, cette racine compte celles de « tourner, aller en cercle », et de « tourner, modeler; chose modelée, image »; le vase [hieroglyph], non phonétique en pareil cas, (je ne sais si cette explication en a été donnée) détermine vraisemblablement les idées de tour, tourner, et de mo-

[hieroglyphs] « je t'ai donné toute terre, la réunion des barbares sous la crainte ». — Il soutient aussi le ciel.

_____ Notes, §IV, 2/3. _____ 243

deler. [hieroglyphs], « comme le modelé de lui », peut vouloir dire « à l'image de quelqu'un », comme dans cet exemple : [hieroglyphs], per m ẋe-t-f mā ḳet-f, « le sorti de son flanc, comme le modelé de lui, semblable à lui » (1). Plus usuellement toutefois, mā ḳat-f est une locution signifiant « tel qu'il est, dans son état » ; E. de Rougé l'a rendue heureusement par « comme il se comporte » (2).

C'est le second sens qui s'applique ici; le pronom [hieroglyph] se rapporte au substantif [hieroglyph]. Ramsès II, appelé par la grande inscription d'Abydos [hieroglyphs], est confondu avec le Soleil qui fait subsister la terre telle qu'on la voit, comme elle se comporte. L'idée d'un monde terrestre formé à l'image du dieu ne peut convenir, vu le sens de ☥, nourrir, apporter la vie, faire subsister (3); le Soleil, en vivifiant le Monde, en empêchant sa ruine, le fait rester comme il est, se comporte. M. Maspero traduit : (Ramses) « Soleil, vie de la terre à l'égal du Soleil » (4).

_____

1. — Denkm. III, 106, b, ol. 13-14.
2. — V. E. de Rougé, Chrest., II, p. 92.
3. — V. suprà, p. 47, o.
4. — Maspero, Essai, etc., p. 23; l. 36 du texte.

244.   Notes, § IV, 2/3.

L'image du Soleil serait le roi ; mais si nous rapportons, dans notre passage, ⟨—⟩ au dieu, nous aurons un sens différent, « faisant la terre à son image », l'image du dieu serait le monde terrestre, lorsqu'il est évident que les deux textes n'offrent qu'un seul et même sens. Qu'on rapporte ⟨—⟩ à ⟨—⟩ ; et le sens sera le même et également satisfaisant dans les deux cas.

Sur un des piliers au nom du grammate Houishera, on lit : « ô Soleil, [hieroglyphs] [hieroglyphs](1), mère de la terre, père des humains, qui illumine les 2 terres comme il lui plaît ». Ceci doit signifier que le Soleil nourrit le Monde comme le père et la mère nourrissent leurs enfants. Il n'y a là aucune idée de création ; il est question de ce que le Soleil répète chaque jour. En outre, la Mère, qui, nous le verrons plus loin, n'est qu'une forme ou manifestation du dieu, était la protectrice spéciale des deux régions terrestres, et portait les titres de [hieroglyph], etc., rappelés ci-dessus, p. 234-235. L'hymne de Houishera rend donc la pensée de notre texte.

Les variantes confirment le sens qu'à dans ce cas le titre de [hieroglyph], protecteur. A Abydos « nourricier de

───────────────
1. — Avant [hieroglyph], lire [hieroglyph].

Notes, § IV, 2/3. 245

la terre », [hieroglyphs], le Soleil, « qui fait la terre comme elle se comporte », en devient, dans notre hymne, le « protecteur », [hieroglyphs], et la Mère, dans celui de Houichera.

La conception d'une terre produite à l'image de dieu s'expliquerait. D'après la doctrine égyptienne, les créations du Soleil semblent consister à doter la matière préexistante, mais non organisée des formes qui déterminent les êtres et les choses; étant « la forme unique, auteur de toutes les formes, auteur des êtres et des choses », tout ce qui existe sort de lui, est à son image? Qu'il ait eu ou non cette idée, l'auteur de l'hymne ne l'exprime point..

2/3. — [hieroglyphs], _ten sefer-u r nuter neb_, « déterminant les plans, les destins, plus qu'aucun dieu. » — Cette phrase, que je prends pour le complément de la précédente, offre de sérieuses difficultés.

Elle est écrite à l'encre rouge (sauf les mots [hieroglyphs]), comme les rubriques qui annoncent les premiers mots d'un chapitre, d'une strophe, d'un paragraphe, soit un nouvel ordre d'idées; et, précisément, la suite traite un sujet-

nouveau. Longtemps cette coïncidence m'a fait détacher du § IV la formule *ten sefer-u r nuter neb*, sans réussir à y trouver un sens convenable. J'espère que les observations qu'on va lire l'auront suffisamment éclaircie pour faire voir qu'elle appartient au paragraphe IV, qu'elle termine. L'encre rouge ne signale pas que les rubriques. Le scribe en a fait usage chaque fois qu'il a voulu appeler l'attention sur quelque idée plus remarquable, quelle qu'en soit la place dans le récit. Tout titre se référant à l'unité divine est écrit en rouge; etc. Nous relèverons les passages à mesure que nous les rencontrerons, et j'en donnerai la liste à la fin du commentaire. Tout-à-l'heure, connaissant la construction poétique toute particulière des phrases qui suivent le § IV, nous n'aurons aucun doute sur cette coupure.

La finale « plus que tout-dieu », variante « plus que les dieux », est commune à un assez grand nombre de formules, qui, en général, ne comptent pas parmi les plus claires. Le sens de « plus que » y est satisfaisant, et, dans quelques-unes, assez apparent; ex. :

[hieroglyphs], *user ren-k er nuter-u* « (ô) rendant puissant ton nom, plus que les dieux (1) »,

---

1. — Pap. mag. Harris, 2/11, 3/1.

c'est-à-dire, « plus qu'aucun dieu, tu rends ton nom puissant ». ⌒, adjectif, signifie « tout » surtout dans le sens de « quelconque » : plus qu'un dieu quelconque.

⌈⊙⌉ indique le dessin, le plan, et, dans un sens moral, la règle ou loi arrêtée par une convention, comme un traité ; le sujet d'un message : d'où la condition, la nature, le caractère, ce qui est de l'essence, la manière d'être enfin.

A Thèbes, Chons, dieu-fils dans la triade d'Ammon, recevait le titre de [hiéroglyphes] sḫr-u m(uas), qui a été compris de diverses manières. D'après E. de Rougé, Chons serait le conseiller de la Thébaïde ; les rois, observe-t-il, mettaient leur mérite à suivre les conseils (sḫr) des dieux ; Chons présidait donc aux conseils de l'Égypte, et sans doute par ses oracles était censé conduire son gouvernement (1) De son côté, M. Chabas estime que [hiéroglyphes] veut dire « Chons qui fait ce qu'il veut en Thébaïde » (2). Cette seconde interprétation spécialement serait séduisante pour notre passage ; si les variantes n'en

---

1. — E. de Rougé, Stèle ég^ne, etc, p. 17. — Je suis loin de rejeter l'opinion de ce savant ; je crois seulement que le sens premier du titre de Chons est autre.

2. — Dans la Zeits. für aeg. spr. de 1870, p. 82-83.

exigeaient pas une autre. Le papyrus d'Orbiney raconte de Batu que [hieroglyphs], *per pu ȧr-nef m pai-f ḥefennu ȧu-f ḥer tehen ta pa-t nuter-u ȧu-sen her semi her ȧr-t sexer-u pai set ta ṭer-f*, « comme il était sorti de sa villa, il rencontra la Société des dieux; ils venaient pour faire les plans, les destins, de leur terre (tout) entière » (1). [hieroglyphs], à *t'et-nek sexer-u n ta neb*, « ce que tu dis est le plan, i.e. la loi, le mode d'être, le destin de toute terre », est-il dit au Pharaon (2). Ces exemples s'accommodent mal de la valeur de « conseils, oracles », et excluent tout à fait celle de « volontés », puisqu'il s'agit des [hieroglyphs] de la terre. Or, dieu local, Chons règle les plans, les destins, de son territoire: [hieroglyphs], « Chons auteur des plans en Thébaïde », en est le protecteur. [hieroglyphs], de notre texte, se relie aux titres précédents; la pensée se complète

---

1. — Pap. D'Orbiney, pl. IX, l. 2 et 3. — Maspero, Rev. des cours littéraires, 1870 (n° 49), p. 782: « Comme il en sortait, il rencontra le cycle des dieux qui s'en allait régler les destinées de la Terre entière ».

2. — Pap. Anastasi IV, 5/9; Cf. An. II, 6/1.

Notes, §IV, 2/3.

249

ainsi : [hieroglyphs] « le protecteur, qui fait la terre comme elle se comporte, déterminant les plans, les lois (de la terre), plus qu'aucun dieu ». De ces plans ou lois, [hieroglyphs], de la terre, résulte son [hieroglyphs], comme elle se comporte, dont le dieu-Soleil, qui gouverne le Monde, [hieroglyphs], est l'auteur. « Ce dieu, dit le papyrus Harris (1), a commencé la terre suivant ses lois, dans ses plans », c.-à-d. dans sa condition : [hieroglyphs], *nuter pen s'aā ta m seper-u-f*. Mr Chabas semble rapporter les plans au dieu ; « ce dieu, traduit-il (2), a commencé le Monde par ses plans ». Les textes précités prouvent qu'il s'agit des plans de la terre, quoique le dieu en soit l'auteur ; de ses plans ou lois, d'où résulte sa manière d'être : tous ces exemples demandent à être éclaircis l'un par l'autre.

La stèle des mines d'or montre clairement ce qu'il convient d'entendre par les *seper-u* d'un pays. « Elle (la région d'Akita), y est-il dit, est dans le plan, (i.e. la condition naturelle) de manquer d'eau, depuis

---

1. — 4/6
2. — *L.l.*, p. 62.

le temps du dieu (i.e. depuis le commencement du Monde), [hieroglyphs] (1). La ville fondée par Ramsès II en Syrie est comparée en ces termes à Hermonthis par le papyrus Anastasi II : « Elle est [hieroglyphs] comme le plan, la condition, la manière d'être de On du midi » (2). Évidemment il n'est pas parlé du plan matériel, du dessin (3).

---

1. — Stèle de Kouban, l. 20.
2. — An. II, 1/2.
3. — Du reste cette interprétation ne sort pas du sens habituel et fondamental de [hieroglyph] plan, loi, d'où condition, dont les monuments offrent tant d'exemples. Batu revient au soir, chargé de toutes les herbes des champs, selon le plan (sefer), la règle, de chaque jour; il vit avec son frère aîné [hieroglyphs], comme le plan, la condition d'un cadet; celui-ci se montre pour lui dans le plan, la condition d'un père; (D'Orbiney, 5/7; 1/2; 3/10), etc.;

« Si tu désires (i.e. si tu as) un plan, dit la stèle de Kouban (l. 13), [hieroglyphs] », il s'exécute, etc. Aime-t-on mieux: « Si tu désires un dessein », comme ci-dessus j'ai traduit (p. 97), d'après E. de Rougé, « mes desseins s'accomplissent... »? Les desseins sont les plans de l'intelligence; le mot sera employé au figuré, le sens ne sera pas nouveau: mais pourquoi ne pas rendre une figure si familière à nos esprits, « mes plans s'accomplissent » ?

Pour la valeur de « vouloirs, volontés », qui serait nouvelle, autre chose étant « avoir des plans, former des desseins », autre chose « faire ce qu'on veut, n'en faire qu'à sa tête (V. M. Chabas,

_____ Notes, §IV, 2/3. _____ 251

Les [hiero] de la terre sont donc les plans ; c'est-à-dire, en un sens moral, les lois, d'où résulte sa condition, sa manière d'être et de subsister, son [hiero] (Cf. infrà, p. 256). Ammon en est l'auteur ; le scribe a regardé cette idée comme très-importante, puisqu'il a écrit en rouge les mots qui servent à la formuler. En effet, c'est réellement la conclusion

_____

Zeits., 1870, p. 83) », je ne connais pas d'exemple probant. Celui de Chons ȧr sefer-u m (uas) a une autre signification. Je crois qu'on fera bien, dans tous les cas, de s'en tenir aux sens connus, soit au sens premier de plan, et à ses dérivés immédiats. Mr Chabas traduit [hiero] par « le circuit du disque est à sa disposition » ; [hiero], dans cet exemple, est un verbe ayant pour sujet le mot [hiero] (Cf. infrà §5, note sur [hiero]) ; donc « le disque tourne, accomplit ses révolutions sous les lois, ou suivant les plans, de lui (Osiris).» Ceci revient à dire que son mouvement reste à la disposition d'Osiris : philologiquement, l'expression est différente ; on énonce que les lois du mouvement solaire ont été fixées par lui, ou peut-être même que les plans, c'est-à-dire les chemins parcourus par le disque ont été tracés par le dieu.

Il n'y a pas de mot qui ne prenne bientôt une foule d'acceptions, si l'on veut lui compter en propre toutes celles des expressions dont nous nous servons pour rendre plus claire la pensée qu'il arrive à réveiller, dans des cas donnés, par des figures inconnues à nos langues. Batu rapporte des herbes selon son plan, son habitude, de chaque jour ; il vit avec son aîné «comme le plan», dans les rapports, d'un cadet ; cependant [hiero] ne veut dire ni

de tout le paragraphe IV et le résumé le plus net du rôle du Soleil, successeur de Ptah (1/7) : faisant subsister la terre, telle qu'on la voit, Ammon-Râ en règle les destins. Ammon est, avant tout, le dieu-providence ; c'est pour cette raison sans doute que dans sa personne de dieu-fils, sous le nom de Chons, il était qualifié « celui qui fait les plans en Thébaïde ».

Jusqu'ici j'ai réservé le premier groupe de la formule, le mot [hiéroglyphes], attendant que les phrases discutées à propos du groupe [hiéroglyphes] nous eussent indiqué le sens général de cette expression très-difficile et très-diversement interprétée. À coup sûr, le sens général qu'elles impliquent est, pour [hiéroglyphes], « faire, ou produire, les plans » ; [hiéroglyphes], racine aux multiples acceptions, prendrait sans doute la valeur de «préciser, déterminer», qui a été découverte par M. Chabas.

---

habitude, ni rapports ; il ne signifie pas plus volonté, quoique le disque se meuve suivant les plans, les lois, les desseins, c.-à-d. suivant les volontés, à la disposition d'Osiris. Si nous appliquons à d'autres textes ces prétendues valeurs de coutume, habitude, rapports, volontés, disposition, etc., nous commettrons infailliblement des contre-sens.

M. Chabas tombe dans la même erreur à propos du mot [hiéroglyphes] qui prendrait aussi le sens de «volonté», dans des phrases comme «la terre est consolidée, etc., [hiéroglyphes] (par son action, par lui : v. ci-dessus, p. 98)» ; l'égyptien pris à la

Nous reviendrons dans un instant sur un exemple de notre hymne où on lit qu'Ammon est «l'auteur des êtres intelligents, celui qui détermine leurs formes, [hiéroglyphes]». Il s'agit apparemment de formes déterminées, là où l'hymne à Ptah des papyrus de Berlin[1] dit : [hiéroglyphes], iu-n-f yer-k nuter ten àr-u, «il est venu en toi, avec toi, le dieu qui a déterminé les formes»[2]. Le texte débute par rappeler Ptah reposant et veillant seul dans l'Abyssus, comme le principe d'où étaient sorties plus tard toutes les formes des êtres et des choses. Alors se place l'apostrophe «Il est venu avec toi le dieu qui a déterminé les formes», et le récit passe à Ptah déterminant les formes du ciel, de la terre, de l'eau (qui, auparavant, ne coulait pas); même les siennes propres[3], car suivent ces mots : «ensuite, tu es dans la forme, [hiéroglyphes], de Totonen; dans ton devenir de réunissant les deux régions terres-

---

lettre est autrement expressif; l'action, le rôle, du Pharaon consiste à consolider la terre.

1. — Ce long texte, si important par les formules et les développements qu'il renferme, par sa doctrine panthéistique, a été transcrit et traduit en entier, et pour ainsi dire révélé, par M. P. Pierret (V. Ét. ég. p. 1, s). Ce sera pour nous une source des plus précieuses, et qui nous fournira le plus de données pour les recherches qui feront l'objet de la seconde partie de notre travail.

2. — M. P. Pierret a traduit «vient en toi la divinité quelles qu'en soient les formes»(p. 3).

3. — Les dieux (ses rôles) dont la série ne s'ouvre, d'après tous les textes religieux,

très, etc. ».

L'expression [hieroglyphs] n'a pas encore été comprise ainsi. Au papyrus magique Harris est cette phrase

[hieroglyphic text]

[hieroglyphic text]

que Mʳ Chabas transcrit et traduit de la sorte (1) :

TENNUI   OER   AÏRU-EK   ER   NUTERU.
Étendues   beaucoup   tes formes   plus que   les dieux.

Au lieu du chef, [hieroglyph] ur,(2) M. Maspero (3.) a raison de voir, précédant le signe d'honneur, [hieroglyph], le déterminatif du vieillard, [hieroglyph], qui entre régulièrement dans l'orthographe du radical [hieroglyph], [hieroglyph], lorsqu'il reçoit la valeur de « vieux, avancé en âge ». Pour le sens que M. Maspero propose, « tes formes sont plus antiques que les dieux », les idées mythologiques y répugnent : les dieux sont précisément les formes du Dieu unique. Je traduirai : « (ô) déterminant tes formes, plus que les dieux (4) ». — Dans

qu'après sa sortie du repos primordial.

1. — Pap. mag. Harris, 2/8 ; p. 44 du commentaire de Mʳ Chabas.
2. — Pour [hieroglyph] ur, formant une sorte de superlatif, v. E. de Rougé, Chrest. II, p. 37.
3. — Maspero, Du genre épistolaire, p. 56, note 1.
4. — C'est-à-dire : tandis que les dieux, lesquels ont un père (le Dieu un, l'âme divine) ne déterminent pas leurs propres formes ; v. IIᵉ Partie.

Notes, § IV, 2/3. 255

le texte à propos duquel il cite le papyrus Harris, et où [hieroglyphs] a le sens de « tribut, redevances ». M. Maspero n'hésite pas à considérer le signe [hieroglyph], bien que répété dans deux manuscrits, comme abusif ; il l'est au papyrus Harris ; les fautes semblables fourmillent dans la plupart des manuscrits hiératiques. Le papyrus de Berlin n'a pas ce déterminatif ; le passage rapporté ci-dessus, p. 253, ne comporte aucunement la signification de « antiques sont tes formes », non plus que celle de « étendues sont tes formes »; et [hieroglyphs] est une expression toute composée, un titre consacré dont la valeur ne saurait varier selon les compositions. Plus loin (4/33), notre hymne nous dira qu'Ammon est « l'auteur des êtres intelligents, déterminant le modèle (la forme, la manière d'être) d'eux, [hieroglyphs], faisant l'existence d'eux, distinguant les nuances de l'un (de celles) de l'autre. » Comment méconnaître qu'il ne fait que remplacer le mot [hieroglyphs], formes, par une définition ? Le sens de [hieroglyphs], celui de [hieroglyphs], en sont singulièrement éclaircis. Ammon fixe la manière d'être, la forme, les nuances qui définissent et distinguent chaque être intelligent ; tandis que [hieroglyphs] « déterminant tes formes », du pap. Harris, s'adresse au dieu père de ses propres formes ; et que, dans l'hymne à Ptah, [hieroglyphs] (sans pronom) « déterminant les formes » est dit de celui qui tire du chaos le ciel, la terre, etc.; du repos primordial, ses manifestations actives.

Enfin l'acception que ces formules donnent à [hiero] est celle que supposait déjà la phrase [hiero], telle que nous l'avions comprise. C'est que l'idée, en effet, n'est point modifiée : Ammon détermine des plans, une certaine manière d'être : d'après le contexte, celle de la terre; si, à [hiero] la forme, l'apparence, [hiero] substitue [hiero] le plan, soit ce qui arrête la forme, décide de l'apparence, est-ce que donner le plan, ce n'est pas régler la forme et l'apparence?

[hiero], déterminant les plans, est donc, dans une certaine mesure, une variante de [hiero], déterminant les formes, et de ce [hiero], déterminant la manière de se comporter, qui est dit de l'auteur des êtres intelligents et dont notre manuscrit laisse entrevoir la pensée. Nous ne nous étions pas trompés en disant que la condition faite à la terre par le dieu son protecteur, exprimée par sa manière de se comporter, [hiero] du membre de phrase précédent, était le résultat des plans, [hiero], qu'il arrêtait; et nous entrions dans la pensée du rédacteur de

cet hymne quand, uniquement guidés par les variantes, nous analysions cette expression [hiero] en rapportant le pronom [hiero] au Monde terrestre, [hiero] (1).

Quant au radical [hiero], ce qui me paraît hors de doute c'est que, dans ces exemples et autres semblables, il ne joue pas le rôle d'un adjectif « étendu », ou « antique », ou « quelque », marquant la qualité des plans ou des formes. Il exprime l'action créatrice du dieu leur auteur, et a le sens général de « produire, faire » : partant, la nuance de « déterminer, préciser, discerner » est bien probable quoique ne ressortant pas d'une façon absolument certaine des textes précités. La valeur de « discerner, séparer, distinguer » se rattache facilement à celles de « quantité, compter, quote-part (dans l'impôt) », etc.

L'étude du § IV nous a longtemps arrêtés. Je mets en regard deux interprétations. L'une est celle à laquelle conduisent les traductions ayant cours dans les travaux antérieurs; l'autre, que j'accompagne d'une paraphrase, résulte de nos observations : en les résumant ainsi et en montrant à quel point mon interprétation s'éloigne des précédentes, j'espère justifier la longueur de ces analyses.

---

1. — p. 243, s, et p. 251.

Le chef beau, engendré par Ptah.

Le bel enfant chéri, auquel les dieux font des adorations.

L'auteur des choses inférieures et des choses supérieures, qui éclaire les deux mondes.

Celui qui navigue dans le ciel heureusement.

Le roi de la Haute et de la Basse-Égypte, véridique (défunt), chef des deux mondes (le monde inférieur et le monde supérieur, ou la haute et la basse-Égypte).

Le grand de la vaillance, le maître de la terreur.

Le chef qui a fait la terre comme elle est — ou : à son image.

Celui qui fait ce qu'il veut,

Le « germe beau sorti de Ptah » se développe en « bel enfant chéri, auquel les dieux font des adorations. »

Devenu fort (vp.ꜣḫ) « il organise les choses inférieures et les choses supérieures »; puis (comme dit le Chap. XVII) se levant pour conserver son œuvre, « il tire des ténèbres les deux régions terrestres, en passant (chaque matin) dans le ciel supérieur, heureusement. »

Les créatures reconnaissent alors « le Roi des deux régions du Midi et du Nord, » celui qui, venu en naviguant dans son disque et tranchant l'Univers, sous la forme de « Soleil, émet le Vrai, protecteur des deux régions »; autrement dit celui qui règne sur les deux régions et les protège en les vivifiant par la réalisation du vrai, que le « Grand de la vaillance, maître de la crainte » fait prévaloir contre les mauvais principes, les Seba, dont l'opposition n'a pu empêcher son lever de s'accomplir « heureusement ».

Il est, en conséquence, le « protecteur qui fait la terre comme elle se comporte », il en « détermine les plans (les destins)

plus que les dieux — ou: dont plus qu'aucun dieu. les desseins sont antiques (ou étendus), plus que les dieux.

(9) Un mélange singulier des titres les plus divers, voilà la première traduction; ce qu'on admet comme reflétant la pensée d'un hymne égyptien. Au contraire, à ce que je crois, le §IV présente, suivant l'ordre de succession, la série complète des actes solaires. Chaque titre mieux compris, après que le sens en a été cherché dans la comparaison d'autres textes, il apparaît que l'ensemble expose une conception mythologique fort intelligible. C'est le tableau que les scribes s'ingénient le plus(1) à reproduire, le sujet nécessaire de tout hymne au Soleil. On voit combien nous sommes encore loin de l'intelligence des textes religieux, quelles difficultés on a à vaincre pour arriver à comprendre quelques lignes. Toutefois nous ne pourrons pas toujours entrer dans autant de détails, notre marche devant devenir plus rapide.

§§ V et VI.

Les phrases suivantes, par lesquelles finit

---

1. — Le 1ᵉʳ verset du ch. 17 que j'ai rappelé si souvent ne fait que développer le même sujet. V. IIᵉ partie l'explication des premiers versets de ce chapitre.

§§ V et VI.

___ 1ᵉʳ verset ___

Ḫāāu **NUTERU** m' nefru — **F** • **[XEFT** .... — **F M** ⋅]

(Se réjouissent les dieux de l'éclat de lui; (lorsqu'il brille(?) dans ....)
butu-nef hennu <u>m</u> pa-w • s-ẖāau <u>m</u> pa-neser •
(Donnant à lui des acclamateurs dans Ẕa-ur, (et donnant à lui) des faisant tirer dans Ẕa-neser.

___ 2ᵉ verset. ___

Moerou **NUTERU** sti — **F** • **XEFT** ai — **F M** hunt — •

(Aiment les dieux, le parfum de lui, lorsqu'il est venu en Arabie';
Uu ātu, ẖa-f • nefer hen, aï ẕa-muter •
Prince des rosées, il descend au pays des Madjaiou, beau de visage venus de Ẕa-muter.

___ 3ᵉ verset. ___

Xenxen **NUTERU** reh-ti — **F** • **XEFT** sa-sen hen — **F M** neb-sen •

(S'élancent les dieux aux pieds de lui, lorsqu'ils reconnaissent la Majesté à l'éclat de leur maître;
neb-sen ; āa nera • au bi-u, ẖem ẖāa-u
Un maître de la crainte, grand de la terreur! le grand des âmes, possesseur des diadèmes.

la première des quatre parties de l'hymne forment un tout indivisible (1). Le tableau de la page 260 fera saisir la symétrie de leur construction.

Cet endroit comprenait trois versets d'un modèle unique. Une sorte de refrain, ramène la même tournure, les mêmes mots, dans chaque premier demi-verset, rappelant le chant cadencé de la fameuse inscription de Chotmes III. Comme ce dernier, à la fin d'une composition, il semble quelque lyrique transport de l'esprit échauffé par toutes les grandes idées qui ont fait le sujet de l'hymne, en précipite le mouvement poétique et termine dignement le morceau.

Quand nous étudierons la progression des idées dans toute cette première partie de l'hymne, nous verrons les rapports de ces trois versets avec les paragraphes précédents. Le premier remémore la naissance du Soleil; le second passe à la course diurne d'Orient en Occident; le troisième célèbre la toute-puissance du dieu redoutable mais aimé que rien n'arrête dans cette marche perpétuelle d'où dépend la conservation du Monde terrestre. Ces trois versets ont donc leur unité et leur forme communes : ils s'enchaînent, se suivent, se complètent.

1.. — Je ne m'en suis aperçu qu'après avoir autographié les premières pages de ce volume : v. p. 6 et 7.

Malgré le peu de clarté des formules auxquelles nous arrivons, il devient manifeste qu'elles se détachent de tout ce qui les précède; le passage écrit à l'encre rouge, *ten seferu er nuter neb*, appartient donc nécessairement au § IV. Le rhythme vérifie les résultats que l'analyse a déjà fournis. D'un autre côté, nous découpons avec une entière assurance les phrases d'un texte incorrect et obscur. Avant même d'arriver à leur intelligence parfaite, nous aurons saisi l'unité de chacun des versets reconstitués. La place, l'étendue des lacunes sont connues. Quelques mots, signifiant à peu près *lorsqu'il brille à l'horizon* », complétaient le premier verset, certainement altéré, relatif à la naissance du Soleil. Au contraire, le deuxième dont l'interprétation reste très-difficile est correct.

Dans ce genre de construction la seconde moitié du verset ne pouvait plus être calquée sur la première conformément à la règle que j'avais seule indiquée (p. 30, 1) parce qu'elle est la règle générale : rien n'eût plus distingué les versets. Le scribe a établi un parallélisme entre les deux membres composant ce demi-verset. Ainsi, dans le 3ᵉ verset,

   neb sent   aa nera
Maître de la crainte, grand de la terreur.

— Notes, §§ V et VI. — 263

et *ur bi-u xem xā-u* ●
   Prince des âmes, possesseur des diadèmes.

se contre-balancent. De même, dans le deuxième,

et { *ur āt-u ha-f mat'au* ●
    Prince des rosées, il descend au pays des Matjaou.
  { *nefer her ai ta nuter* ●
    Beau de visage, venant de Ta-nuter.

Il est probable que, dans le premier, le copiste a omis un verbe et son suffixe :

{ *tutu-n-f hennu m pa-ur* ●
{ .... *s-xāāu m pa-neser* ●

« Donnant à lui des acclamateurs dans Pa-ur,
« (et) .... des faisant lever dans Pa-neser.

supposition que paraît confirmer la tournure embarrassée de ce passage obscur.

Chaque verset se distingue ainsi, et il y a partout balancement. Viennent après, terminant le premier fragment trois petites phrases que nous étudierons en leur lieu.

1ᵉʳ Verset (§ V).

2/3. — [hieroglyphs] ●, *ḥāāu nuter-u m nefer(u)-f*, « se réjouissent les dieux de son éclat. »

La joie des dieux est causée par le [hieroglyph] du Soleil. [hieroglyph] signifie bon, par opposition à [hieroglyph] mal, et mauvais: mais c'est là un sens figuré; au propre, 𓄤 est la beauté physique.

— Mʳ Naville (1) enseigne que 𓄤 est souvent employé dans le style religieux « comme substantif pronominal, comme pronomen majestatis, soit au singulier, soit au pluriel, pour signifier la personne, le corps. » L'observation me paraît inexacte, pour être incomplète. Les supports de pronoms formant avec leurs suffixes ces locutions que E. de Rougé appelle types pronominaux, abondent en égyptien. Un substantif désignant par exemple une partie du corps, comme 𓁷, la face, s'unit assez intimement avec son suffixe pour perdre son sens radical ; 𓁷𓀀, dans cet exemple « Voici que donna ce fonctionnaire un ordre à moi, 𓀀𓃀𓏤𓅓𓁷𓀀 (supra, p. 89 l. 1) », ne signifie plus « ma figure » mais « moi, ma personne ». (2). Tel n'est pas le cas de 𓄤, nefer, 𓄤𓄤𓄤, neferu, suivis d'un pronom suffixe.

— Les locutions 𓄤𓎺, 𓄤𓎺, ne sont usitées qu'en parlant d'un dieu Soleil (ou du Pharaon, et, peut-être, d'un défunt ressuscitant assimilé au Soleil); et les textes religieux nous montrent que les 𓄤𓄤𓄤 du Soleil, ses beautés, consistant dans son éclat, se confondent

---

1. — Zeits. für aeg. spr. 1873, p. 30, 31.
2. — A l'origine l'emploi des types pronominaux a dû être plus

avec sa lumière, la rappellent, la désignent.

À la planche IX de notre texte il est dit que le Soleil se reposant dans sa lumière (χu), les dieux se réjouissent de ses beautés, 𓊵𓏥 ; et c'est, en effet, par ses 𓊵𓏥, ses beautés, son éclat, que le Soleil éclaire le monde (1) :

baḥ - nek   pe-t   ta   m   nefer(u)-k

« tu inondes le ciel et la terre de tes beautés », i.e. de ton éclat, de ta lumière. Le papyrus Anastasi IV parle du roi assimilé au Soleil : « (Tourne) ta face vers moi ! ô dieu Shu, dans sa lumière naissante, illuminant les deux régions terrestres de (son) éclat ; ô disque des mortels, qui écarte les ténèbres de l'Égypte ! Tu es comme est l'image(2) de ton père Ra qui brille dans le ciel ; (et dont) la radiation pénètre dans (toute) enceinte : il n'y a point de lieu vide(3) de ton éclat (nefer-k),

intelligent et il l'est encore dans les bons textes.

1. — Denkm. III, 107/a, col. 2. — 1ᵃ — V. la note 1, p. 268.

2. — Et non : « comme une image de… ». Cette interprétation résulte des exemples de 𓊵𓏥 que j'ai notés. — 3 — ſc., exemple de,

[hieroglyphs] (1). Évidemment ce n'est point la personne, le corps du Pharaon qui pénètre partout, mais quelque chose qu'il émet : l'éclat de ce Soleil, roi d'Égypte, comparé à la radiation (sti) de son père Ra.

Là se trouve l'explication du passage d'Abydos cité ci-dessus p. 218 : « Ainsi que Ra est florissant en traversant le ciel, tu es à l'état de roi du midi et du nord dans ton éclat, [hieroglyphs], i.e. dans ta lumière, en ton palais. » Le Pharaon, dans son palais, se manifestant dans son éclat solaire est un roi du midi et du nord comparable à Ra qui traverse le ciel sur la ligne où il est [hieroglyphs] (v. p. 216). Tel est, selon moi, le sens de cette phrase qui a été traduite « De même que féconde le Soleil en naviguant sur le ciel supérieur, (ainsi) tu es en ta qualité de roi de la Haute et de la Basse Égypte, par tes mérites, dans l'intérieur... »

Au chapitre XV du Rituel, Tum est ainsi invoqué : « Hommage à toi, chef des dieux ! celui qui privé de :

1. — Pap. An. IV, pl. V, l. 7, s. — her-k n-à pa sú uben s-het-ta-ui m nefer pa àten n àmem-u ruà-f kekut er kem-t tu-k mà ka n atef-k rā nti uben m her sti her àk m kar-t àn às-t su m nefer-k.

Notes, § V, 2/3. —— 267

illumine la demeure de l'hémisphère inférieur de son éclat! hommage à toi, celui qui est venu dans sa lumière!", [hieroglyphs], *ànet' her-k her nuter-ro s-het' tia-t-m nefer-k ànet' her-k nā m pu-t-f.* M. Naville cite cet exemple: [hieroglyphs], qu'il interprète "les rayons d'Aten sont sur sa personne"; le mot-à-mot est "la radiation du disque est dans son éclat", mais le contexte qui m'est inconnu pourrait seul nous apprendre si cela signifie que l'éclat de quelque être est comme le reflet de la lumière du Soleil, ou bien (si [hieroglyph] se rapporte à [hieroglyph]) que la radiation du Soleil est désignée par son éclat, en quoi elle consiste.

Notre hymne (pl. IV l. 7, s.) dit encore que, Ammon "agissant dans les eaux célestes, sont produites les délices de la lumière, [hieroglyphs], et se réjouissent les dieux de l'éclat, de la beauté de lui, [hieroglyphs], vivent ([hieroglyph]) leurs cœurs lorsqu'ils voient lui". Ailleurs le Soleil est invoqué en ces termes: [hieroglyphs] ...... [hieroglyphs] "ô radieux pour les dieux et les hommes,.... dont les deux yeux font vivre (nourrissent) les humains"(1). Les deux yeux désignent tan-

———————————————————————————
1. — P. Pierret, Ét. ég. p. 59: Splendeur des dieux et des hommes..... ses deux yeux font vivre tous les humains"; c'est le même sens.

tôt le Soleil et la Lune, yeux de Dieu, tantôt les deux yeux du Soleil dont l'un verse la lumière sur le midi et l'autre sur le nord. « Radieux..... dont les deux yeux....» : voilà bien la conception qu'illustre la représentation [hieroglyphs] ; quelquefois en effet le disque ailé [hieroglyph] qui décore le haut des stèles et est ordinairement accompagné des deux yeux symbolisant la lumière qu'il jette sur les deux régions, fait place à trois théorbes ou à un seul, [hieroglyphs], ou [hieroglyphs]. La phrase suivante est en quelque sorte une légende explicative de cette représentation : [hieroglyphs], per-k tes-k ji-k m nefer, «tu surgis (nais), tu montes, tu culmines à l'état de radieux.»(1). Pour traduire ces deux exemples, on serait tenté de substituer au mot [hieroglyph], beau, éclatant, radieux, l'expression même de disque solaire, de même que la plupart des stèles offrent le disque ailé au lieu du théorbe : « le disque des dieux et des hommes dont les 2 yeux nourrissent les humains ; tu surgis, tu montes, tu culmines à l'état de disque.» L'emploi du théorbe à la place du disque ailé justifie le sens que nous avons reconnu à [hieroglyph]

---

1. — Hymne à Ammon Râ. V. Appendice I, l. 1. — Probablement [hieroglyphs] dans le passage cité p. 265 signifie aussi « (illuminant)... à l'état de radieux.»

dans les phrases citées en premier lieu, comme celles-ci rendent compte de cet emploi jusqu'ici inexpliqué. La beauté, l'éclat du Soleil ne se distingue pas de sa lumière (1). Il est vrai que dans certains cas ⸸, ⸸, désignent en somme le dieu ou le roi; parfois, comme dans les exemples rassemblés par M. Naville (2), on pourrait les comparer à ⸸, ⸸, ta majesté, sa majesté, appellations divines ou royales qu'on ne saurait classer parmi les types pronominaux proprement dits. Je suis convaincu que dans tous ces cas ils ne s'appliquent aux dieux ou aux rois que parce que ces personnes se caractérisent par l'éclat solaire.

À présent on comprendra que j'aie d'abord reconnu l'effet habituel de l'apparition de la lumière dans le passage que nous commentons, les dieux se réjouissent de ses ⸸, de ses beautés, de son éclat. Les mots dont nous prive la lacune révélée par la

---

1. — On s'explique le nom de Neferu-Ra « éclat du Soleil », que E. de Rougé rendait par « grâces du Soleil » (Stèle égyptienne). Je soupçonne d'inexactitude la version grecque de Rosette qui traduit par εὐχάριστος « très-gracieux » le titre de ⸸ dont l'idée, tout égyptienne, ne pouvait être rendue par un mot grec.

2. — Quant au texte que commente M. Naville je l'entends d'une manière assez différente. Par exemple, ce qu'il traduit « ta

connaissance de la construction poétique, mais dont trois sont connus (χeft..... -f m ......), se rapprochent donc pour le sens de ceci : [hiero], « lorsqu'il brille dans l'horizon », ou, ce que la suite rend plus probable, dans quelque localité mythique (1) où naît(2) le Soleil avant d'arriver à l'horizon et de se lever.

2/3, 2/4. — [hieroglyphs] tutu-n-f hennu m pa-ur(?) s-χaāu m pa-neser(?), «

Une fois né, le Soleil se montre dans des localités nommées [hiero] et [hiero] ; les dieux l'acclament dans la première : tutu-n-f hennu m pa-ur(?), « les dieux donnent à lui des acclamateurs dans Paour ». Les déterminatifs [hiero] ne suffiraient pas pour assurer le sens de « acclamateurs » au lieu de « acclamations » ; je suppose une allusion au cortège d'adorateurs que les dieux font au Soleil, parce que

personne est un fleuve paisible comme de l'eau », je l'expliquerais ainsi : « tes beautés (i.e. l'éclat émis par la personne) coulent heureusement (m hotep, en paix, sans obstacle, heureusement) comme l'onde. » D'ailleurs le texte, comme Mr. Naville en avertit, est obscur. — Un peu plus loin, ce savant n'a pas compris un passage important parce qu'il a adopté l'idée fausse que Devéria s'était faite du [hiero].

1. — Comme [hiero]. Cf. p. 42, 5.   — 2 — i.e. se transforme, [hiero].

⸺ Notes, § V, 2/4. ⸺

[hiero] qui suit paraît se rapporter aux dieux qui favorisent son lever. Il manque probablement un verbe et son suffixe (cf. p. 260 et 263) nécessaires pour contre-balancer [hiero] du premier membre : « ils (se) font pour lui acclamateurs dans Paour; (ils se font pour lui) agents du lever dans Paneser, »; ou, mieux : « ils font pour lui action d'acclamer dans Paour; (ils font pour lui) action de faire lever dans Paneser. Les compositions relatives à la course du Soleil parlent de ces dieux qui se font les serviteurs du Soleil, favorisent son lever, repoussent ses ennemis, remorquent sa barque et adorent sa personne (1). [hiero] « faire paraître » est usité même en parlant de la statue du dieu; à la colonne 26 de l'inscription de Pianchi, le roi dit, lorsqu'il ramène au temple la statue d'Ammon qu'on en sortait, à époques déterminées, pour la porter en procession dans certains reposoirs, [hiero], s-χā su-r pa-f ḥotep ḥer nes-f, « je la fais reparaître dans (2) sa demeure, reposant sur son trône. »

Les lieux mythiques [hiero] et [hiero] figurent ordinairement ensemble? Une mention

_____
1. — Cf. suprà, p. 158, a, et infrà la note « ẖuiūm et Armachis », 2/2.
2. — ⌢ est préposition; ropa, temple, s'écrit [hiero].

de la colonne 20 du chapitre 141 du Rituel est consacrée 〰 ？？？ ⌐¬ 🐦 ⌐¬ ？？？ ⌐¬ 🔥 ⌐¬ ≚ ¦, « aux dieux de Paour (?) et aux dieux de Paneser (?) ».

Il paraît résulter de la disposition graphique, comparée à ⌐¬ ⚱ ⌐¬, « la double maison de l'argent (le trésor royal), etc, que les groupes ⌐¬ 🐦 ⌐¬ et ⌐¬ 🔥 ⌐¬ sont au duel : « la double demeure grande ; la double demeure de la flamme ». Tout lieu franchi par le Soleil, ou habité par le Pharaon, est double. ⛰, ṛu-ti, ne signifie pas, comme on le répète, « les deux horizons, celui de l'Orient et celui de l'Occident »; au moment où le Soleil le franchit, l'horizon oriental, par exemple, se trouve divisé en partie méridionale et en partie septentrionale : les textes le disent expressément. ⛰, le double horizon est une pure variante de ⛰, ṛu-t, l'horizon, de même que ≡, de ⊤. La « double demeure grande » où les dieux acclament le Soleil, avant de l'amener dans la « double demeure de la flamme », pourrait donc être identifiée avec la « demeure grande », 🐦 ¦¦ ⌐ ¦ ; à la porte de laquelle Isis et Nephthis, lorsque le nouveau Soleil est déjà conçu mais non encore levé, dardent la flamme afin de renverser les ennemis de la résurrection d'Osiris.

— Notes, §V, 2/4 — 273

Cette demeure était dans 〖hiero〗, tatu, Mendès.
(1). Il faut donc voir dans 〖hiero〗 et dans
〖hiero〗 deux sanctuaires plutôt que deux villes.

Les lectures de la flamme, 〖hiero〗, sont nombreuses : la prononciation véritable de 〖hiero〗 m'échappe (2).

Voici donc quelle a pu être l'économie de ce verset mutilé par un copiste négligent. Il décrivait l'acte complexe de la résurrection solaire. La première partie parlait de la naissance, la seconde, de la première marche du dieu qui va apparaître sur terre. D'abord, les dieux se réjouissent de son éclat, lorsqu'il brille (?) dans ...... »; ensuite, l'ayant entouré et acclamé dans 〖hiero〗, ils favorisent son lever dans 〖hiero〗.

---

1. — Cette notion est fournie par le livre de 〖hiero〗 publié par M. P. Pierret ; v. Ét. ég. p. 23 l. 1. Ce que je dis d'Isis et de Nephthis est puisé dans le même texte.

J'avais proposé de chercher 〖hiero〗 à Hermopolis (Revue archéologique, 1873, Juin, p. 385) ; cette idée reposait sur une interprétation dont j'ai reconnu depuis la fausseté.

2. — Rien, à ma connaissance, ne démontre la lecture *neser*.
〖hiero〗, neser-t, est aussi le nom du bandeau royal; et la flamme 〖hiero〗 peut se lire 〖hiero〗 ; χā̄ā m pa neser signifierait donc encore « couronné dans la demeure du bandeau », et χā̄ā m pa-χā̄ā « couronné dans la demeure des diadèmes. » Il y a sans doute quelque jeu de mots.

2ᵉ Verset:

{ timent les dieux son parfum, lorsqu'il arrive en Arabie:
{ Prince des rosées, il descend au pays des Madjaou, beau de visage, venu de Ta-nuter.

Après le lever, la course divine et ses deux phases, que se partagent les deux parties du verset, l'une à l'Orient, l'autre à l'Occident de la terre d'Égypte.

Dans la première, par rapport au bassin du Nil, le Soleil s'élève, de l'horizon, au-dessus de l'Arabie; dans la seconde, il décline (▢ 𓅓 ⌓ △, ha-f, il descend) sur les contrées lybiennes des Madjaou (1). Dans la première il se charge des parfums de l'Arabie; dans la seconde le dieu venu tout rayonnant de l'Orient va se perdre au milieu des brumes du couchant. Cf.

---

1. — Tantôt les Tahennu, tantôt les Mâsuas, tribus lybiennes, servaient à désigner les peuples occidentaux, surtout dans le récit des victoires pharaoniques. Notre texte emploie le nom des Mât'au, autre tribu lybienne, dans le même sens, sans doute parce qu'il fut rédigé à l'époque où les Mâsuas n'avaient pas encore, en effet, remplacé les Mât'au dans le rôle de mercenaires, où ils apparaissent sur les monuments. D'abord ennemis de l'Égypte, sous la XIIᵉ dynastie les Mât'au en devinrent auxiliaires. Ils formaient les corps chargés de la police (V. pap. Abbott). Les descendants de ces mercenaires restèrent étrangers et au service des Pharaons. M. Maspero dit d'eux, dans son histoire d'Orient, en ce moment sous presse, « les Matsiou étaient campés et non établis sur le sol; c'étaient des

le §II, identique de sujet (ci-dessus, p. 57, s.); Cf. aussi 8/7, 9/1.

Comme 𓅓 signifie tantôt *in*, et tantôt *ex*, nous sommes en présence de deux interprétations: « Les dieux aiment son parfum, 𓂋𓏤𓅓𓊖𓇳 , lorsqu'il arrive, lorsqu'il est venu en Arabie »; ou « lorsqu'il vient d'Arabie ». La seconde a été suivie par M⸑ Brugsch (1) et par moi-même (supra, p. 6); mais de même que chez les Madjaou le Soleil est prince des rosées, il est imprégné de parfums (2) *en* Arabie. L'idée fondamentale, c'est que le dieu qu'on veut dépeindre, se manifestant au ciel dans le disque solaire, arrive d'abord en Arabie, puis descend à l'Occident de l'Égypte. Les parfums, les rosées, sont des accessoires comme l'amour et la joie des dieux.

2/4, 2/5. — 𓀭𓏦𓅓𓇯𓊖 𓏌𓏌𓏌𓇳 . — La fin, malheureusement très-obscure d'un hymne à Horus-Chem, mercenaires par droit héréditaire.... »

Le nom de Pun-t que les Égyptiens donnaient aux Sémites de l'Arabie paraît se retrouver dans ceux de Phén-icie, Pœn-i.

1. — M⸑ Brugsch cite ce passage dans sa Grammaire, p. 100.

2. — Peut-être y a-t-il un jeu de mots. Sti, 𓊃𓏏𓇳 , veut dire radiation; la phrase prononcée pouvait signifier encore : « les dieux aiment sa radiation, lorsqu'il arrive en Arabie », i.e. en Orient, à son lever.

gravé au verso de la stèle C. 30 du musée du Louvre, rappelle notre verset; on y retrouve notamment la formule Ur āat-tu) ha-f māt'a-u, « Prince des rosées (ou pluies), il descend au pays des Māḍjaou », sous cette forme [hieroglyphs]. Je n'hésite donc pas à lire [hieroglyphs] le groupe [hieroglyphs], sans doute altéré dans le fac-simile. Ha, descendre, peint bien le déclin de l'astre; Cf. [hieroglyphs], ha-m-nuter-fer-ti, «descendre dans la divine (et) double région inférieure».

Quoique les hymnes à Chem offrent plusieurs exemples de la qualification de Ur āt-tu donnée à ce dieu, il ne s'ensuit pas que le titre en question caractérise cette forme divine[1] dont il n'est nullement parlé dans le cas présent. Ur āt-tu est simplement un titre du Soleil; comme dieu solaire, Chem le reçoit. Mais pourquoi le Soleil à son déclin est-il dit prince des rosées ou pluies? Tandis qu'il ne pleut jamais en Egypte, et que dans une grande partie de l'Arabie souvent plusieurs années s'écoulent sans qu'il tombe une goutte d'eau, la Barbarie, au contraire, par les vents de l'Ouest et du Nord, est favorisée de pluies, abondantes surtout

---

1. — E. de Rougé (Coll. de Fr.) prenait ur āt-tu pour un titre de Chem.

en hiver; mais même par les vents secs du Sud et de l'Est, l'atmosphère y paraît épaisse et couverte de nuages. E. de Rougé fait observer que le nom des Tahennu, [hieroglyphs], s'explique par un mot de la langue égyptienne, tahen, [hieroglyphs], qui paraît signifier les nuages, les brouillards, et qu'il serait possible que cette qualification eût été attribuée intentionnellement aux régions atlantiques.»(1). Le Soleil divin après avoir visité la terre des parfums dans les premières heures de sa course, va se coucher dans les nuages des pays qu'avoisine l'Océan.

Ce dieu qui descend chez les Lybiens arrive de l'Orient, : [hieroglyphs], « beau de visage (radieux) venu de Ta-nuter.» La contrée de Ta-nuter (le pays divin), située en Arabie, fameuse par les parfums qu'on en tirait, a été identifiée avec l'Arabie heureuse (2). Les dieux en viennent parce que le Soleil vient de l'Orient, et que Ta-nuter est à l'Orient de l'Égypte.

J'avais traduit « Prince des rosées, il descend au

---

1. — Mém. sur les attaques, p. 15 de l'extrait. E. de Rougé fait encore remarquer que «la forme causative [hieroglyphs] signifie couvrir, et s'emploie aussi dans le sens d'orner, décorer.»
2. — V. E. de Rougé, Mél. de la litt. Franck, 1873, p. 49. Il reste des doutes sur

pays des Madjaou; beau de visage arrivant (dans) le pays de Ta-nuter (ci-dessus p. 6-7.) Rien n'autorise la restitution de la préposition 🦉 qui permettrait de voir cette mention d'ailleurs inexplicable de l'arrivée du Soleil dans une partie quelconque de l'Arabie après son passage en Occident. Si 𓂧𓏥𓂋 avait le suffixe ⟜, il serait impossible de traduire "(le) venu de Tanuter", ce qui rend littéralement 𓂧𓏥𓂋 𓏌 𓈖 𓈗 : or ce suffixe manque quand il eût été appelé par le parallélisme que nous avons signalé[1] entre

et : Ur àt-(tu), HA-F' mat'au
Nefer her, AI nuter-ta.

Remarquons à ce propos que si l'affixe ⟜ et la préposition 🦉, qui ne se trouvent pas après 𓂧𓏥𓂋 dans 𓉐𓈗𓏺𓂧𓏥𓂋𓏌𓈖𓈗, se trouvent après le même verbe dans 𓇳𓂧𓏥𓂋𓈖🦉𓏥𓆑𓈗, la différence de construction implique une différence de sens et me confirme dans l'idée de traduire xefrai-f m pun-t "lorsqu'il arrive en Arabie".

Qu'on ne prenne pas 𓈖 pour la préposition ("beau dans le venir (en) Ta-nuter", i.e. lorsqu'il vient...), le parallélisme veut un substantif suivi d'une pause :

---

l'identification précise de Ta-nuter.
1. — V. ci-dessus, p. 263.

— Notes, § V, 2/5. — 279

Prince des rosées, il descend...
Beau de visage, venu de.....

Sauf quelques exceptions que ne comporte pas la construction de ces versets, chaque petit membre renfermé entre deux points se scande ainsi. — Une fois le scribe a écrit ⟨hiero⟩, « face », de manière à faire distinguer immédiatement le substantif (pl. III, l. 2). Partout ailleurs il a confondu, au moins dans l'écriture, le substantif avec la préposition. Il écrit ⟨hiero⟩, amen ka nefer her, « Ammon taureau beau de visage » (8/3). A la ligne 4 de la planche III, ⟨hiero⟩, étant en parallélisme avec ⟨hiero⟩ « maître de la double couronne, il prend le sceptre ames », doit signifier « beau de visage, il prend le diadème atef », et non « beau lorsqu'il prend, &c ». Ce serait donc faire un contre-sens que de traduire ici « beau dans le venir en Ta-nuter ».

⟨hiero⟩, beau de visage, forme un titre solaire assez fréquent. Je l'entends dans le sens de radieux; (cf. p. 263, s. et p. 268). Le Soleil ⟨hiero⟩, radieux, éclatant d'or, éclaire « de l'or de son visage »(1). Le dieu que voient les Madjaou arrive tout rayonnant de Ta-nuter.

_____

1. — V. la note 2 p. 200 – 201 sur l'Horus d'or ⟨hiero⟩. Cf. Addenda.

3ᵉ Verset (§VI) :

« S'élancent les dieux à ses pieds, lorsqu'ils reconnaissent S. M. en qualité de leur maître :
Un maître de la crainte, grand de la terreur, le grand des âmes, possesseur des diadèmes ! »

Le petit discours que j'avais mis dans la bouche des dieux (p. 7) ne commence qu'après le 3ᵉ verset, si les dieux prenaient réellement la parole.

[hiéroglyphes]. Plus loin, à la ligne 3 de la planche XI, on lit [hiéroglyphes], χenχen-n-f hāti-u pāt-(u), « s'élancent vers lui les cœurs des êtres ». Notre groupe est certainement une variante orthographique de [hiéroglyphes]. La racine χen, [hiér.], signifie dans, intérieur; le verbe [hiér.], entrer, approcher. Le redoublement χenχen indique probablement une certaine violence ou rapidité dans l'action : irruere.

Le déterminatif, un peu effacé dans notre texte, [hiéroglyphes] mais très net au papyrus Harris dans un mot [hiéroglyphes] (1), ne doit pas représenter un de ces chiens tesem, auxquels la stèle de Pianchi compare les princes qui s'étaient soumis à Tafneχt et le suivaient [hiéroglyphes], m tesem m ári-ret-ti-f, « comme des chiens à l'état de

---

1. — Pap. mag. Harris 5/4. M. Chabas renvoie pour voir la figure de l'animal, aux monuments de Champollion (pl. 384) que je n'ai pu consulter.

— Notes, § VI 2/6. — 281

compagnons de ses pieds »(1). Je ne crois pas que le chien détermine d'autres mots que ses noms ; et il semble y avoir ici une idée de mouvement brusque, presque violent, dont l'animal typhonien, ordinairement représenté accroupi, il est vrai, est le symbole bien connu. On le trouve d'ailleurs dans [hiéroglyphes], xeneni, combattre, battre, variante de [hiéroglyphes], et il a pu s'attacher au phonétique xen.

Le scribe a jugé l'idée de jeter les dieux aux pieds du Seigneur unique assez remarquable pour que le mot xenxen fût écrit à l'encre rouge.

2/6. — Les [hiéroglyphes], ret-ti, sont les pieds, et non les jambes. Sur [hiéroglyphes], « connaître », je ferai remarquer que |, déterminatif des noms exprimant une idée de collection (cf. p. 54) et, par suite, une idée abstraite, détermine aussi les verbes qu'on en tire. On le voit souvent, principalement dans les textes hiératiques (je ne parle pas de ceux qui en font abus), avec des verbes aux sens de compter, rassembler, connaître, savoir, &c. Rien ne prouve mieux qu'il convient de classer ce signe parmi les déterminatifs et, quoiqu'il figure régulièrement dans l'orthographe des mots pluriels, de ne pas l'appeler signe du pluriel, surtout de ne pas y attacher une prononciation.

---

1. — Stèle de Pianchi, l. 3. — Mariette, Mon.ts divers, pl. 1.

2/6. — [hieroglyphs] neb senf‿t ấa ner ur bi‿u xem ẫ‿(u).

Le maître que les dieux reconnaissent et aux pieds duquel ils se précipitent (xenxen nuter-u ret-tifi (l.6) xefte sa-sen hon-f, [hieroglyphs] m neb-sen) est le « Maître de la crainte, le grand de la terreur, [hieroglyphs] ; celui que tous (j'ai déjà expliqué ces qualifications solaires, p. 235, s.), adorateurs ou ennemis, redoutent comme l'Être tout-puissant qui par les continuelles réapparitions de son Soleil perpétue le triomphe du bien. Cet être redoutable, maître des dieux, n'est autre, en effet, que le [hieroglyphs] « le prince des âmes », principe unique de toutes les âmes divines qui, si j'ose m'exprimer ainsi, animent tour à tour les réapparitions, [hieroglyphs], les renaissances, [hieroglyphs], de l'astre solaire; le [hieroglyphs] « commandant (ou possesseur) des levers » ou, ce qui revient au même (1) « le possesseur des diadèmes solaires ». En d'autres termes, c'est l'âme unique, à la fois cachée et manifestée dans chaque apparition solaire, le Maître des dieux. Si en toute réapparition solaire il y a une résurrection et, par conséquent, une personne nouvelle à laquelle la mythologie accorde sa vie propre, son âme ou principe vital, [hieroglyph], le prêtre remonte au Dieu

---

1. — V. suprà p. 197 s., et infra 3/5 note sur [hieroglyphs].

unique, permanent. Il adore l'âme divine dont toutes ces âmes sont les manifestations multiples: le *ur biu, xem pā-u*. Les bannières royales échangent le titre de «*ur bi-u*» et sa variante «*āa* (𓋹) *bi-u*» avec ceux de 〈hiero〉, « le renouvelé des naissances, i.e. celui qui se renouvelle par des (re)naissances », 〈hiero〉, « celui qui subsiste, se maintient, par les levers », etc., dont j'ai cité des exemples page 191. 〈hiero〉, « Prince des âmes, maître des levers », réunit donc deux titres étroitement liés par le sens, confirmant en cela une remarque que nous avons déjà faite (1) : jamais un membre de phrase ne se compose de deux titres étrangers l'un à l'autre ; c'est comme « prince des âmes » que le dieu « commande les levers », en est le maître.

Tel est le Maître redoutable que les dieux adorent. Plus haut (2) «*āa peḥ ti neb šéfi-t* », « grand de la vaillance, maître de la crainte », était dit du Soleil accomplissant son lever. Dans le cas actuel l'idée s'élève du « maître de la crainte, grand de la terreur », *neb senṭ-t āa ner*, au secret principe de tous les levers et de tous les mouvements solaires ; dans « le maître de la crainte, grand de la terreur », elle cherche « le prince des âmes, maître des levers ». Il ne s'agit plus de l'astre accomplissant un de ses

---
1. — V. p. 257.   2 — ⅔, p. 235, o.

lever). Le 1ᵉʳ des 3 versets des §§ V et VI avait trait à la naissance du Soleil. Le second passe à la course providentielle au-dessus de la terre; mais jusque-là on pourrait croire à un sabéisme véritable. Le 3ᵉ verset s'élève à l'âme unique perpétuellement manifestée par des renaissances et des courses semblables. Ce n'est point le Soleil que l'Égyptien adore, c'est l'âme qui se cache dans son disque, l'âme en qui les dieux reconnaissent leur maître et qu'ils adorent eux-mêmes dans chaque apparition solaire.

Au point de vue poétique l'unité du 3ᵉ verset est très sensible; le parallélisme aussi; les dieux ayant reconnu leur maître dans le Soleil, ce qui fait l'objet du 1ᵉʳ demi-verset, le second nous dit quel est ce maître: « les dieux s'élancent à ses pieds, lorsqu'ils reconnaissent S.M. pour leur maître: — (c'est) le maître de la crainte, grand de la terreur; le prince des âmes, maître des levers! »

La connaissance du rhythme nous a permis d'étudier séparément les trois versets précédents et d'y découvrir un sens suivi. Elle sera toujours prise en considération par les savants qui ne jugeraient pas suffisantes les corrections que j'ai pu faire à ma première traduction.

J'avais adopté la division de ce passage en deux

— Notes, §VI, 2/7. — 285

paragraphes à un moment où le rhythme qui lui est particulier m'échappait encore; l'omission d'une partie du premier verset m'empêchant de voir le refrain que met en lumière le tableau de la page 260. Cette partie de l'hymne me paraissait des plus obscures. Elle échappait à l'application des règles poétiques ordinaires. Ne sachant où couper les phrases, incapable de démontrer l'incorrection du texte, j'avais commencé un § avec xenxen écrit à l'encre rouge. Je renonçais à comprendre le §V, la fin de la planche II (§VI) m'avait semblé renfermer un discours des dieux.

Les littérateurs égyptiens aimaient à commencer ainsi un discours, sans l'annoncer autrement, et en interrompant brusquement le récit. Après la reconstruction en versets de ce passage, il devient toutefois difficile de croire que neb sent-t āa ner, ur bi-u xem xā-u, du 3ᵉ verset, soit placé dans la bouche des dieux. En dirons-nous autant des 3 petites phrases qui forment la 7ᵉ et dernière ligne de la 2ᵉ colonne du manuscrit et la fin de la première partie de l'hymne ?

• Faisant croître les produits de la terre, producteur des aliments t'efa ;
• Acclamation à toi ! (o) producteur des dieux !
• Celui qui soulève le ciel, et repousse ? (ou domine, gouverne (?) la terre !

Hennu-n-k år nuteru, « acclamation à toi,

producteur des dieux)) serait censé dit par le récitateur de l'hymne, aussi bien que, ailleurs, 〈hiero〉 « hommage à toi!... »; mais plus loin le discours que les dieux tiennent à Ammon commence ainsi : « Viens en paix! ô père des pères des dieux tous! qui as soulevé le ciel et repoussé la terre... »(1). Notre passage s'exprime en termes identiques. Si ces trois phrases entraient dans la première rédaction, elles pouvaient renfermer des paroles dont les dieux saluaient leur maître en se jetant à ses pieds.

Mais, que le passage soit mis dans la bouche des dieux ou dans celle du lecteur, le rhythme est interrompu : comment expliquer ce fait? Deux hypothèses se présentent.

En passant de la ligne 6 à la ligne 7 le copiste avait commis une omission nouvelle; voici, non corrigée, la leçon de son texte :

L. 6 : .... neb senb-t āa neṛ-ur bi-u xem
L. 7 : uat'hotepu àr-t'efau, etc.

Le 3ᵉ verset restait incomplet. Frappé de cette faute, un lecteur égyptien écrivit à l'encre rouge et en marge, à la suite du mot 〈hiero〉, qui termine la ligne 6, le groupe 〈hiero〉 complément du titre ur bi-u xem xā-u. Le lecteur(2) auquel nous sommes en outre redevables d'une

---

1. — 7/6.
2. — Je n'attribue pas ces corrections au copiste qui n'avait

— Notes, § VI, 2/7. — 287

intelligente annotation à l'encre rouge, mise en interligne (pl. IX), a pu compléter un titre connu et ne pas deviner ce que le scribe avait passé en plus, peut-être des formules entières. Nos trois phrases seraient les débris d'un ou de deux versets; ou bien elles auraient été interpolées en tout ou en partie, par un procédé familier aux copistes égyptiens : peut-être afin de terminer la 1ᵉʳᵉ partie de l'hymne exactement avec la deuxième colonne du manuscrit.

La seconde hypothèse suppose que le scribe n'avait sauté que le mot ⌬ ¦. Nous rencontrerons encore, après des versets réguliers, trois petites phrases venant achever l'expression de la pensée :

{ Hennu-N-K , N uref- K àm-NA •
{ Sen -N-K ta, N kemam-K NA •

{ Àmeh' her-K , N āui-t NEB-T •
{ Hennu-n-K , N (tes)-t NEB-T •

{ R kau N pe-t •
{ R useḳ N ta •
{ R te-ut N uat'ur •

{ Acclamation à toi! pour ton demeurer en nous !
{ Prosternation à toi, pour ton produire nous !

{ Hommage à toi, par les créatures toutes !
{ Acclamation à toi, par les régions toutes !

{ Dans la hauteur du ciel,
{ Dans la largeur de la terre,
{ Dans la profondeur de la mer !

---

aucune raison de les faire à l'encre rouge. D'ailleurs son travail

Après ce passage (pl. VII, l. 2, 5.), le texte continue, comme avant, de se développer en versets réguliers.

L'hymne est destiné à être chanté et ces chutes, dont je crois saisir encore un ou deux autres exemples, sont très-favorables à une mise en musique, aux exigences de laquelle je ne crains pas d'attribuer la très-grande variété qu'on observe dans la longueur des versets et l'emploi de plusieurs mètres.

En admettant, dans le cas présent, une licence justifiée de la sorte, nos trois phrases formeraient soit un discours des dieux, soit une apostrophe de l'auteur de l'hymne à son dieu :

{ S'élancent les dieux à ses pieds, lorsqu'ils connaissent S. M. pour leur Maître,
{ Un maître de la crainte grand de la terreur, le prince des âmes, maître des lèvres !

[Disant (?) :]

{ ô celui qui fait croître les vivres *ḥotep*, producteur des vivres *efa* !
{ Acclamation à toi, producteur des dieux,
{ ô celui qui soulève le ciel, repousse la terre !

On pourrait croire alors que ce passage résume le rôle providentiel d'Ammon et par là complète les §§ V et VI.

---

est criblé de fautes ; il n'en aurait pas corrigé que deux s'il s'était donné la peine de revoir son texte. Il ne les eût pas faites s'il avait eu l'intention de corriger sa copie. L'annotation de la planche IX est visiblement d'une autre main, l'écriture est différente et beaucoup moins belle que celle du copiste.

Notes, §§ 1-2/7. — 289

Les versets précédents rapportent la naissance, dépeignent la marche du Soleil; sous cette manifestation, font découvrir l'Être suprême: ils ne parlent pas encore de ses bienfaits, que les trois phrases finales semblent vouloir rappeler quand elles lui attribuent la production des aliments de toute sorte, dont se nourrissent les créatures, la production des dieux, le maintien(?) du ciel et de la terre. Les 3 versets montrent la course du Soleil, révélation divine; les 3 phrases qui les suivent, et dont je réserve l'étude pour une autre partie du commentaire (v. infrà 10/6 et 6/6) peuvent indiquer les effets de l'apparition de l'astre.

Paraphrase
des 6 premiers paragraphes.

Je voudrais, m'appuyant sur le commentaire analytique, suivre la progression et les développements de la pensée de l'auteur dans cette première partie de l'hymne. Je rejette en note la traduction littérale complète.

Le titre nous apprend que le papyrus contient un « acte d'adoration » à un dieu, Ammon-Rā, défini « le taureau dans On, chef de tous les dieux »; c-à-d. qui est le Soleil s'engendrant et se renouvelant lui-même dans une localité mythique dont Hermonthis (aujourd'hui je considère comme certain que notre ville n'est pas Héliopolis) était censée avoir reçu le nom, et que representaient les sanctuaires de cette ville où l'on vénérait « Ammon-Râ, le taureau dans On, chef de tous les dieux ». Il est le chef des dieux, ses manifestations, appelés tantôt ses membres, tantôt ses enfants (1).

Les créatures lui doivent leurs adorations et elles le chérissent parce que lui, qui n'ayant reçu l'existence d'aucun autre être se renouvelle de lui-même, devient la source unique d'où découle la vie (2). — Dieu existant par lui-même, dieu par qui tous les êtres existent, voilà, en effet, ce que nous retrouverons à chaque ligne de cette composition. Il se révèle et il vivifie par son Soleil.

Son but précisé, l'hymne commence par la formule Anéi'her-k, « hommage à toi ! » Agent invisible, révélé par ses actes, Ammon n'est connu que par le rôle qu'il remplit. Tout d'abord l'hymne rappelle ce qui frappe les yeux, les phénomènes physiques où il reconnaît les effets de l'activité d'Ammon. Plus tard il s'élèvera à la conception de l'unité divine.

Au matin, sur l'horizon, un astre paraît, qui,

---

1. — Adoration d'Ammon-Râ, taureau dans On, chef de tous les dieux —
2 — dieu bon et très-aimé donnant le maintien de toute chaleur vitale à tout bon bétail (a).

(a) — Menmen, bétail, est embarrassant; un copiste inintelligent aurait-il mis ce mot à la place de âtu «animaux»(Cf. p. 126)? v. infra, 5/7.

apportant la lumière et la vie, s'élance dans le ciel. Il le traverse et répand ses rayons fécondants. Du levant au couchant, sa marche décrit une ligne directe, coupant le ciel, à droite et à gauche de laquelle s'étendent les espaces qu'il dépasse en les éclairant.

Ainsi le Monde se trouve partagé en deux parties ; le Nord se distingue du Midi. Il y a deux régions et un Soleil qui règne sur elles. Dans ce Soleil se cache un agent, un dieu, « maître du trône des deux régions terrestres », adoré à Thèbes sous le nom d'Ammon-Râ.[1]

Mais chaque jour voit se répéter la même course, se renouveler les mêmes bienfaits. Le Soleil de la veille semble renaître de lui-même (xeper tesf, il se transforme). La mythologie lui donne une mère, personnification de l'espace dans le sein duquel il opère sa transformation et sa renaissance ; mais personnage secondaire qui souvent s'efface et disparaît. Dans l'ordre d'idées où on lui attribue une mère il lui faudrait un père : ce sera lui-même. Le Soleil du lendemain est le même que celui de la veille, il est son propre père, le fécondateur de sa mère ». J'ai déjà dit que Ka-mu-t-f ne fait aucunement allusion à l'existence éternelle et nécessaire de Dieu : le Père éternel, les textes le répètent à satiété, n'a ni père, ni mère. Ka-mu-t-f exprime que le Soleil qui se couche renaît de lui-même ; qu'il s'engendre lui-même dans l'espace, qui est sa mère, ainsi que le disent encore les textes : cette mère enfante le Soleil, jamais le dieu unique,

---

1. — Hommage à toi, Ammon-Râ ! maître du trône des 2 régions terres-

éternel, qui n'est pas le Soleil, mais qui, primitivement «reposant» dans les eaux primordiales, «est venu» et continue de venir dans le Soleil. Ce titre de Ka-mu-t-f appartient en propre au Soleil Chem, «le vengeur de son père», intermédiaire entre Osiris, le Soleil nocturne, le Soleil défunt, et Horus, le Soleil levant. Ammon le lui emprunte. Soleil dans toutes ses phases, il absorbe en lui les rôles secondaires et s'identifie ainsi avec Chem. L'hymne place Ammon-Ka-mu-t-f dans «son champ», et le Rituel montre que ce champ(a) est celui du dieu Chem (1).

Enfin Ammon, ce dieu-Soleil que le Rituel appelle un coureur infatigable, est qualifié de «Celui qui écarte les jambes», titre par lequel est rappelée la course sans fin du roi des 2 régions qui s'engendre lui-même chaque matin. Le lieu où Ammon-Râ était plus spécialement vénéré sous ce titre et où je persiste à voir une ville plutôt que le pays du Midi (Ta kemā) n'est pas identifié; cela est sans intérêt au point de vue de l'enchaînement des idées.

De ces titres généraux, «Maître du trône des 2 régions — fécondateur de sa mère — celui qui écarte les jambes», il résulte que sous le nom d'Ammon on veut honorer le dieu caché dans

---

tres, résidant dans Thèbes ──── 1 ──── Taureau (fécondateur de sa mère, résidant dans son champ (a) ──── 2 ──── Celui qui écarte les jambes résidant dans Ta-Kemā.

(a) ──── V. Addenda - et II.ᵉ Partie.

ce Soleil, véritable roi de la double terre vivifiée par lui seul, qui se renouvelle pour continuer journellement ses révolutions. Poursuivant la même idée, l'hymne en vient à décrire la course diurne elle-même, montre le dieu, ainsi qualifié, régnant sur l'Occident aussi bien que sur l'Orient (1), inondant à la fois de ses clartés le ciel qu'il traverse et la terre qu'il domine (2).

La négligence d'un copiste, démontrée par une répétition fautive et la disparition de tout parallélisme, nous prive d'un passage dont le titre ((Maître des choses ? (ou des êtres ? en lisant Unti-u, au lieu de nti-u), maintenant les choses, maintenant les choses toutes)) faisait partie. En comparant les endroits de notre manuscrit et d'autres compositions où ce titre se rencontre, il devient à peu près certain que l'hymne, après avoir montré le Soleil parcourant le ciel, vantait les effets de sa course, les êtres vivifiés et nourris, les choses maintenues (3).

Voilà donc le titre de l'hymne développé très clairement et le dieu bien désigné par son rôle. L'Egyptien s'étonne de sa propre existence et de la conservation du Monde où la vie se maintient sous ses mille et mille formes. Il remarque que sans le retour du Soleil toute vie s'éteindrait. Il adore l'Être bienfaisant qui le fait mouvoir, qui agit par lui, ((venant dans son disque, naviguant

---

1. — Maître du pays des Madjaou; commandant de l'Arabie. — 2 — Roi du ciel, héritier de la terre. — 3 — Maître des choses (ou: des êtres?) maintenant les choses, maintenant les choses toutes.

dans sa lumière.» Ignorant son nom, il lui donne celui de Soleil, Râ. Les Thébains l'appellent Ammon, «le mystérieux», ou Ammon-Râ, pour marquer son identité avec le dieu national, et, ordinairement, ils lui donnent le titre caractéristique de «Maître du trône de la double terre», qui résume parfaitement son rôle.

Cet être mystérieux, caché dans le Soleil, quel est-il? Quels sont ses rapports avec les autres dieux de l'Égypte? Y a-t-il d'autres dieux? L'hymne résout ces questions.

Non-seulement dans ses actions, dans son rôle, *her sep-j*, qui vient d'être précisé et qui apparaît comme celui d'un dieu-providence, il est seul, mais, si à cette manifestation divine personnifiée en Ammon-Râ on joint toutes les autres formes divines, on ne découvre en toutes ces personnes que le même être, dieu unique, «Un dans son rôle, comme avec les dieux». Pour rendre sa pensée plus claire, l'auteur de l'hymne ajoute que celui qu'il adore est le «beau fécondateur de la collection des personnes divines, le chef de tous les dieux»(1). Celui qu'il saisit en Ammon-Râ est celui qui se révèle également dans tous les rôles divins, parce qu'il est l'être mystérieux, innommé, sans forme apparente, qui, en agissant, donne naissance à ses personnes divines par lesquelles il se révèle, par lesquelles on le nomme ou plutôt le désigne.

---

1. — Un dans son rôle, comme avec les dieux ; beau fécondateur de la collection des personnes divines, chef de tous les dieux.

Au-dessus des rôles divins dont la mythologie fait autant de dieux, le prêtre monothéiste conçoit l'Être suprême, dieu un et invisible; il ne fait plus des dieux que des apparences sensibles en chacune desquelles se montre l'agent divin au nom inconnu.

Mais comment l'auteur de l'hymne reconnaît-il cette unité fondée sur une génération figurée des dieux? Quel lien commun rattache toutes ces formes à une substance unique? C'est que cet être est le « maître de la Vérité, père des dieux ». Que sont, en effet, les fonctions personnifiées par les dieux, sinon les manières de faire prévaloir, en tout temps, le Vrai, sur le désordre du chaos, et par conséquent des manières d'agir du bon principe, maître de la Vérité? Pour bien comprendre ceci, il faut se rappeler que toute la religion (et, il semble, toute la physique des Égyptiens) repose sur l'antagonisme du bon principe et des puissances typhoniennes. Les dieux ont donc un père commun, le maître de la Vérité. La nécessité d'un maître unique du Vrai est pour l'auteur de l'hymne la preuve la plus frappante de l'unité divine : c'est l'explication dernière qu'il nous donne. (1)

Ici, si nous suivons le manuscrit, le texte parlerait de la production des êtres, hommes et animaux, de celle des choses, des aliments et des pâturages (2). L'alliance d'idées qui dans un dieu un, père

---

1. — Maître de la vérité, père des dieux. — 2 — Auteur des hommes, producteur des animaux; maître des choses, producteur des plantes nutritives; auteur des pâturages qui nourrissent le bétail.

de ses formes, fait entrevoir la source de toutes les existences est trop fréquente pour que j'ose affirmer l'altération du texte. Cependant la méditation de différents hymnes m'a suggéré une hypothèse hardie que l'étude du rhythme, comme nous le verrons, rend du reste très vraisemblable. Le passage commençant par « maître des choses (ou êtres?) maintenant les choses, etc. 1/6,s », rappelé ci-dessus p. 293, aurait subi un de ces déplacements dont la comparaison des versions manuscrites d'un même texte offre des exemples. Primitivement les titres « Créateur des hommes, producteur des animaux; maître des choses, producteur des plantes nutritives, etc. », de notre passage se seraient placés à la fin du § II, là où nous avons constaté une lacune et où des titres semblables sont nécessaires pour compléter le sens interrompu.

Après avoir fait connaître en premier lieu que son dieu personnifie l'apparence prise chaque jour pour régner sur le Monde, vivifier les êtres, maintenir les choses, par le dieu un, maître de la vérité, l'hymne, quittant les généralités, énumère, tels que la mythologie les avait imaginés, les actes successifs qui composent ce rôle d'Ammon.

Ammon a eu un commencement. Il n'y avait pas encore de Maître du trône des 2 régions, ni de Soleil s'enfantant tous les matins pour apporter la vie au Monde, alors que le ciel ni la terre n'étaient formés. L'Être suprême, dieu unique et éternel, avant de se manifester en Ammon, était dans un autre rôle, celui de Ptah, le « père des commencements ». De Ptah est sorti le germe d'Ammon :

c'est ainsi que notre papyrus exprime la succession d'Ammon à Ptah(1).

Selon les inventions mythologiques, le dieu est d'abord enfant(2). Il grandit, à la joie des dieux(3). Devenu adolescent, il commence son œuvre, et sépare le ciel de la terre(4). Le jeune Soleil va se lever et, en s'élançant dans le ciel, tirer des ténèbres les deux régions terrestres(5). Nous voyons alors dans sa fonction (a) de roi du Midi et du Nord celui que le début de l'hymne nous a annoncé pour le maître du trône des 2 régions terrestres. Il profère la Vérité et protège les 2 régions, car s'il est venu dans son disque, s'il s'est levé sur terre, c'est afin de renverser les Seba, ainsi que mille textes le disent, et de faire prévaloir la Vérité du bon principe. Cela revient à dire qu'il apporta vie et fait subsister ses créations, car la vie, c'est le triomphe, la réalisation du Vrai: les variantes ne laissent pas de doute à cet égard.

Suivons Ammon dans ce rôle. Il a repoussé les Seba, puisqu'il arrive dans le ciel («heureusement»). Il règne sur les 2 régions qu'il tranche en s'avançant. Il apporte cette Vérité à laquelle tout à l'heure l'hymne reconnaissait le père unique de tous les dieux, et les 2 régions sont sauvegardées (6). Toute

---

1. — Germe beau; produit de Ptah; — 2 — enfant beau (objet) d'amour, — 3 — auquel les dieux font des adorations. — 4 — Auteur des choses inférieures et des choses supérieures — 5 — qui illumine les deux régions terrestres, passant dans le ciel supérieur heureusement. — 6 — Roi du Midi et du Nord, Soleil, proférant la Vérité, protecteur des deux régions terrestres.

(a). — 𓀀𓃭𓂝𓄿𓏺, emploi, occupation, fonction: v. supra, p. 215-216.

opposition tombe devant cet être bienfaisant redouté des Seba, craint et aimé de ses créatures (1). Sa volonté l'emporte; il règle le destin de la terre, qui lui doit sa manière de se comporter, se maintenant d'après les plans qu'il fixe pour elle (2).

Telles sont les fonctions d'un ☥ 𓅃. Qu'il traverse le ciel en maître du trône des deux régions terrestres, ou bien qu'il s'incarne dans la personne d'un Pharaon, il éclaire le Monde, fait prévaloir la Vérité et subsister les deux régions terrestres conformément aux plans qu'il détermine.

Maintenant l'hymne revient à son point de départ. Déjà l'auteur a parcouru à peu près toutes les idées qu'inspire l'adoration du Soleil. Quelques-unes des formules que les scribes savaient varier à l'infini et dont le choix fait l'apparente variété de leurs compositions religieuses, lui ont suffi. Tout à coup il s'arrête dans cette froide énumération de titres divins. A la litanie succède un chant véritable, un refrain. Ayant annoncé l'Être manifesté par le Soleil qui éclaire le Monde en portant le Père des dieux, il a ensuite montré dans ce rôle les bienfaits du dieu caché qui a organisé l'Univers, qui tire la terre des ténèbres, profère la Vérité, arrête tous les plans du Monde terrestre. Transporté d'admiration et de reconnaissance, il acclame ce dieu bienfaisant et tout-puissant dans le Soleil

---

1. — Grand de la vaillance, maître de la crainte. — 2 — Protecteur qui fait la terre comme elle se comporte, déterminant les plans (d'où: les destins) plus qu'aucun dieu.

qu'il voit au ciel et dont il a d'abord signalé la course quotidienne. Il convie maintenant l'adorateur, connaissant l'être intelligent et bon, à saluer le Soleil dans les cieux, et c'est un chant d'allégresse qui termine son œuvre (a).

Les dieux eux-mêmes, mis en scène, deviennent les interprètes de son enthousiasme. Ils acclament le Soleil à sa naissance et favorisent son lever(1). Ils le suivent dans sa course d'Orient en Occident, où tour à tour il s'imprègne des parfums de l'Arabie, et se couche dans les nuages des contrées lybiennes(2). Ils proclament leur maître, et par là dieu unique, «le prince des âmes, maître des levers» que cette course manifeste(3) (Cf. supra, p. 261, 283, s.).

Trois phrases finales semblent rappeler les plus caractéristiques d'entre les bienfaits de cet être divin: la production des aliments, dont se nourrissent les créatures; celle des rôles divins où il se fait connaître aux hommes par ses bienfaits; l'organisation et le maintien du ciel et de la terre(4). (b)

———— Suit le texte hiératique des 2 premières planches avec sa transcription.

1. — Se réjouissent les dieux de sa lumière [lorsqu'il brille dans...]: faisant pour lui action d'acclamer, dans la double grande demeure [et faisant pour lui] action de faire lever, dans la double demeure de la flamme. — 2 — Aiment les dieux son parfum, lorsqu'il arrive en Arabie: prince des rosées, il descend au pays des Madjaou, beau de visage, venu de Ta-neter. — 3 — S'élancent les dieux à ses pieds, lorsqu'ils reconnaissent S. M. pour leur maître: un maître de la crainte, grand de la terreur! le prince des âmes, maître des diadèmes!

4 — (ō) celui qui fait croître les produits de la terre, producteur des aliments l'éjal a acclamation à toi! père des dieux! (ō) celui qui suspend le ciel, refoule la terre!

(a). — Pour mieux rendre ce mouvement, le style et le rhythme changent. Tout à l'heure des formules concises et isolées, quoique se succédant dans un ordre savamment combiné, énuméraient les titres d'Ammon. Ici la pensée se développe, les phrases se lient, en même temps que les idées forment cette fois une sorte de cantique. — (b) — Il reste des doutes sur la correction du texte.

Planche I.

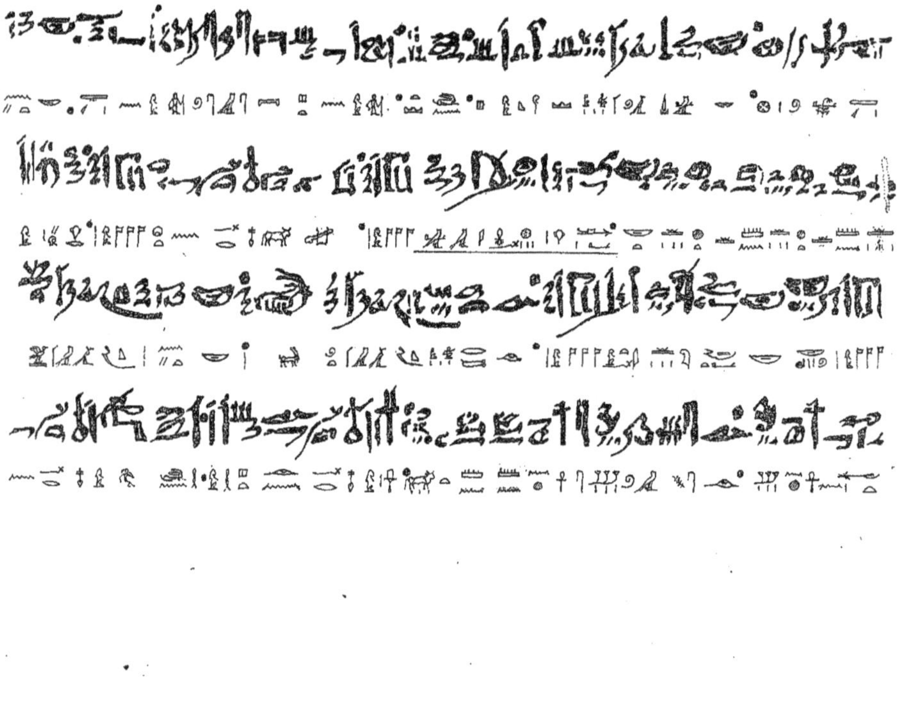

4.

5.

6.

7.

Planche II.

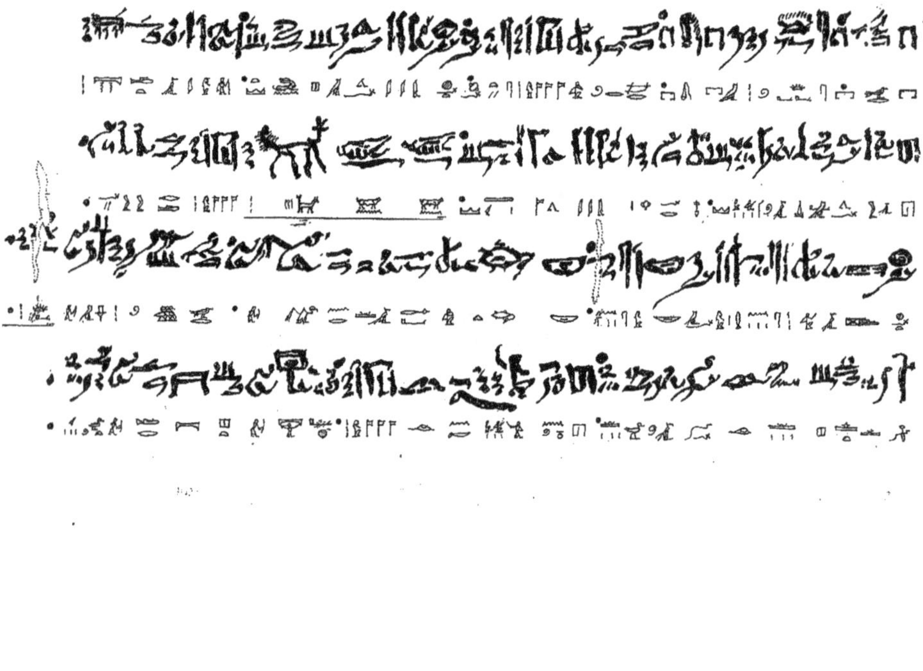

4.
5.
6.
7.

Les mots à l'encre rouge sont soulignés dans la transcription. Tous les points sont en rouge, hormis celui qui est placé entre «ptaḥ» et «ḥun», 1/7.

Certains signes sont plus ou moins oblitérés, principalement à la 7e ligne de la planche II. Ainsi de [signe], 1/3; [signe], 1/5; [signe], de áat-tu, 2/4, in fine; [signe], 2/6, in fine; [signe], 2/7; etc., etc. Seul, le signe que j'ai lu [signe], dans [signes], 2/5, peut prêter au doute; cf. à la fin de la ligne, [signe]. Le verbe ha, descendre, étant certain (v. supra, p. 276), il est difficile de lire autrement.

A la même ligne les deux traits verticaux qu'on observe au-dessus du groupe [signe], [signe], proviennent certainement du trait horizontal représentant le [signe]; ils auront été déplacés avec le fragment de papyrus qui les portait, le papyrus s'étant écaillé.

www.ingramcontent.com/pod-product-compliance
Lightning Source LLC
Chambersburg PA
CBHW060503170426
43199CB00011B/1304